青 A 讀 | 思想家 |
DR

高橋

Otto A. Böhmer

LICHTE
MOMENTE

生命的燃点

30位
思想巨匠的
顿悟时刻

[德]
奥托·A.波默 著

聂宗洋 译

天津出版传媒集团

天津人民出版社

图书在版编目（C I P）数据

生命的燃点：30位思想巨匠的顿悟时刻/(德)奥
托·A.波默著；聂宗洋译. -- 天津：天津人民出版社，
2021.1

ISBN 978-7-201-16902-6

Ⅰ.①生… Ⅱ.①奥… ②聂… Ⅲ.①思想家－生平
事迹－欧洲 Ⅳ.①K835.051

中国版本图书馆CIP数据核字(2020)第246448号

LICHTE MOMENTE: Dichter und Denker von Platon bis Sloterdijk by Otto A. Böhmer
© 2018 by Deutsche Verlags–Anstalt, a division of
Verlagsgruppe Random House GmbH, München
Chinese Simplified translation copyright © 2021
by United Sky (Beijing) New Media Co., Ltd.
All rights reserved.

图字：02-2020-318号

生命的燃点：30位思想巨匠的顿悟时刻
SHENGMING DE RANDIAN：30 WEI SIXIANG JUJIANG DE DUNWU SHIKE

出　　版	天津人民出版社
出版人	刘　庆
地　　址	天津市和平区西康路 35 号康岳大厦
邮政编码	300051
邮购电话	022-23332469
电子信箱	reader@tjrmcbs.com

选题策划	联合天际·王微
责任编辑	赵子源
特约编辑	节晓宇　夏　琳
封面设计	@吾然设计工作室

关注未读好书

制版印刷	三河市冀华印务有限公司
经　　销	新华书店
发　　行	未读（天津）文化传媒有限公司
开　　本	880 毫米 ×1230 毫米　1/32
印　　张	10.75
字　　数	220 千字
版次印次	2021 年 1 月第 1 版　2021 年 1 月第 1 次印刷
定　　价	78.00 元

未读 CLUB
会员服务平台

献给克里斯特尔和马雷克

"人自身包含许多互相矛盾的因素，它们纷乱而毫无联系地散落在他的存在中。而当它们突然凝聚成一颗虽然看不见却再也无法分解的水晶时，这颗水晶所承载的一切都会以坚硬可感甚至尖锐刺人的形态示人，这恰是人一生中具有决定性、真正有所启发的时刻。人不可能再逃出这颗内在的水晶。无论他因此失败或是最终顺应了它，都要在很久之后才能得到确认，有时甚至要在他死后很久。因为直到那时，他作品中的意义或无意义才能被他人所知。这一时刻可能只是闪电般的一瞬，也可能持续数年。"

——埃利亚斯·卡内蒂

目录

前言

　　当哲学家弗里德里希·尼采回首往事，忆及那些使他意识到自己的一生注定要如此度过的时刻，他都会想起在一座高山上发生的事情。当时他站在一处毫不起眼、极易错过的观景点，向山谷看去："我向下看，越过起伏的山峦，看向奶绿色的湖泊，视线穿过冷杉和肃穆的云杉，身旁怪石嶙峋，地上花草缤纷……万物都沉浸在宁静和黄昏的富足中。左边的山崖和雪原漫过广阔的林带，右边两座锯齿状的可怕冰峰高过头顶，浮现在夕阳蒸腾起的薄暮中，一切都那么磅礴、安宁又明亮。而这一切壮丽景象却让人不寒而栗，在看到它们的一刹那肃然起敬。"

　　不久后，尼采就将袭上自己心头的这一感受发展为确定的信念。意识产生、发展，膨胀成错误的自信，而现实原则即使无效，都无须对其有所忌惮。他反复用"漫游者"来譬喻人生在世。他走着自己的路，但要依附于白昼的光明。这光能让他看到东西，却也令他目眩神迷。尼采在他清醒尚存的生命尽头承认，自己"疲于白昼，苦于光明"，认为不同的认识结果源于白天光亮的变化。他将自己在山中的所得从暮色初降带到了亮堂堂的第二天，成了"上午的哲学"，即认识的预备阶段，相信理性源于事物自身，可以直接发挥作用："漫游者也许会经历这些，但接着，其他地方和其他日子的欢乐早晨会给他报偿。接下来，当漫游者们怀着类似上午的精神静静坐在树下时，那些纯粹、美好、明媚的事物从树梢和树叶的掩映中倾泻而下，这是给所有自由精神的礼物，无论他们所处山间、林中，还是孤独而自安，都和他（尼采）一样，时而快乐、时而沉思，既是漫游者，也是哲学家。他们自早晨的隐秘中诞生，思忖着在钟敲十到十二下之间，白昼如何有着如此纯粹明澈、容光焕发的面庞——他们在探寻上午的哲学……"

在上午的温柔光线中所呈现出的，就像一场欢乐的思维游戏，它会在正午的光明中趋于成熟，最终成为理性。时间仿佛静止了，生活既不以苍老示人，也不以幼小悦人；它恰恰在当下的光中为自己辩护。真理如今成了人的负担，使人内心最深处也不得安宁；而它在自身中休憩，坚守着自己的合理性。尼采谈起正午的光明，就像在谈有的人在回光返照那一刹那的澄明：过去的都不作数了，当下的也正在消亡，而未来不过是一页空白。这样的确定性可以理解为幸福，即不必再依赖于某种条件的满足，而仅停留在对生命梦想的倾心上："对生命那忙碌而瞬息万变的拂晓时分知足的人，其灵魂会在生命的正午时分突然产生寻找安宁的奇特冲动……他会被静默包围，一切声音都变得遥远，而且越来越远；阳光陡然直射向他。他会看到，身形巨大的潘神沉睡在一片隐秘的林间草地上，一切自然之物都随他沉睡着，脸上现出永恒之色……他什么也不想要，什么都不关心，他的心静止了，只有眼睛还活着——这是一种眼睛醒着的死亡。这一刻，人会看到许多他前所未见的东西。极目远眺，一切都被织进那光线的巨网中，并被埋葬其中。他会感到幸福，但这是一种多么沉重的幸福啊！终于，林中起风了，正午过去了，生活把他扯回自己身边。那种盲目的生活的追随者紧跟其后，横冲直撞：愿望，欺骗，遗忘，享受，毁灭，易逝……"

　　尼采在正午的光明中所想到的，不仅合情合理，还是一种启示，对于整个生命阶段有着独特的意义：因为启蒙时刻是当下片刻的启示，会继续发展，成为对未来可能性的预见。我们自己也能看到这一点：可以这样说，每个人的存在都包含默默成功的阶段，此时他的生活遵守着他所预想的秩序。确定性的重要意义凸现出来，人所怀有的期待正是在这种确定性的笼罩下明确其现实要求。一个人若是以友善的观察者身份来观照自己的生活，他就会发现，重新开始的阶段会一再出现。重新开始相当于改过自新，有着极其重要的意义，至少算是亡羊补牢。他差不多可以确定，另一个时期开始了——也许成就伟业，也许一事无成。但这种认识就像一个崭新的生命，披着美好的阳光，似乎被赋予了各种可以加以利用的机会。它所反映的世界观光彩灼灼，诗人和思想家都会在这片光中找到心灵的故乡，于是敢于孤注一掷。满足的一刻会在这美好的阳光中渐渐成形，灵感会孕育出理念，正如罗伯特·穆齐尔的小说《没有个性的人》中的主人公乌尔里希："一个理念，其实就是你，是某个特定的状态。某种东西向你呵了一口气，就像自那嗡嗡作响的琴弦突然迸出一个乐音，你面前仿佛出现了海市蜃楼，自你心灵那一团乱麻中理出了一条无尽的线索，世间一切美好仿佛都各归其位。就这样，某个独特的理念应运而生。但不多一会儿，它又会变成你已经熟知的其他理念，或者相似的，它归于那些理念之下，成为你观念、性格、秉性或心态的一部分，收拢了飞往别处的翅膀，默默地日臻完善。"

在这一过程中，思想火花的迸飞对灵感（"灵感"一词的拉丁语本义即"吸气""吸入"）的产生有着重要意义：它先是点燃思想，接着点亮思路，而且正好是最恰如其分的心中一亮，有过灵机一动体验的幸运儿都能明白。"人会摆出祈祷时的脸，驻足不前，"尼采在《快乐的科学》中写道，"当思想'来临'时，人甚至会在街头默立几个钟头……这都是'值得'的。"

启蒙时刻对于不同的人来说，其大小强弱也不尽相同，正如纠缠着我们的感觉，对每个人来说也是不同的。因此，试图为它制定某个评价标准，其实没有太大意义。我们希望能把握住它，实际上对它怀有恐惧；但假使能从烦琐的事务中，从冗杂的负担、压力中，从消极的负能量中挣脱出来，得以继续前行，我们还是会很高兴，就算只有一瞬间，而在那一瞬间没有狭隘的自我，只有绝对的满足、物我两忘的出神和充满智慧的洞见。

在思想史上，这样的时刻通常是那些被传为佳话的伟大顿悟，譬如神经质的苛求、灵光一闪、持续的低语怂恿和回应……这些会使人意识到真理，即"奇妙的理智之光"（笛卡儿）的存在。"一种真正令人喜悦的、让人着迷的、使人深信不疑的灵感"——托马斯·曼的小说《浮士德博士》中的魔鬼曾这样形容它——"（就是）某种灵感，毋庸选择，也无须改善或加工，只是将一切都作为强制的幸福照单全收，脚下骤停或疾走，从头发丝到脚尖都被一场崇高的思想暴雨浇透了，喜悦的眼泪汇成河流，从眼中夺眶而出。"这种被突如其来的思想支配所引发的剧烈反应并非惊恐所致，托马斯·曼在此显然是在致敬尼采。尼采谈到灵感时，主要在说他自己的体验。"不必倾听，也不必寻找，"他在《瞧，这个人》中写道，"拿来就可以了，不必去问，是谁在赠予；思想就像闪电，一闪而过，事出有因，且不容犹疑——我从来没有选择……一切都出于最有力的强制，但这就像身处一场强烈的风暴中，被自由、无条件的许可、权力、神力等这些东西裹挟着……看起来似乎是真实的……好像这些东西都是自己冒出来的，自愿提供某种启发性的譬喻。"

当然，本书所讲的这些启蒙时刻，看起来更加平淡无奇——它们就像是那些伟人附带的脚注。若不是带着兴趣去寻觅，它们几乎不可察，常常只有在回忆时才能浮现出来。因此我们将它们以倒推的方式加以梳理，放到各种人物的生平故事里讲给读者，当然同时也注重其中有据可查和积极的一面，我们在其中可以看到自己的影子——"我们会与某个陌生的、熟悉的、对我们有所启发的灵魂不期而遇，"女诗人布里吉特·克罗纳沃尔这样写道，"在最幸运的情况下，常常会产生错误的结论。这正像两个个体之间的爱情，他们本来不需要对方也能过得很好，在相遇后却会产生疑问，自己这么久都是怎么过来的。然而，即使是在似乎最随意的离题闲话和最阴郁的胡思乱想中，我们也能察觉到某种魔力，或者说某种信念，它可以战胜生活的不幸。"

生命的基石

柏拉图：火花

有时，人们在出发前必须先后退几步。柏拉图被认为是哲学家中的大师，他的名字代表着许多哲学思想——但存在的轻盈绝对不在其列。然而在还没有成为哲学家之前，他其实是一个真正的诗人。时至今日，史学家们津津乐道的仍是他的哲学成就。他当年接受了自己哲学家的身份后，就再也不想提及之前的文学生涯了。他将自己早年在诗学艺术上的成就看作误入歧途，甚至是某种不可原谅的"失足"，因此必须用沉默来掩盖。然而实际上，他的那些作品具有诗意的画面感，尽管只留下些断章，依旧包含着某些惊世骇俗的东西。据我们所能读到的这些来看，柏拉图绝不是一个俗气的蹩脚诗人。正相反，他给我们留下的33首箴言诗全在书写生活的阴暗面和令人望而却步的神秘力量，而这些正是我们这位未来的哲学家再也不触及的东西，他简直是以决绝的姿态一头扎进了光明的理念世界。他淡忘了那些干扰他的东西，坚持着那句时至今日仍有待检验甚至饱受质疑的格言：不该存在的东西不能存在。然而年轻的柏拉图在其诗作中承认，他和我们一样，也拥有某种渴望，搅扰一生，却无法最终实现。即使到了最接近成功的时刻，我们也会再次被拽得偏离目的地。因此可以说，也许根本没有什么能够持续的幸运。无论如何，众所周知，这就是思想的翻飞，即使它长久地表现为倒退，甚至在某些未知的氛围中悄悄溜走，它总还是围绕着圆满的瞬间兜圈子。我们可以在任何地方设想这种氛围，但最偏爱的还是天上："抬头仰望辰星吧，我的星星，哦，如果我有上千只眼睛／天空，我会用它们俯瞰着你。"

击中柏拉图的灵感，也许从文学角度来看，更近似某种消极体验，因为它促使原本潜力非凡的诗人主动转向了其他行业。这灵感有一个名字：苏格拉底。这位哲学家在雅典声名赫赫，他以一种胸有成竹的主持人风格操持着思考这一高级技艺。除了将自己的同乡绕进令人厌烦的原则性讨论中，他似乎什么也没做。对此没有兴趣的人，一瞥之下就能迅速逃离；然而一旦这位哲学家开始向他的听众友好攀谈，再要走开就为时已晚了。苏格拉底精通于提出似乎无害的小问题，而他所持的答案总是有益于认识的，这些答案会引出更进一步的问题，由此延伸出的思考过程，似乎恰好是哲学家事先设置好的。因此，苏格拉底断言，知识只能由人们在无意识中通过共同的努力来获得，而且只有当人们将其提升到严肃思考的层面上时，才能真正实现。

生于公元前427年的柏拉图，直到三十岁这一相对微妙的年龄，才第一次遇到苏格拉底。这次相遇带来了何种直接后果，已经不得而知了。但我们可以猜想，它一定给年轻的柏拉图留下了深刻印象。

这位原本只不过沿着早慧的道路前行的小男孩，如今被这种印象攫住了。于是，柏拉图和苏格拉底的第二次会面——据编年史史学家研究，发生在七年后——成了一次决定性的经历。苏格拉底被一群无所事事的年轻人簇拥着，对自己的哲学思想侃侃而谈，这时，柏拉图闯了进来。这次会面预示着诗人柏拉图将就此退出诗人的舞台，而此时，他本人对此一无所知。这就像一见钟情，柏拉图看着那位人群中的哲学家，听着这个智者所讲的一切，确信从这一刻起，应该为自己的一生施加一种完全不同于之前的重量。思想的自由翻飞曾经造就了诗歌，它将遥远的事物紧紧相联，因而万物都以令人感动的方式从属于世界上人类的共同家园；然而如今，它的目标和方向显得徒有其表，是那么肤浅。柏拉图绝不是一个敷衍了事的人，他走上了哲学这条路，也许不算早，但也不算太晚，还带着皈依者般的传教热忱。这一点就连苏格拉底也无法否认。

根据哲学史作家第欧根尼·拉尔修的说法，这种传教热忱太显而易见了，苏格拉底甚至不需要特意寻找接班人，因为接班人已经在那里等着了："有这样一个故事。苏格拉底曾做过一个梦，梦见自己的膝盖上有只天鹅的雏鸟。他眼看着雏鸟迅速长出了羽毛，有了飞翔的力气，在空中越飞越高，欢快地大叫。几天后他就遇到了柏拉图。对此，他曾说，柏拉图就是那只雏鸟。柏拉图首先在学院中开展自己的哲学研究，后来在克罗诺斯花园里……当他想要用一部悲剧参加戏剧比赛时，他依照苏格拉底的劝告，在狄奥尼索斯剧院前烧毁了自己的作品……从那时起，他就成了苏格拉底的忠实听众。"

苏格拉底与柏拉图之间的师生关系持续了八年——这是雅典历史上卓有成果、毫无压力的八年。然而一旦涉及雅典政体，冲突显然不可避免了。伯罗奔尼撒战争以斯巴达人的胜利结束后，三十个贵族掌握了雅典的政权。在这些贵族中，有一些是年轻的柏拉图的亲戚，毕竟他出身于一个富有且极有影响力的大家庭，但他对新的掌权者寄予的希望却落了空。他不得不承认，现实政治有一套自己的规律，公民大会的决议在它的惯性影响下与崇高的理想背道而驰，无法达成一致。他后来一再强调这一点。他的第七封信是现存最有价值的自传式证据，其中写道："我以为，他们（那三十名贵族）会从不公正的现状中吸取教训，从而将一种公正的生活方式引入国家管理，因此我对他们抱有热切的期待，想看看他们会做出怎样的成效。但我现在却看到，这些人在极短的时间里就认同了之前的宪法，将其作为黄金法则颁布。我有一位年纪稍长于我的朋友，苏格拉底——我毫不怀疑他是当时所有活着的人中最公正的，他们派苏格拉底和其他人去找一位公民，用强权逼迫他走向死亡，只为让苏格拉底与他们一起为非作歹，不论苏格拉底是否愿意。然而苏格拉底没有听从。他宁愿将自己置于最危险的境地，也不愿与他们同流合污——因为我看到了这一切，我的心中充满了厌恶，于是我退出了当时糟糕的统治阶层。"

　　笼罩在尔虞我诈和权力争斗阴影中的雅典城邦，兴起了一股反对派势力，他们反对与苏格拉底这一名字有关的自由哲学探讨。他们宣称，"苏格拉底们"致力于败坏道德，腐蚀本就岌岌可危的集体宗教道德基础。这位大哲学家似乎对这种人身威胁不屑一顾，依旧毫不动摇地进行自己的哲学研究。于是，顺理成章地，他的敌人们对他提出控告。尽管他们的言辞荒诞到闻所未闻，他却安之若素，好像这只不过是为陈词滥调的指责所做出的新答复。虽然他预感到了，自己的案件会长期受到"特殊关照"，不经讨论直接成为决定生死的判决，但他却觉得自己有义务展现出无畏和坚强，哪怕是最后一次。苏格拉底被定了罪，并被判处死刑。柏拉图在其对话录《斐多篇》中记录了苏格拉底最后的时刻："而苏格拉底说：'你们这些杰出的人在干什么呢？我已经特意支开了女人们，以防她们做出同样的傻事。因为我一直听说，当一个人死亡时，别人应该保持静默。所以请你们平静下来，勇敢一些吧。'听到这话，我们为自己感到羞愧，把眼泪流在了心里。他来回踱着步，当他感到自己的脚步开始变得沉重，他直直地躺了下来……不久他就开始抽搐，他的……眼睛……唉，埃克格拉底啊，这就是我们这位朋友的最后时刻。我们一致认为，他是我们当时极力效仿的最杰出的人，也是最睿智、最公正的人。"

目睹了自己导师的死刑后，柏拉图踏上了旅途。他拜访了许多地中海地区的希腊人居住地，给富有的统治者的儿子们当家庭教师，却没有收获自己想要的成果。他回到雅典，在城市近郊当时的一处圣地开办了一所私人学园。他在那里教授自己的哲学，不无谦虚地声称，自己教的东西并不仅仅能传授知识；如果能够系统地运用它，还能培养出更聪明，甚至更优秀的人。柏拉图在其代表作《理想国》中说，他所提倡的精英哲学家培养应该持续十五年之久，其中有三分之二的时间要用于学习数学和自然科学，剩下的时间用来进行真正的哲学训练。而他对此唯一的期待就是理念，即对一切知识的永恒本质产生的一切认识都能够经过辩证思考形成概览："能够概览全貌的人，才拥有辩证思考的能力。而做不到这一点的人，就不是……因此我说过，（学生）中间最有辩证思考能力，而且在学习、战争以及所有规定中表现出坚定不移的品质的人，即使再过三十年，也能在杰出的人中脱颖而出，获得更大的荣誉；你一定要留心，要在雄辩术中检验他们，看看他们中有谁的眼睛和其他感官会对存在本身和真理表现出兴趣。"

如柏拉图所预见的那样，精英哲学家理所当然不那么受欢迎。他那关于更好的知识的理想概念——实现哲学家的统治——极其大胆，直到今天还被认为带有极权主义倾向。柏拉图的老师苏格拉底把他从文学的道路上截走，引他走上了哲学的道路，却似乎对这一隐患视而不见。苏格拉底在自己这位最著名的学生的著作中化身为思想自由的代表，获得了长久的生命力。然而，随着柏拉图对自己的思想越来越坚信不疑（甚至有了狭隘的倾向），这种思想自由也越来越被他认为是无关紧要的。他初识苏格拉底时发生在他身上的那种觉醒，如今被他认为是不足为奇的；当前提条件得到满足，而其他年轻人也做好了准备，为什么这束光照不到他们身上呢？"如果能够长久地专注于某个外在对象或自己的内心，就像心灵突然被迸起的火星点燃，并且可以不借助外力，持续自燃，那么我知道，当我说出或写下这句话时，我会以最谨慎的态度来对待它；倘若它一定会让我后悔，那么我就会写得很糟糕。假如它要求我以某种大多数人能理解的方式写下来或说出来，那么除了将人类整体载入伟大神圣的史册和使一切事物的本质为人所知外，我们的生活中还能有什么更美好的呢？"

从这种声明中，人们很容易听出某种轻松、满足而欢快的语调，然而这对于柏拉图来说却是陌生的。他可不是快乐哲学的发明者。第欧根尼·拉尔修指出，这位哲学家终其一生，从未被人看到其大笑过——也许他只在自己学园的地下室里大笑吧。但不管怎样，相比于存在的轻盈，他显然更接近生命的严肃。生活本来也确实不需要什么特别的天赋，只需要去感受、去享受就够了。人总是这样，即使面对高于自己的神灵，也忍不住嘲弄一番，而柏拉图认为这一点尤其值得谴责："对笑俯首称臣是非常不得体的，假如荷马这样写诗，他绝不可能受人景仰：'看着赫菲斯托斯在整个大殿上蹒跚着斟酒，喘息着走来走去，这个幸福的人被无可消解的笑意激怒了。'我认为，即使这些都是真的，它们也不适合讲给孩子或心智尚未成熟的人听。得体的做法是对此加以隐瞒，或至多在向神灵献上某个巨大且罕见的祭品后，对那极少数的人略微提一下。"

柏拉图哲学的核心是理念说。所谓"理念"，即现象的原型：它们构成了一个独立的王国，无须依赖我们所在的世界而存在，当然迫不得已地，也会与我们的世界有所联系，否则我们就不会感知到现实，也无法获得任何知识了。人类的认识之所以合理，是因为它们如同一段无法消除的记忆，仍然参与各种理念。多亏了理念的神秘共鸣，我们能够知道的越来越多，并且从旧事物中获得新知："我说的……并没有什么新意，只是从设想开始，设想存在某种自洽的优美、善良、伟大等等，我无法再理解别的深奥理由，而是比如，如果别人告诉我，某个东西是美好的，因为它有一种绽放的色彩或形态或别的什么，我就会放弃别的想法——因为那些只会让我更加迷惑——我会保持简单质朴的看法，甚至固执地认为，美好的东西之所以美好，除了它本身是美好的以外，不可能再有什么外在的原因使它变得美好……"

拿起，读吧！

奥古斯丁：宿命的瞬间

  思想史上最著名的顿悟之一，发生在386年的夏天，主人公就是后来的教父奥勒留·奥古斯丁。这次"皈依"被他写入了自己的著作《忏悔录》的第八卷《皈依》中。然而正如他自己所说，这次事件也许并未发生过，对它的描述仅仅是将回忆文学化处理的模板，重点表现受到感召的那一刻。长年的精神斗争、恐惧和怀疑汇集一处，最终在脑海中演变为一场颠覆性的思想变革，从而使人认识到，这一切正是上帝的神秘策略使然。上帝并没有耍什么心灵的花招，将信徒直接宣布为"天选之人"，以此来劝其皈依。在顿悟时刻来临之前，所谓的"天选之人"必定要接受多次测试，为最终的考验做好准备。

  奥古斯丁于354年出生在非洲，地点在小城塔加斯特，即今天阿尔及利亚的苏克阿赫拉斯。他出生在一个小市民家庭，父亲帕特里修斯有公职，拥有一部分田产，为人有些虚荣好强；母亲莫妮卡是基督徒，虔诚到了顽固的程度，对上帝的忠诚已经超越了简单的信仰。终其一生，她都在努力劝人皈依。她首先劝自己的丈夫，遭到了强烈的反对；然后劝朋友和邻居，受到了厌烦的冷眼；轮到她儿子时，她的努力终于得到了真正的回报——奥古斯丁被她引上了一条宽广的大道，并且再也没有表现出任何彻底的背离。奥古斯丁在临近家乡的马道拉城开始了自己的学业，后来到古罗马治下非洲的首都迦太基继续学习。十九岁时，他读了哲学家西塞罗后来散佚的著作《霍腾修斯》。西塞罗受当时正在日渐被忘却的希腊精神的启发，以一种令人敬仰的方式致力于普及哲学。他主张，人不仅要寻求智慧，如果可能的话，还要热爱智慧。奥古斯丁深以为然，他专攻修辞学。古典时代，修辞学这门学问不仅限于研究微妙的言辞艺术，而且是一门要求很高的教育学。奥古斯丁读过拉丁语的经典作品，但对希腊的那一套并不赞同。他在迦太基做了市立修辞学教师。这份工作虽然让他有所收入，却无法为他提供大的升职空间。他在迦太基结识了自己的女友弗洛莉亚，这个神秘的宠儿却被后世的哲学史贴上了"姘妇"的标签，成为一个不起眼的存在。那个当时还没有成为圣徒的男人和她一起生活了十五年，并养育了一个儿子。奥古斯丁给儿子取了一个寓意美好的名字——阿德奥达图斯（Adeodatus），意思是"上帝亲赐"。

奥古斯丁似乎对床笫之事颇为熟悉。据说，他与弗洛莉亚同居期间从未有过力有不逮之时。但他也没有成为一个贪图享乐之人。这也许得益于他母亲耐心的基督教教育——她坚信"肉欲有罪"，并因此产生了深深的负罪感。奥古斯丁带着弗洛莉亚去了罗马，想继续做修辞学教师糊口，却没想到，他的收入在那里变得更加微薄了。

10

因为罗马的学生们都是自费学习，而且他们的支付信用明显糟透了。最终，奥古斯丁迎来了职业生涯的飞跃：他被派往罗马帝国当时的文化首都米兰任职。他在那里的皇家官廷担任首席修辞学家。他学习了米兰主教安波罗修的著作，看到了一种新的可能，世俗和精神的力量似乎可以在其中轻易地相互交错咬合。安波罗修是一位重要的犹太教学者，他将基督教的教义和希腊哲学结合在一起，发展出一套真理要求，说服了此前一直在两者间犹豫不定的奥古斯丁。奥古斯丁此前信仰摩尼教，这是一门要求严格区分光明与黑暗、邪恶与善良的基督教派。而此时的奥古斯丁已经将自己视为一名基督徒，正走在通往自己上帝的道路上。

　　他的母亲莫妮卡是个不肯放弃的女人，多年来不仅从未放弃劝诫，还曾经付诸实践：她劝说自己的儿子离开弗洛莉亚，把她送回非洲，以迎娶一位出身更好的年轻姑娘。这显然带来了很多麻烦。一方面，奥古斯丁似乎并未如她所料断了念想，反而更加想念弗洛莉亚了；另一方面，新选中的这位新娘出奇地冷漠，她要求订婚仪式不必大张旗鼓，最后订婚仪式无声无息地草草结束了。然而就在这期间，奥古斯丁的生活还是发生了彻底的转变，这让他的母亲莫妮卡感到由衷的满意——儿子终于奇迹般地顿悟了。但信仰复苏的关键讯息若要显露，还必须经历一场大哭。奥古斯丁写道："如今，那穿透性的目光释放了我藏在内心深处的全部痛苦，把我置于灵魂的注视下，掀起一场猛烈的心灵风暴，直到泪水如暴雨般倾盆而下。我无意识地蹲在一棵无花果树下，任凭眼泪肆虐。它们汇成泪河，汩汩地涌出我的眼眶。我用自己献祭，只为讨你的欢心。我向你袒露心声，不是用语言，而是用心灵：'啊，主啊，还有多久，你的怒气还要持续多久？别去想我们过去的罪恶了！'因为我发觉，紧紧束缚我的那些往事确实是罪恶的……我哭出了心中最苦涩的悔恨，以此与你对话。"

然而这种悔恨并不会一直持续下去，它总会随着时间消散的。奥古斯丁忆起了自己过去的种种"罪恶"——至少用今天的眼光看，这些并非十恶不赦——他用眼泪洗刷它们，却也不愿失了体统，提出过分的要求，只盼着上帝能给他指一条明路。很快他就遂了愿："看哪，我听到邻居家传来唱歌般的语调，听不出是男孩还是女孩，那个声音反复地说：'拿起，读吧！拿起，读吧！'我的表情立刻僵住了，想努力说服自己，也许这只是孩子们玩游戏时唱的歌谣。但我想不起哪首歌谣是这样唱的。泪水在眼眶里打转，几欲决堤。只有一个解释了，我站起身，翻开《圣经》，读了看到的第一个句子……我放下圣徒的著述……走了几步，却又立刻折返回去……我抓起它，翻开，默默地读着闯入视线的第一段文字：'不可荒宴醉酒，不可好色邪荡，不可争竞嫉妒，总要披戴主耶稣基督，不要为肉体安排而去放纵私欲……'我读不下去了，也无须再读。因为尚未读完，一道安宁的光就穿透了我，所有怀疑的阴影都不驱而散了。"

自此，一切都不同了。奥古斯丁开始了自己的第二次生命。他的前半生，和那些除了浑噩度日，不知道自己还能干什么的人一样乏善可陈。莫妮卡知道儿子拾起了对上帝的信仰，她很欣慰，这正是她长久以来的信念。现在，一切都回到正轨，她终于可以准备退出尘世的舞台了。已经彻底皈依上帝的奥古斯丁陪在母亲身边，这时，他看到了第二重幻象——对他来说，母亲的死亡是一种安慰，是通往一个更好世界的温和过渡。尽管天国才是目的地，尘世间的和解也不可缺少："我们对视着，开始了一场震撼心灵的对话……我们说：肉身的噪声沉寂下来，对土地、水和空气的记忆也都黯淡了；灵魂缄口不言，连自己都已遗忘；人们幻想臆造出的一切都和梦一起沉默了；往昔的喧嚣，今日的沉默，耳朵静静地听着它自己所创造的寂静——这时，他独自开口了，我们专心聆听……在瞬息万变的遐想中感知那掌控万物的永恒智慧，如果这一切可以持续，那么永恒的生命就会像这最高认识的瞬间，我们会怀念这一刻，却注定无法实现那个预言。那天我的母亲和我交谈，世上一切欢乐对我们来说，都已失去了诱惑，我的母亲理解了您的话，她说：'我还在这里做什么呢？'"

心灵和灵魂所能提供的，是持续的奇迹，让人能获得自我启迪，保持坚定的敬畏之心。"心灵太过狭隘，无法容纳自己；然而若是连自己都无法容纳，它又会去往何处呢？它是否存在于人的肉身之外？若是这样，它又为何不可捉摸呢？一种强烈的震惊攫住了我。人们总是到远方赞叹山的险峻、浪的凶猛、河的壮阔、海洋的无边，还有星辰回旋——却单单忘了自己。"

心灵的密室

但丁：通往光的道路

有的灵感并非只是一个闪念，它的背后有着年深日久的不断积累。它会悄悄地运转，挣脱所有束缚。想要获得灵感的人必须耐心等待，直到它逐渐成熟，变得绝对可行。因为灵感的源泉处处皆是，不会守在一个地方。它时而可感，时而不可感，无论是在尘世还是在天国，都有可能显露踪迹，甚至还会以我们的形象示人。此时，灵感会变成人，却又不是我们所熟知的普通人。世界文学瑰宝之一《神曲》的作者，意大利诗人但丁·阿利吉耶里的生命中就有这样一个人。这样的机缘并非一闪而过的偶然，而是开启了一条人生之路。尽管也有各种歧途和岔路，这条路最终还是通向了最高的神圣认识。

这件事发生得很早，甚至可以说太早了：1274年5月1日——确切的时间我们并不清楚，因为这些数字或随时间流逝，或因诗化而具备了传奇色彩，变得无法确定了——年仅九岁的但丁遇到了一位和他同岁的小姑娘。他马上就认定，这位名叫贝雅特丽齐的"天使"，一定是上天派到他身边的。与贝雅特丽齐一起到来的还有爱情。从这一刻起，他重获新生。但丁的一部早期作品就以此命名——Vita nuova

（意大利语，"新生"）的意思。这部作品大约于1292年问世，讲述了他和贝雅特丽齐命中注定的相遇。作品从一开始就明确了，这不是一部随处可见的关于感情问题的庸俗作品，而是将爱情作为天国力量来描写的颂歌："太阳循着自己的轨道运转，晦明交替，在天幕上周而复始。当太阳第九次回到与我出生时同一点时，我第一次见到了俘获我心灵的女神。人们不知道该如何称呼她，于是都叫她 Beatrice——贝雅特丽齐。此时，她在尘世度过的时光，相当于整个星空向东转过1/12度所需的时间。因此，当我见到她时，她才刚满九岁，我却马上要走到九岁的尽头了。她身着最高贵的猩红色衣裙，系着腰带，谦逊而不失庄重，打扮得恰与她幼小的年纪相称。我可以坦白地承认，那一瞬间，住在我心灵密室里的生命的灵魂开始剧烈地颤抖，即使是最轻微的脉搏悸动也变得无法忍受，它在颤抖着说：看啊，那是一位神灵，他比我强大，正向我走来，最终将会主宰我。"

　　贝雅特丽齐的意思是"赐福者"，实际上，她也确实从一开始就赐予了但丁洞悉更高认识的奥秘这一幸福。这位天使不得不亲历人间，而这正是属于我们尘世的幸福。多亏于此，我们才能看到感官享乐和感官负担的本质是多么短暂易逝。年轻的但丁猛地被拖入这种境地，于是，在他开始走上自己的心灵净化之路前——这条路终将通向《神曲》中永恒的到来——他首先生活过，奋斗过，挣扎过。爱情于他而言，不仅仅是克制着肉体接触的神圣低语，在破灭以前给予恋人田园诗般的心灵安宁；在这第一次邂逅中，引人注意的不仅仅是贝雅特丽齐颇富神性的现身，同时还有那些并非令人难以忍受的常见的热恋症状。但丁经受着情感上的天人交战，而这正是每个坠入情网的人都熟悉的。贝雅特丽齐的身影再也无法走出他的脑海，他的心跳得更加剧烈；但他也已知晓，自己在立下婚约前，必须再三斟酌。他反复审视自己内心的热情，将其从神性真理的各个角度加以归纳，确定它仅仅关乎爱情的本质，而与爱情的那些日常惯例和个人琐事无关："这一刻，一切感官的灵魂都集中于一点，即住在崇高心房中那兽性的灵魂，它感到惊讶，对面部的灵魂说：这就是你们的幸福时刻了。这一刻，我们供养的自然灵魂开始哭泣，它呜咽着说：可怜可怜我吧！我马上就要面临经常被克制的命运了。我说，从那一刻起，爱情主宰了我的灵魂，灵魂突然与爱情缠绕在一起；爱情变得有恃无恐，开始获得对我的控制权，我的幻想赋予了它力量，我不得不完全按照它的喜好行事。"

灵魂在爱情面前变得渺小，这爱情比一切理智都要崇高——然而这也是自愿沉浸在幸福中的理智所做出的判断。于是，宿命感由此产生，恋人逐渐依附于这样的宿命，根据时代风俗来确定如何区分崇高和世俗的爱情——前者是某种类似虔敬上帝般的内心渴望，后者则着眼于享乐和寻求同伴的认可。在这样的区分下，当时的社会等级差别非但没有被触及，反而被明确强调了。但丁仰望了他的贝雅特丽齐多年，这样的感情对但丁和贝雅特丽齐都已足够。贝雅特丽齐并未对但丁的崇高热情回应多少，因为在现实生活中她心有所属。根据同时代的猜测，历史上的贝雅特丽齐出身于佛罗伦萨的一个富有家庭，住在距离阿利吉耶里家不远的地方。也就是说，但丁炽热的目光被这样一个邻家女孩吸引了。后来，这位姑娘和一位银行家结了婚，这是由家族内部商定的，而她的仰慕者也奉父母之命，和一位叫作吉玛·多纳蒂的姑娘先订婚、后结婚，这在事事为子女将来地位考量的上层圈子中也是常事。

但丁对贝雅特丽齐的爱情并未被这一现实阻断，事实恰恰相反：但丁的爱情被现实生活中的种种考验和求证彻底解放了，它几乎不再受到任何干扰，自顾自地灼灼燃烧，最终成为永恒的光芒。爱情梦想家不需要任何真凭实据，就可以靠它取暖，就算是生命的庸碌和命运的无常都无法令他心生恐惧："时至今日，已经过去九个年头了，自从……那位最可爱的人逝去。而就在这位不可思议的姑娘留驻人间的最后一天，她出现在我面前。她穿着洁白无瑕的衣裙，被两位上了年纪的高贵女士围着。她走过街道，眼睛看向我所在的角落。我呆立着，惶恐而羞怯。她优雅地向我问好，语气中带着无法言喻的可爱——仅凭这一点，她如今必然已在永恒的国度得到了慰藉——这样的问候便是我所能想见的最高幸福。她甜美的问候飘向我的那一刻，一定是那一天的第九个钟头。那是她的言语第一次涌向我的耳朵，而我沉浸在巨大的狂喜中，就像喝醉了一般，在人群中跌跌撞撞地向她迎去……"

如今，用极度清醒的观点来看，这简直匪夷所思：诗人想要体会到的极乐的幸福，竟然如此简单。但丁坠入爱河九年了，九年间，他为了维护对贝雅特丽齐的感情，把这份爱情深藏在内心一隅；而如今，贝雅特丽齐对他说的一句话就激起了他最炽烈的情感。而且他相信，自己的爱情正是上天的安排。他不厌其烦地提及数字9，因为9正代表神圣。他本人是这样解释的："3是9的根数，它不需要其他数字，自身翻几番就可以得出9。因为众所周知，3乘以3就是9。既然3自己就是9的创造者，而奇迹的创造者恰恰也是3，即圣父、圣子和圣灵三位一体，那么显而易见，这位总是与9相伴的女子正是9，是奇迹的化身；毫无疑问，她的创造者正是创造奇迹的三位一体。也许某个思想深邃的人会在其中看到更加深刻的渊源，但这就是我所能发现的，而我热爱着这一点。"

　　但丁·阿利吉耶里出身于佛罗伦萨的一个贵族家庭。母亲去世很早，父亲在儿子的作品中鲜有提及。但丁接受的是符合他社会地位的教育，他学习了所谓的"自由七艺"——逻辑、语法、修辞、算术、几何、天文和音乐。此外，他还通晓拉丁语和法语。他对于美的艺术也有浓厚兴趣，因此结交了许多诗人和画家。最初，他的主要兴趣在政治。与今天的情况不同，从政在当时并不仅仅是得过且过的斡旋技艺，而是关乎信仰和权力的不惜一切代价的斗争，因此往往会谈到上帝参与的灵魂拯救。尽管纷争的焦点是世俗的经济状况，宗教的标签却更显眼。在佛罗伦萨的城市斗争中，但丁先是站在罗马教皇一边，反对霍亨斯陶芬皇帝的追随者；后来他开始为君主制辩护，寄希望于建立不受限制的神授政权的理性统治。这一希望无论如何都具有欺骗性，就像但丁作为政治家的功绩一样。客气地说，它们都不过是些美好的幻影，从长远来看则前景晦暗。1300年，但丁在修道院，即佛罗伦萨共和国最高委员会供职几个月后，很快被发配到流放地，并且在缺席审判的情况下，一再被判处死刑。但丁这样看待自己遭遇的必然性：他只想"站在自己一边"。在著作《神曲》中，他借维吉尔之口说道："现在让你自己的意志做主吧；/这就是飞升，是终结的艺术。/看哪，这里生长着草叶、花朵和树木，/它们都是土地从自身生发出来的生命/……不要再期待从我这里获得箴言或征兆。/如今，自由、正直和健康是你的意志，/如果你对它有所背离，那就是你的罪恶。/因此，我要为你加冕，让你做自己的主人。"

但丁在创作其著作《神曲》时，遵循着自己的写作计划，而这个计划的成熟尚待时日。在他动笔时，人们还无法看透其中的奥妙。据说，最终的版本于1313年写成。1290年，贝雅特丽齐在她二十四岁的夏天去世了，但她并没有被遗忘。她化身为纯净的回忆和爱情的神圣形象，在《神曲》中获得了最终的认证：贝雅特丽齐成为天使般的存在。在但丁被允许踏上知识的康庄大道，须得赎罪。而正是贝雅特丽齐引导着他，穿过天穹，直达上帝身边。她将天堂的景象展现在诗人面前，第一次现身便气度非凡："那花朵组成的厚厚的云，/从天使手中散出，/飘飘落落，覆盖一切；/一位女子头戴橄榄枝装点的白色面纱，/罩着绿色的斗篷，/身穿火焰色的长裙从中走来。/我的灵魂已经许久不曾/为她的现身深深震动，/我惊愕万分，战栗不已。/我的眼睛甚至还未将她认出，/她周身散发出的神秘魅力，/那昔日爱情的力量就已攫住了我……"

尽管但丁对来自天国的贝雅特丽齐仰慕不已，她却也并未吝惜对诗人的指责：他在人间并未对自己的天赋善加利用，他太犹疑不定、自我任性，迟迟做不了决定。而且他太晚才意识到，人间也存在着更崇高的洞见。在天国，判断一个人是否偿清了罪过，并不仅仅是根据他活过的生活来判定的；不，上帝国度里的钟有另一套运行法则。在诗人穿过天堂直到天界（净火天）的途中，一切琐事都失去了意义，一切微不足道、可有可无的事都被丢在了身后。在某个动人的时刻，但丁看到贝雅特丽齐展现出了自己不可思议的全部美丽："就算把迄今为止对她的一切赞颂 / 都归结为一句，/ 也无法形容她此刻的风采。我所看到的美丽是如此崇高，/ 不仅超出了凡人的表达能力，不，我相信，/ 只有她的创造者本人才能完全欣赏她的美丽。/ 这一刻，我认输了，/ 这失败远甚于一位诗人 / 被自己作品的某一行压倒。/ 自从我看到她的第一天起，/ 从那时她在人间的生活，到如今她这样的美丽，/ 我对她的歌颂从未停止过，/ 但现在，我要放弃了，/ 我已无法用诗行继续描摹她的美丽，/ 就像每一位艺术家面对自己终极的目标束手无策那样。"

所谓"终极目标"——并不仅仅是对于艺术家而言——即虔诚地投向上帝的怀抱。或许因为诗人的自我有些执拗，并不仅仅满足于使用那些既定的恰当言语，他花了比别人更久的时间才转向上帝。他一路不断思考，在进入天国之前，穿过了各种无前人经验可循的思想荒漠；他从恐惧中挣脱而出，获得了心灵的自由和净化，也许还心有余悸。不知那恐惧是否已被完全控制。当但丁距离自己的目标越来越近时，贝雅特丽齐就淡出了画面；她已竭尽所能，留给诗人的只有他写给她的悼词："哦，我的女主人，是你，哺育了我的希望；/ 是你，为了拯救我，不惜一直向下，/ 直到将自己的足迹印到了地狱；/我在这里看到的一切，/多亏了你的威力和宽容，/是你，赐予我力量和正直。/你让我摆脱被奴役的命运，获得自由，/为我铺开所有道路，/竭尽了你的所有。/请保留你在我心中写下的崇高作品，/好让我那被你拯救的灵魂，/在离开肉体时依然能令你满意。/这就是我的祷告，而那人正在远处，/我相信，她在看着我微笑，/而后，她便走向了永恒的源泉。"

1321 年 9 月 14 日，但丁在拉文纳逝世。他所踏上的通往信仰之路是一条蜿蜒曲折的小径。在他生命的终点，等待他的是一个光圈。即使是心灵已得到净化的人，即使是认为自己已洞悉一切的人，他在走入那道光圈时，也会一再心生疑虑，踟蹰不前。不可知的奥秘无法被人知晓，诗人成了哑巴。然而他知道，他所写下的任何一个字都不是徒劳；他已如愿到达了自己的目的地，他所能留下的启蒙不过如此："现在，我的语言变得更加贫乏，/即便只是用来描述我所知道的那一点，也显得局促，/甚至不如一个用舌头舔舐母亲乳房的婴儿；/我的词穷并不是因为我所凝望的那片光亮中，/除了光亮还有什么别的东西，/那光亮始终是那个样子，不曾改变；/不，真正的原因是，随着我的变化，/我的洞察力正在凝视中变强，/事物的外表也随之不断变化。/我看到了那崇高光亮的/清晰且深邃的本质，/其中有三个圈，/大小一样，颜色却不同。/有两个看起来像彩虹，/一个反射着另一个，第三个像烈火，/里外都在熊熊燃烧。/哦，永恒之光，它只存在于自身，/只能理解自己，也只能被自己理解，/在自我构建中爱着自己，对自己微笑！"

未知的哲学

伏尔泰：有限制的自由生活

当历史掀开它的衣角——正如我们的政治家常说的那样——我们看到的就不只是表面那些庄严的大事了。也就是说，呈现在我们面前的，常常是平淡无奇的琐事：我们必须接受，并不是每天都有王朝倾覆、思想体系崩溃或被寄予众望的新社会形态建立这种大事发生。如果观察者掀起历史的衣角，想一窥被藏起来的丑陋面孔，他们只会看到一场乏善可陈的普通展览：历史只会按照自己的意愿示人，而它本就是平平无奇、让人司空见惯的。对此不满，并且想看到更多的人，必须鼓起勇气，剥去历史披上的一层层故事的外衣。理想的结果是，他会发现个人经验与现实世界的共鸣，幻想与理性清醒的真实存在的协奏。而历史正是这样，由讽刺、诡计与叙述的小花招书写而成。

哲学家、诗人和"世界学者"弗朗索瓦·马利·阿鲁埃自称伏尔泰，他正是这样一位按照自己意愿书写历史和故事的人。他喜欢剥开自己的生活，这给他带来了很多乐趣。因为他自己仍活在世上，还不需要遵从死者狂热的"世外高见"。伏尔泰将自己的存在称为艺术，需要精心的维护和善意的评论。但对于他所传播的信息究竟是文学虚构还是实情，他却并不十分感兴趣。只要他本人和周围的生活能给他提供足够的谈资，他就满足了。这些谈话有的能为他带来严肃的认识，有的只是对公开悬赏得来的知识稍稍加工。

伏尔泰的职业生涯就像一场声誉、非议和阴谋相继粉墨登场的闹剧。他生于1694年，是王室司法官员弗朗索瓦·阿鲁埃和他充满魅力的夫人玛丽·玛古艾特的儿子。年满三十岁时，这个年轻人已经实现了自己人生规划里至关重要的部分：他成了法国最富有的作家，因为他集幽默和尖刻于一身，同时又懂得如何迎合读者的口味。伏尔泰巧妙地巩固自己曾经达到的地位，他对审查机构想要阻止他写作的努力不置可否，只是转而把自己的目光投向了赚大钱，得心应手地拨弄资产。

1749年，伏尔泰已经到达了他声誉的巅峰。他既有钱又有名，比任何一个国家官员更甚——然而他并不快乐：与他同居长达十六年之久的挚爱艾米丽·杜·夏特勒[1]，在生下他们的第三个孩子时去世了。我们这位诗人还不习惯遭受命运的打击，此时打破了心灵的安宁，看到了生命的无常。在这样的心境中，他开始酝酿有所改变的人生规划：多年来，他一直和普鲁士国王腓特烈二世保持着频繁

1　艾米丽·杜·夏特勒（1706—1749），18世纪法国自然哲学家、数学家、物理学家及作家，翻译并注释牛顿的《数学原理》，该译著自1759年出版后，至今仍被视为牛顿《数学原理》的标准法语译本。夏特勒夫人与法国当时多位启蒙思想家相交甚厚，是伏尔泰的情人，两人在学术研究和追求真理方面也是志同道合的挚友。——译者注

的书信交流，对方一再邀请他去柏林。

伏尔泰开始认真考虑，自己是否该听从这位君王不厌其烦的征召。最终，在1750年的夏天，他向普鲁士宫廷书面告知自己即将到访。对国王而言，伏尔泰绝不仅仅是一位哲学家。腓特烈二世向这位诗人发出了一封极其友好、近乎奉承的欢迎信，其中写道："您是一位哲学家，我也是。那么，两位决定一起生活的哲学家顺从这一想法，还有什么比这更自然的吗？我当然还没愚蠢到妄自认为柏林可以与巴黎相提并论。倘若财富、规模和声誉可以使一座城市变得可敬可爱，那么我们或许尚可与巴黎相媲美；但若说世界上的高雅品味统统汇集一处，那么我承认，这个地方非巴黎莫属。不过，您不是会把这样的高雅品味带到您所到之处吗？只要我还活着，我保证您可以在此处享受安乐。"

一开始，这一承诺似乎兑现了。伏尔泰在柏林被奉为欧洲最重要的诗人和思想家。与他在家乡受到的敌意相比，此时的礼遇显然让他很受用。他颇受崇信，得以成为这位君王的谈话伙伴和私人教师，而这位君王在诗歌和音乐方面有所成就——这一职位让他有了一个良好的开端，因为腓特烈二世便肯屈尊，扮演有天赋且好学的学生角色。伏尔泰在他1759年出版的《回忆录》中写道："我每天和陛下一起工作两个小时，我会修订他所有的作品，但就算在我划掉其中不合适的地方时，也绝不会吝啬对其中精彩的部分加以最高褒奖。我会对一切做出书面解释，这会让他的个人表达习惯形成某种修辞和诗学风格。他从中学到了很多，而且在这一过程中，他个人的天赋比我的指导发挥了更重要的作用。我没有宫廷事务，也不需要去拜访什么名人，不需要履行任何义务。我终于过上了一种自由的生活，我无法想象还有什么比现在更能让我满意的生活状态。"

　　然而，就在几个月后，伏尔泰的心满意足就蒙上了第一道阴影。腓特烈大帝和伏尔泰一样以自我为中心，却远没有我们的诗人懂得自嘲，于是，他开始让伏尔泰难以忍受了。他耗费了他客人的大量精力，完全随心所欲。而说到普鲁士的权力关系，军官显然拥有话语权，严格来说，腓特烈二世正是所有普鲁士士兵中最高层和最有影响力的一位，他本人也以此自居。来到柏林的伏尔泰不得不忍受寒冷，他发现，这种寒冷并不仅是因为冬天的到来。夏特勒夫人去世后，伏尔泰向留在巴黎为自己料理家务的侄女玛丽-露易丝透露了一些模糊念头，这些念头越来越经常地纠缠着他："我坐在炉边写作，脑袋昏昏沉沉，心中充满忧伤，呆呆地望着施普雷河。因为施普雷河汇入易北河，易北河流入大海，而大海也是塞纳河的终点，我们巴黎的家就在塞纳河畔。我是说，我亲爱的孩子，我为什么要坐在这座宫殿里，坐在这朝着施普雷河的房间里，而不是坐在家乡的炉边呢？为什么我要为了某个国王，就离开你呢？我亲爱的孩子，我多少次谴责我自己啊。我的幸福被下了毒！生命是何等短暂啊！太悲哀了，我竟然离开你，到远方寻找幸福！我几乎再也不可能痊愈了……"伏尔泰试图通过勤奋工作来抚慰思乡之情，却减少了文学创作，投身于自己引以为豪的金融事务，他在投资方面甚至比经验丰富的专家更老到。他在普鲁士也成功了一两次。总的来说，伏尔泰赚得了一笔可观的年收入，这也让他在一定程度上很满意。尽管如此，他在柏林还是获得了一些来自古老民族智慧的启示，即只拥有金钱并不能让人幸福：国王用一封封近乎阿谀的信件，将尊贵的诗人请入他的王国，却向他的客人展示了，与真实的政治权力相比，语言的力量是多么贫乏。

伏尔泰渐渐发现，自己就像被买来的说书先生，供君主随意戏弄。为了使国王的脾气不那么令人难以忍受，我们的诗人又回到了他最擅长的领域——在讽刺中寻求逃避。1752年12月，他在给自己侄女的信中写道："'我的朋友'指的是'我的奴隶'。'我亲爱的朋友'就是说，'您对我而言，无足轻重'。而'我将使您幸福'，其实只意味着'我今晚要嘲弄您一番'。"无论如何，伏尔泰是不甘于被嘲弄的。尽管身陷自愿流亡之境地，他也努力为自己拉起第二条战线。就在这条他既无法铺开也无法推进的战线上，他试着退守内心，来对抗令个体退无可退的王权的绝对支配。国王当然也注意到，自己的客人变得越来越沉默寡言了，还用讥讽和各种挖苦来对答。尽管如此，国王仍不想放弃他们之间的对话机会，即每日的诗歌指导课。伏尔泰丝毫没意识到，他隐秘的消极抵抗策略正在逐渐恶化自己的境况，而这是十分危险的。在回顾这段经历时，他仍然相当友好地表达了对普鲁士国王的赏识，回避了一切刻薄评价。然而相反，这产生了某种奇特的效应，人们发现，他在这位着迷于艺术和权力的统治者的宫廷生活得并不自由："倘若陛下穿上衣服、套上靴子，那么斯多葛学派的学者们就要向伊壁鸠鲁学派致敬了：他让两三个亲信靠近，比如军团里的少尉或侍从，自由斗士或年轻的军校学生，他们会一起喝咖啡。国王把手帕扔向谁，谁就有机会和国王单独待上半刻钟……排在这项男生娱乐活动之后的，是一项项政事……这一切都以军事化标准，准时完成了。一个方圆四百英里[1]的国家，竟然像一座修道院，人人盲目服从，井然有序……这种颇不寻常的统治、更加奇特的习俗，以及斯多葛学派和伊壁鸠鲁学派之间相互对立的共存（城堡外是严格的军事风纪，城堡内却是一派闲散，供人在小房间里消遣的侍从，在君主的窗下受过三十六次羞辱的士兵，关于道德和纵情欢乐的严肃讨论）组成了一幅些许怪异的画面，那时却无人察觉。只有到了过渡期，这些才在欧洲渐渐被传开。"

1753年，伏尔泰告别了国王，这段普鲁士风格的插曲结束了，双方都如释重负。腓特烈二世表现出了越来越多的反感，因为伏尔泰这时的言行越来越狂妄，即使对友善的问题也常常报以态度恶劣的回答。国王认为，自己给予伏尔泰思想自由，而他却以这样的态度来对待自己，实在无礼，而且是对他知遇之恩的蔑视。伏尔泰则对挤入国王圈子的那种卑躬屈膝、阿谀奉承之徒不齿，怀念自己可贵的独立性，就像他曾在洛林地区的西雷庄园，在他挚爱的艾米丽·杜·夏特勒身边时那样。

然而，还没等诗人踏上法兰西的土地，腓特烈二世便再次让他

1　1英里 =1.609344公里。

体验了君主的权威：伏尔泰受到指控，说他企图将国王借给他的贵重物品据为己有，于是他在美因河畔的法兰克福被捕了；就连他从巴黎匆匆赶来、迎接自己这忧郁的叔叔回家的侄女也同样被捕了。一切抗议都无济于事，伏尔泰受到了拘留犯般的对待。他在自己的《忏悔录》中写道："人们把我们塞进……某个客栈一样的地方，十二个士兵把守在门口；我的房间里有四个看守，我侄女被带到了阁楼上的房间，那里也有四个看守，就连四面透风的一楼棚屋里也安置了四个看守，他们让我的秘书睡在那儿的干草上。我侄女虽然有一张小床，却没有帘子或侍女，有的只是房间里那四个举着高高竖起的刺刀的看守……我们在那里做了整整十二天俘虏，而且每天都得付一百四十个银币。"

在法兰克福遭遇的羞辱成了伏尔泰至关重要的一段经历。一股神圣的怒火在他心中腾起，这股怒火不仅烧向普鲁士国王，还烧向了所有大大小小的权贵们，他们比国王更甚，一如既往地将随意羞辱他们的下属视作理所当然。在普鲁士逗留期间，伏尔泰学到了教训：一旦统治者想要镇压，一切美好的艺术都无足轻重。诗人决心，从当下开始守护自己的自由。在他的余生里，他只想尽可能在当时的境况下保持自我独立。而他恰好有这样做的条件，这样带来的幸福不可低估：伏尔泰有足够的金钱，甚至很富有，完全可以用预备资金保障自己的独立性。

当他满怀愤怒地在返回法国的途中获悉，当局和审查机关绝不可能得知他的行踪，也不能再刁难他时，他便在日内瓦安家了。那里毕竟是法语区，人们也都讲法语。他先在洛桑置办了一所房子，之后在日内瓦也有了一处房产，在靠近法国边境的图尔奈和费尔奈也各有一座舒适的庄园。花甲之年还能为自己找到一个新的心安之所，这得益于伏尔泰孩子气的热情：他让人把玛丽-露易丝从巴黎接来，让她按照自己的品味，亲手改建了住所。在给一名仰慕者的信中，他这样写道："哲学家必须与紧随其后的疯狗们有所区别，尽管它们也有许多洞窟……我有四只爪子，并非两只……一只立在冬天的洛桑那幢可爱的房子里，一只立在使我可以招呼社会名流的日内瓦——这是我的两只前爪；我的两只后爪分别立在费尔奈的住所和图尔奈的伯爵领地……在那里，我亲自干了泥瓦匠和木匠的活计……夫人和我为我们的朋友准备住所，还为我们养的母鸡造了鸡窝。我们种植橙子树和洋葱，还有郁金香和土豆。每个角落和每条小路尽头似乎都有待完善。我们几乎在重建迦太基帝国。"

尽管伏尔泰找到了自己养老的地方，他此时却谈不上退休。把住所改造得称心如意之后，伏尔泰展现出来的创作热情让他的朋友和敌人都大吃一惊。我们的诗人还在继续写作，如今还成了哲学家，思索着自己在法国被无理剥夺的自由。在此期间，伏尔泰以老骥伏枥般的雄心出版了不计其数的作品，其中就有他最著名的小说《老实人或乐观主义》；他以超乎想象的勤奋与狄德罗一起编写《百科全书》，完成了多卷本的《风俗论》，出版了《论宽容》和《哲学辞典》，努力将自己随着阅历增长的对世界的认识，以易于理解的方式呈现给大众。然而这些努力——如他自己所抱怨的那样——显然没有成功。伏尔泰一向喜欢专注记录自己身体机能的各种衰退和损伤，甚至以献身般的热情来描述——这一可爱的习惯，他直到晚年才放弃坚持。在写信时，他喜欢署名"病弱的老者"，或"年老的病人"；他钟爱塑造久病衰弱却坚持抗争的白发老人形象——正如他本人，一边是对自己时代强权的不满，一边不厌其烦地崇尚真理："在法国，人们要么是锤子，要么是铁砧，而我生来就是铁砧。父辈留下的微薄产业日益衰微，因为在此期间，物价飞涨，政府一再剥削退休金和现金。政府部门不断负债，政策不断变化，人们只盯着国家财政的各种动作。其实在宏观政策之下，始终存在着一些可操作的空间，个人是可以加以利用的，且无须对任何人负责：再没有什么能比自给自足更令人愉悦的了——迈出第一步需要一些努力，但之后就很容易了。如果一个人在年轻时节俭，那么他到了老年就会惊讶地发现，自己有了一笔可观的积蓄。而这时正是他最需要财产的时候，也是我正在享受的时光。我在国王身边生活过后，尽管有巨大的损失，但我依然可以在自己家里成为国王。"

在所有个人的虚荣中，伏尔泰呼唤的是人类的谦逊品质：不要期待来自上帝的帮助，人类也许是最接近上帝本身的造物，应该具备上帝的品质，尤其是上帝的理性，即适度地利用一切。人类应该知道他所能知道的东西，但也应该认识到理性的边界。作为致力于追求知识的生命，人最好成为"未知的哲学家"："上帝不会为了人类这种低贱的生物打破自己永恒的法则……有一点必须承认，这种可悲的生物依然有权利发出谦卑的呐喊，努力弄清楚为何永恒法则不能让每个个体都找到幸福。'一切安好'这一套说辞，把自然界的造物者当作一位强大又暴躁的帝王，对四五万人的死亡无动于衷，冷眼旁观那些活着的人在贫困和泪水中挣扎……那么上帝究竟是只存在于某个特定地方，还是存在于所有地方之外，又或者是同时无所不在呢？他的存在是肉体的还是精神的？我怎么能知道这一切呢……'认识你自己'是一条绝好的建议。但是只有上帝自己可以实践它。有灵的东西，我们称之为灵魂。然而关于灵魂，我们别无所知，因为我们的智慧有其界限。有四分之三的人类只满足于生存就够了，余下的四分之一始终在寻找——从没有人找到过，也不会有人找到。"

尽管伏尔泰对适度的理性是否可行也抱有种种怀疑，他却无法想象人类自觉返回自然。他的历史哲学观点是线性的，忽略了一切客观的残酷和不公，认为即使是最微小的进步也是可能的；这种进步可以阻止人类变得骄傲自负，或者逃避责任、自我开脱。回归自然的热烈倡导者——与伏尔泰同时代的卢梭，此时正努力跻身著名哲学家之列。而当他将自己的思想纲领《论人类不平等的起源和基础》样章拿给伏尔泰看时，后者毫不掩饰地加以讽刺，甚至显得有些刻薄："从没有人像您这样浪费人类的才智，您竟然致力于让我们做回野兽。读了您作品的人，一定会对手脚并用、四足行走产生浓厚的兴趣。然而我既然已在六十年前就放弃了这个习惯，而且绝不可能重拾，那么我不妨将这种自然习惯转让给那些比您和我更配得上它的人。我当然更不可能远航，把自己弄到加拿大的野蛮人中去。

首先，我的疾病迫使我待在欧洲最伟大的医生身边；其次，这个国家还处在战争中，我们的国家真是做了很好的榜样，现在这些野蛮人和我们一样恶毒。因此，我必须满足于在您的祖国附近找到的宁静，做一个与世隔绝的、平和的野蛮人。"

卢梭收到这样的回信后自然很不高兴，于是，这两位称得上是"他们时代最伟大的思想家"的人，后来并无深交。除了伏尔泰，再没有任何一个诗人哲学家在作品中如此清晰地展现出自己生活与工作、个人存在理念和文学创作之间的内在同一性。伏尔泰甚至在为作品命名时就已经考虑到，要向公众呈现一部成功之作——这部大作一定会印在节目单上很长时间，让身兼数职的剧院经理、作者和导演最终满意。伏尔泰的皇皇全集中，让后来几代人都无法超越的论文占了绝大多数，然而这些却穿插在他的传记中。大师本人时不时在其著作中带着自嘲亲自登台——这也算作他不可删改的著作权的一部分——同时，他还在继续著述。对这项事业，他乐此不疲。因为，这一方面获得了广泛成功，另一方面还将外界的安慰、攻击、吹捧和其他看法统统纳入了他的自我认知中。最终，他不仅借此对他那个时代的强权者表示了不服从，甚至还表示了愤恨。腓特烈二世还在努力与自己这位往昔的客人保持通信往来，然而此时年逾古稀的伏尔泰却带着满腔愤慨写道："您对我做过的糟糕事儿已经够多了：您总在挑拨我和法兰西国王的关系；对我施行的待客之道……令人恶心；您在信中向我表示热烈欢迎，这原本甘甜的安慰却被您用酸苦的指责玷污了。而您干的最糟的事儿，就是让现在遍布全欧洲的哲学的仇敌都可以说：哲学家们不可能和平相处。从前，有一位不信基督的国王，他把另一个不信基督的人召到自己的宫廷里来，却用很恶劣的方式对待他。在这些所谓的哲学家中，看不到一丝人性的博爱，上帝会让他们互相惩罚的。"

伏尔泰逝世于1778年5月30日。就在他去世前不久，他不顾自己"八十三岁高龄，身患八十三种疾病"，再次回到了巴黎。这是一次艰难的旅程，同时也是他登台的最后一幕了——凯旋。当时，巴黎的执政者是路易十五之后的路易十六。他是一位相对温和的君主，对于自己的人民和各种问题，他很乐意置身事外。人们告诉他，伏尔泰进入首都，引起了真正的轰动，他却无动于衷。于是，白发苍苍的诗人哲学家再次拥有了庭院，在他生命的最后几天过得像国王。他做了各种事情，完全不顾自己的健康状况，就好像他还不愿草草结束，仍在等待谢幕，好宣布自己人生这出大戏剧终。此前，他已经打理好了自己的私人事务：除了大量有价债券，玛丽-露易丝还继承了费尔奈庄园——当时，她已经把它出售了，同样被出售的还有伏尔泰那座藏书超过六千卷的图书馆。大师热烈的仰慕者们立即行动起来，他们在这个相当果断的转让过程中，看到了某种精神上的野蛮——然而实际上，这是符合大师处理家产的惯例的。当他有了致富的机会——尽管这不太可能，难道不正是他自己抓住一切机会聚拢财富，还自我申辩，指出这正是艺术家才有的致富头脑吗？于是，他的侄女就这样遵循叔叔的意志摆脱了他遗留的责任。伏尔泰自己也与世界和解了，虽然他内心深处仍然为人类的道德状况忧心忡忡，但至少此时，他只想表达自己的希冀："我不再指望人类了，而是转向了你，一切生命、一切世界、一切时间的上帝……你没有赋予我们心，于是我们互相憎恶；你没有赋予我们手臂，因而我们互相残杀。若你给了我们，我们会互相帮助，这悲惨而短暂的一生虽是重负，却会变得可以忍受。希望所有人都记得，他们是兄弟。希望他们厌恶暴君的灵魂！一旦战争的长鞭无情挥来，至少我们自己还可以和平相处，消除憎恨，不互相折磨。"

伏尔泰一直是"未知的哲学家"。他拼凑出的思想体系独特而大胆，其中潜藏着一条冒失的哲学讯息——这些都随着他的去世而失传了。为了阐明自己的观点，他偏爱使用许多小小的讽刺。这些讽刺并不总是完全切题，但至少留下了值得注意的效果。长期以来，和他的名字紧密相连的，正是幽默和反讽——它们更接近真理，与简单的挖空心思卖弄才智有着本质区别，有惊人的说服力。在这位诗人哲学家给普鲁士国王写的一封言辞稍显缓和的信中，他最后提出了一个建议，即使放在今天，也算是极端啰唆了："陛下……拿起剪刀，剪断了所有的琴弦，因为它们让您觉得无聊，只留了剩下那部分供您消遣。陛下您就是这样把三十卷作品，只留下一两卷的——真是个很棒的法子啊，这一定能治好我们写起东西来没完没了的病吧。"

你的科学是人性的

休谟：混乱的生活方式

人们习惯性地认为，哲学的目的是寻找智慧和真理，而智慧和真理既有用又广受欢迎，据说还有益于人类的精神幸福，那么哲学就不可能有什么危害性的副作用。这通常没错。如果一个人有智慧，那么人们会希望他内心沉稳坚定；而如果一个人在长期的冥想后，触到了真理，他也会因为意外获得了这具有决定性意义的认识而万分高兴——当然，真理本身要证明自己足够惊世骇俗。但对于有天赋且感兴趣、想要投身于哲学的初学者来说，哲学带给他们的会是一种基本上毫不令人激动的、踏踏实实的心理预期；当然，这种预期也随时可能被打破，一旦成果延迟，让新手失去了耐心，或者他完全没有做好准备，而哲学似乎已经在无限中尽情伸展——最强大的思想像群山一样连绵蔓延，突然变得不可逾越。

这种天降大任的反转确实发生在了大学生大卫·休谟身上。休谟于1711年降生在爱丁堡，被家里强迫着早早进入了法学专业，以糟糕的成绩勉强毕业，但没有放弃他真正热爱的哲学——其实他把文学也归入了哲学的范围。一有空暇，休谟就尽情满足自己的求知欲。他阅读经典作家——主要是柏拉图、普鲁塔克、塞内卡和西塞罗——只要是看上去能成为他献身于追寻真理和智慧的终身榜样的人，他都读。休谟已经准备好用这些榜样来鞭策自己：他决定，让哲学的指路明灯照亮自己的一生。他对此期待满满，却不一定对失败做好了心理准备。他放弃了未完成的学业，回到了故乡苏格兰耐维尔的家中，向家人表明了自己的心志——这位热爱智慧的年轻人从此只想投入哲学的怀抱。虽然大家并没有热烈支持，但显然已经看出，休谟对哲学所表现出的迷恋已不仅仅是盲目的叛逆，而是认真的。

　　大卫·休谟的叔叔乔治在其父亲逝世后，以第一监护人的身份提出了家族对他的职业建议。而休谟对这一提议表现出了迟疑不定、勉强同意的态度，这位刚满十八岁的前法学专业大学生认为，这样自己就能拥有自由的道路了：整个思想的世界都向他敞开了，他可以比以往更投入地研究已形成的思想体系，并从中获益，通过自己的努力进一步丰富整个哲学体系。这种使命感具有极大的诱惑性，在最初的半年里一下子点燃了休谟的激情，让他变得极度亢奋；但很快，休谟就发现，它变成了一种折磨人的冒险：离近了看，休谟所进入的思想体系就像是建筑学上的怪兽，不断系统地将人一步步引入各种岔路，让人无法专注于一个方向对它进行研究。休谟在发现了自己不足的同时，再次踏入了错误的岔道：他越来越搞不清真理和智慧意味着什么——这在伟大的哲学家们身上是一定不会发生的；既然只有他混淆了，看上去一定是自己太累了。

就其狂热的努力而言，休谟在此时取得的成就只有怀疑和令人沮丧的迷茫。于是，他用患病来逃避这种心态。一种奇怪的皮疹让他大伤元气，而内心的不安也在折磨他，使他常常分泌过多的唾液。这让这位受阻的哲学家非常尴尬，因为就算只想满足基本的表达需求，他也会把自己弄得狼狈不堪。休谟成了家族的耻辱，他给外人的印象，似乎总与那种保守虔信的哲学圈子里常常谈起的传染病绑在一起。问诊的医生也无法诊断出他身体上任何的疾病症状，于是推测——对于当时的时代来讲，这是个极其大胆的诊断——这位年轻人的痛苦，也许来自"他灵魂的神秘泉源"。他建议——这一建议多少没有那么大胆了——病人要更坚定对上帝的信仰；无论如何，他还给病人开了市场上刚兴起的"抗癔病药丸"。

当休谟相信自己的怪病已经痊愈时，1731年的春天，他的怪病又意外地卷土重来了：他的胃口好得出奇，听起来简直好笑。他可以从早吃到晚，就算到了深夜，其他家庭成员已经躺在了床上，他还会悄悄溜到食品储藏室，好弄点儿最最必需的东西，这样他才能挨过直到早饭前的漫长夜晚——至少不至于饿得太难受。不出几周，原本身材瘦削细长的大卫·休谟就变得壮了些——或者不得不说，他成了一个稳步向肥胖前进的年轻人，看起来很健康，一切关于他身体状况的担忧甚至都显得多余了。终于，他日益强大的胃口开始变差了，而这就是疾病复发的征兆。休谟开始休息，从此进入了一个全新的思考阶段：之前经历的纷乱思绪，这时看起来似乎都是必要的考验；正是它们创造了求索已久的清明状态，指明了自己的生活和思考该如何继续。

　　就连对那些休谟在其第一段亢奋的研究中牢牢记下的文章，此时他都有了另一番更现实的评价："现在，既然我有了时间和空闲冷却我被点燃的想象力，我就开始严肃思考该如何推进自己的哲学研究课题。我发现，从古典主义时期流传下来的道德哲学有着同样的缺陷，这在其自然哲学中就可见一斑，即太过理论化，而且与经验相比，更依赖于臆测。每个人在建立自己关于道德和幸福的学说时，都只考虑自己的幻想，不关注人性——而恰恰人性才是一切道德结论的前提。因此，我决定将人性作为我研究的主要对象，这也是我想要引出的所有真理性认识的源泉。"

　　休谟将此作为一个研究课题，说起来容易，证明起来难。因为人性这个研究对象太宽泛了，各种近似话题层出不穷，几乎每天都在将休谟的研究引向各个他意料之外的领域。人性虽然可以描述，却更像是作家的任务。而一旦认可了普遍法则和规律性的价值，人们就会接受它们对人类思想和感受的权威性，此时的人性就成了一个更难处理的话题。为了找到确定的规律，人们必须屈服于自己的理性——按照休谟的说法，理性是从丰富的观察中得出具有普遍适用性的结论。如果缺少足够的经验，缺少由感官得出的关键信息，理性只不过是异想天开的胡闹；它在虚空中来回游荡，和自己纠缠，最终在无聊的反复驱使下，攒出一个伟大的比喻性幻想——这样的理性在哲学史中也许曾经发挥了一些作用，但这些作用放在普遍的视角下，只不过是理想化的童话。

最终，休谟差不多就是个一事无成的学生，连糊口的基本需求都几乎无法顾及——他职业生涯的失败几乎是可预见的。于是，在这种情形的驱使下，他去了当时欧洲的文化堡垒法国。这位未来的哲学家，此时依然展现出了他一向的勤奋。他几乎总是随身带着笔记本，不知疲倦地用一幅幅素描填满它们。他在兰斯住下来。这是个他喜欢的城市，要想久住就会花费高昂。为了能在法国多逗留一段时间，休谟不得不把自己所有的积蓄拼凑到一起。这些积蓄花光后，他搬到了乡下，在日渐衰败的伊万多庄园中住了一段时间，受到了友好的招待。那场好不容易才挺过来的病，让休谟获得了新的自我认知，至少让他停下来安静休息了——这是他一生的转折点。而此时的乡村生活，对休谟这个有耐心的苏格兰人来说，也太过平静了。从小房间的窗户望出去，满眼的田园风光只让休谟觉得寒冷——正如后来的证据所显示的，休谟真的缺乏对自然风光的感受力。不断飘向故土的思乡之情，内心深处涌起的情绪——这些犹疑不定，他都只在日记本上才吐露一二；除此之外，他都专注于自己的哲学研究，努力完成自己选定的使命。从这时起，他更加明确了，自己的研究成果将成为第一部奠基性的作品。

1737年夏天，休谟回到了英国，随身带着一部厚厚的手稿，这就是1739年出版的两卷《人性论》。当时，此书的出版是一场大失败。休谟在送自己的作品排印前，已经努力保持镇定，以防止自己过分期待论文在公众中会引起怎样的轰动。但这些都是徒劳，休谟完全相信这部作品会带来举足轻重的影响：他会从哲学上的自学者一跃成为哲学家，为基本原则辩论厘清脉络——当时的辩论并不能带来启蒙，反而会让人更加迷惑。因此，当得知自己的处女作并未获得任何反响，只不过激起了一星半点恶意的吹毛求疵时，我们的作家受到的打击更大了。批评者似乎说不出什么有理智的话，除了某个访谈中提到的"这个言之无物、粗鲁笨拙的苏格兰人""无论他获得了什么，立刻就被忘掉了"。在他1776年出版的自传式随笔《我的生活》中，休谟写道："从没有一部文学作品会比我的《人性论》更加不幸了：它是个死胎，完全入不了出版界的眼，连一点点小声议论的热情都没能被激起。但我生来是个充满希望的多血质乐天派，于是我迅速从这次打击中恢复过来，以巨大的热情在乡下继续我的研究。"

此处这几句一笔带过、看似欢快的闲聊，在现实中却伴着苦涩的失望，它的阴影伴随了休谟很长一段时间。他不仅没有得到自己暗自希冀的声誉，更令人受伤的是，他的得意之作也无人注意；他为这个世界献上的哲学思想几乎完全被无视了，这让他悲愤交加。自己所有心血最终凝结成的三卷沉甸甸的作品，如今看起来似乎完全付诸东流了——它们就像根本没有存在过一样。既然没有取得被人认可的成果，那么付出的努力只不过是徒劳。休谟一定对此越发无法认同，毕竟他的本意是为当前根基不稳的哲学打下坚实的地基，为这普遍不可知的世界提供某种确定性。他在人类思想的整个领域穿行而过，得出了这样的结论：一切认知过程都需要感性认知和理性思考相互平衡，共同发挥作用；这个过程的作用模式会不断重复，因此，在某种程度上，我们有理由推测，这其中存在着超越时代的规律性。然而在现实中，与宏观的规律相比，独立事件占据着无可动摇的主导地位；它们从总体上构成了经验，而经验——正如休谟不厌其烦强调的——是生活的一半。"自我"的概念属于哲学中更时髦的神圣领域，它对来源于经验的指责毫不在意；然而，就连"自我"的实用性也在逐渐减弱，被热衷于和人类开玩笑的想象力戏弄。"就我个人而言，每当我尽可能客观地在脑海中勾勒'我'时，它都会不可避免地与这个或那个特定的感知（O.A.B[1]）联系起来，比如冷或热、明或暗、热爱或憎恶、兴致勃勃或无动于衷。我从未在没有感知参与的情况下找到过'我'；除了感知，也从未留意到别的东西……当我告别了一些满足于这种自我的玄学家之后，我终于敢当着其他所有人的面儿说，他们只不过是一小撮乌合之众……各种感知以快得难以察觉的速度相继涌现，永远处于流动变化之中……想象力有时能让我们由原因推知结果和作用，有时使我们相信外部对象的持续存在，即使感官已无法感知到它了。这两种效应在人类的头脑中同样自然而必要，它们准确无误地发生着；但在特定的关系中，它们却又直接相互抵触，以至于我们根本不可能从原因中推测出符合规律的正确结果和作用，同时还能对物质的持续存在深信不疑。对理智而言，没有比想象力的自由翱翔更危险的了，也没有什么能让哲学家们更执迷不悟了……"

1　Otto A. Böhmer，本书作者，奥托·A. 波默。不再重复注释。

《人性论》的前两卷出版时，大卫·休谟二十八岁。他有理由相信，自己当时已经辛苦工作了不止十年。如今，他的贡献并没有得到承认，这位自封的哲学家感觉自己"垂垂老矣"，需要寻求治愈。这次，他选择回到家乡的原野中去。当我们这位未来的哲学家再次置身于熟悉的环境中，他受到了热烈的欢迎，就好像他从没有离开过一样。而在他看来，此刻苏格兰的乡下僻壤也变得前所未有的宁静、迷人。

然而，尽管休谟努力把全部精力集中于享受自由的时光，试图忘记那场万众瞩目的失败，这一切却没能奏效：他再次投入工作中。也许正是在这段时间，休谟意识到强制休息并不适合他，便开始了《人性论》第三卷的写作。这一卷主要论述的是道德问题，于1740年10月在伦敦出版。身为怀疑论者，休谟在这一卷中将人的道德也做了辩证讨论。

道德通常是被各个时代称颂的高尚行为或精神财富，是内部矛盾犹存的社会中，人们共同生活的指导。然而休谟却不这么认为。在他看来，人类的普遍经验在艰难地向前发展，同时无可避免地裹挟着犯错的可能性，而道德正是普遍经验的组成部分。理智无法强行干预基于伦理道德做出的决定，道德为这种决定提供的理由，更多的是根据事后反馈做出的。也就是说，当一个人面对明显的正邪抉择时，他只要按照自己的良心，就可以独立做出判断。休谟发现了人性中最不起眼的一种道德，即同情，这是他一直极为重视的。他认为同情的作用在于，调整和安排普遍道德内容的构成。这种作用即使不具有决定性意义，也是十分关键的："我们要承认，同情的力量比我们的自私自利要弱得多；而对我们远远听闻的人产生同情，要比同情生活在我们身边、与我们亲近的人困难得多。然而正因如此，我们更应该冷静评判，在涉及人的个性的谈话中忽略所有这些不同，让我们的感受更加普遍化、社会化。此外，在这些方面，我们自己的立场也常常变换。我们每天都会遇到与我们处境不同因而无法达成一致的人，我们会固守某个立场、我们自己的某种惯性思维方式。因此，在社会中交流感受、对话沟通，有助于我们形成一种普遍而微妙的标准，由此对不同品质或风俗表现出认同或反对的态度。"

休谟此时的个人处境正值得同情，虽然同情他的人只有他自己，因为他的作品并没有引起什么反响，而成为爱丁堡大学教授的愿望也落了空。此时的休谟一定意识到了，自己需要开辟新的资金来源。恰巧住在离伦敦不远的圣阿尔班斯的马奎斯·冯·安南达尔为他提供了一个机会：这位身居高位、流言蜚语缠身的绅士刚满二十五岁，正在寻找一位家庭教师，他承诺的报酬可称得上丰厚。休谟接受了这一工作。和马奎斯最初的交往很顺利，马奎斯的管家文森特以前做过上尉，待哲学家也很友好。然而不久后，这融洽的气氛就变了：马奎斯的古怪渐渐显露，他唯一期待的事就是给新进入他生活圈子的人找麻烦，而文森特上尉似乎也有着同样的趣味，总是兴致勃勃地袖手旁观。几年后，马奎斯被诊断患有精神疾病，被剥夺了行为能力。

虽然休谟作为思想家，了解这份工作的辛苦，却从没有系统地受过这种折磨，此刻的他深感绝望。在他写给朋友和熟人的信中，他甚至提到了杀人倾向，但无论如何他都没有表明这种倾向是针对谁的。我们的哲学家究竟是想对自己下手，还是他违背了自己平和的秉性，制订了谋杀计划，想要除掉他的两个施虐者呢？不过，这里没有他走投无路的极端行为：1776年4月，休谟被扫地出门。一方面如释重负，另一方面恼羞成怒，休谟想要回自己应得的剩余报酬——这经历了一个极其漫长的过程，整整十一年后才获得成功。马奎斯的法定继承人支付了这笔款项。而马奎斯本人虽然常年体弱多病，却没受什么大影响，他依然活了很久，直到1792年才去世。

在这段糟糕的日子里，休谟虽然因为一个疯子和他心理阴暗的侍从心烦不已，却依旧完成了另一部哲学作品《人类理解研究》。在这部作品开头，休谟立即提出了一种同时适用于人类和哲学的宣言，其论调几乎可以说是欢快的："人是一种理性的生物，因此要从科学中获取专有食物和营养。然而人的智力有限，谈及科学，无论是已涉足的范围广度，还是已获得成就的正确性，都无法令人满意。而人并不仅仅是一种理智的生物，同时还爱热闹，但他无法总是享受这种消遣性的交际带来的愉悦感，无法总是乐在其中。人终究是一种忙碌的生物，注定要因为这种特性以及各种人类生活需求，忙于各种事务或工作。但偶尔，人类的精神需要休息，无法不间断地忍受焦虑和工作带来的重负。自然似乎给人类分配了一种混合的，同时也是最合适的生活方式，并悄悄提醒人类，没有任何附加的偏见，会影响其他工作和消遣的能力。你一旦沉溺于对科学的热爱，科学就会与你对话，但你的科学是人性化的，与忙碌且欢乐的生活有着直接联系。我不想提难懂的思想或深奥的研究，作为严厉的惩罚，它们会把人引向苦苦思索，让人陷入无尽的犹疑，你想要宣布自己的发现，最终却只能换来敷衍的接受。做个哲学家吧，但在你所有的哲学中，请先做个人！"

借着这句箴言，休谟想努力保留他获得的更多成功。当时，他已经能很高兴地认定，自己一事无成的预兆正悄无声息地反转。他正在成为一名被人认可的作家，他的作品不仅卖得更好了，而且让这种当时相当难懂的科学慢慢得到了认同。一开始，人们赞赏休谟，只是因为看到了他的副业：休谟还从事过历史研究，撰写了大卷的英格兰历史，读者众多；他还进行了相应的经济研究，就政治秩序问题提出了自己的看法。同时代的人们惊讶地发现，他们忽略了一位渊博的天才。随着这种认识日益深入，大卫·休谟的哲学家身份也引起了人们的注意：人们从他作品的边缘，慢慢回溯到他工作的真正核心——哲学，并决定毫不吝啬地用赞美之词追捧他。

休谟成了名人。他所感受到的新的友好让他很高兴，然而没过多久，这种友好变得夸张起来。为了达成平衡，防止妄自尊大，他会听取还存在的少数反对意见。这些意见主要来自保守派的神学理论，休谟虽然没有被批判得一无是处，却因为坚持无神论而受到了谴责。这些反对意见在当时只是形成了一种恶毒的不安气氛，毫不避讳地对这位老当益壮的哲学家品头论足："他的外表嘲讽了每一种面相学，即使是这门科学中的最杰出者，也无法在他沉闷的面部表情中发现他的智力，哪怕是一丝最微小的痕迹。他双眼空洞无神，只要看一眼他那肥硕的样子，人们就会认定眼前是一位满脑肥肠的市议员，而绝非一位拓荒的哲学家。智慧一定从未以这样奇特的形象示人过。"

1763年，休谟作为肥胖而著名的思想家再次被邀请到法国。他在那里受到的殷勤款待，连他自己也觉得简直"令人难以置信"。人们以各种方式对他大加尊崇。有一段时间，他甚至以英国大使的身份在巴黎行使职权。因为外交部一时未能以常规方式找到合适的人选，最终决定由他来补上外交事务的空缺，而他也由此提升了自己的国际地位。吹毛求疵和喋喋不休的反对声虽然还在高涨，但都被他反弹了回去。一部分法国哲学家前去拜访了他们的著名同行，首先就是让-雅克·卢梭。卢梭也被人认为难以相处，不久后却和休谟来往密切，其密切程度让人几乎误以为那是爱情。两人有时彼此赞赏不已，有时又相互抱怨。卢梭突如其来的情感爆发，让休谟这个内向含蓄的苏格兰人也忍无可忍。休谟曾这样描述他们之间的一次和好："他坐在我的大腿上，双手绕过我的脖子，用最大的诚挚亲吻我，他的泪水沾湿了我的脸颊。他喊道：'你可以原谅我吗，我珍贵的朋友？我收到的那么多证明都足以表明你的心意，我却报以这样愚蠢而不当的行为。然而我并非没心没肺，我的心明白你的友谊。我爱你，尊敬你，你对我的好意绝没有浪费一星半点。'"

大卫·休谟的晚年平静安宁。这位哲学家回到了苏格兰。人们称颂他的睿智，赞赏他有涵养的举止，他整个人散发出一种满足的气息。他的访客们发现，自己眼前的这位主人正带着温和的善意回顾一生。他取得了许多成就，而其中大部分——正如他所认为的那样——"做得对"。即使后来患病，在生命的最后几年陷入一场注定不会再成功的痛苦搏斗，休谟依然没有屈服：他还在撰写自己伟大的晚年作品《自然宗教对话录》。休谟认为自己这部作品的冲击力太大，有意将其作为遗稿出版。1776年8月，这位哲学家去世后，无数的朋友为他哀悼，而同时，他的敌人们也努力地隐藏了自己的幸灾乐祸。两年后，休谟的侄子出版了休谟的遗作，其中就有《自然宗教对话录》。此时，休谟的敌对者再次听到了他的声音：这位哲学家在最后一部作品中，竟然企图损毁公正的天父的圣光。看起来，天父要帮助那些被他赋予生命的人时，更倾向于让他们受苦：人这种生命类型"有着最强烈的需求和最大的身体缺陷。他们没有衣物，没有武器，没有实物，没有住所，没有任何一种让生活变得舒适的先天优势；他们拥有的一切，全是凭借自己的技巧和努力换来的。简言之，自然似乎精确计算并安排了自己的造物不可或缺的一切，像一位冷酷的主人一般，除了满足基本需求所必需的东西，不愿再多赋予人类一丁点儿力量和能力。一位仁慈的父亲会预备丰富的储备，好让自己的孩子遭遇意外也安然无恙，让他们即使是在不被认可的情况下，也能保持快乐和健康……伊壁鸠鲁的老问题依然没有得到解答：如果一个人有意愿却没有能力阻止坏事的发生，那么他是软弱的；如果他有能力却没有意愿，那么他是恶毒的；如果他既有能力又有意愿呢？那么哪里还会有坏事发生呢？"

魔鬼抓住了他

狄德罗：知识的吸引力

在有些时代，写作是件危险的事情。文学一旦遇上强权，就会展现出一种奇特的怯懦，试图在理性的审判席上检验自己是否够格。尽管力量对比悬殊——统治者的手段无论如何要比思想和文字可能带来的影响有力得多——强权者还是会有所顾忌；他们会觉得自己被挑战了，被逼入困境，失去安全感：当人们将鼓舞他人的作者带到城堡和防线之后，他们糟糕的良心会感到深深的不安。今天，人们相信，至少在有教养的欧洲中心，自己离国家和政治力量对他们思想和写作上的直接影响，还是有一段距离的。对作家的人身和生活威胁并不存在，他可以牢骚满腹，也可以沉思缄默，只要他愿意；而且他批判的苗头越抽象，就越受照章运行的国家机器当权者的欢迎。

与此相悖的时代，离我们现在并不遥远。18世纪准备好了各种诱捕陷阱，迅速逮捕那些不合作的诗人和思想家。在错误的时代说了正确的话，这在当时足够将知识分子收入大牢；他们会因为自己从未做过的事遭到逮捕、审讯。告密成了一种受欢迎的手段，不仅可以抹黑自己不喜欢的人，告密者本人还能从某些达官显贵手中获得好处。法国——这个18世纪欧洲最先进的国家——在这个问题上也没能免俗：启蒙运动在法兰西大地上已经取得了一些重要的阶段性胜利，甚至也许比在任何其他地方的影响更为深刻，尽管如此，其受到的抵制也很强烈。抵制者不放过任何一个机会，向自由精神表明其界限，一旦温和的限制未能起效，他们必要时会用监狱和地牢的墙壁来说话。

1749年，当时三十六岁的哲学家和诗人德尼·狄德罗就尝到了这种界限的味道。他出版了五本书，其中两本是关于哲学怀疑论的论文，还有一本三流小说，作者本人认为这些书相对无害，却被别人指为不可饶恕。在决定性的问题上，人们认为，这毕竟又到了树立典型的时刻，那么狄德罗作为一系列其他批判性头脑的代表，一定对此深信不疑。于是，他被捕入狱，被关在万塞纳，接受了详细的审讯。这让这位哲学家陷入恐慌，甚至已经声明，他会收回自己的作品，保证将来会像羔羊一样温顺："在《哲学思想录》《八卦珠宝》和《盲人信札》这些我的书中可以看到，我内心的自负从笔端倾泻而出。但我可以凭名誉保证（我也确有些名誉），这是最后且仅有的一次……参与这些作品准备工作的人们都与此有关，所以不应该隐瞒。我会将出版者和印刷者的名字口头告知他们。此外，只要您要求，我一定告诉这些人，您已经知道了他们的名字，希望他们以后能像我做出的决定一样，学聪明些。"

狄德罗的声明不一定是出于他自以为还保有的名誉，但无论如何，这份声明也没有出人意料之处。当时的知识分子经常会被拘捕，而他们也乐于如此；但通常他们也很快会被释放，这一切通常是悄无声息进行的，多数情况下得益于有影响力的保护者的干预。这样的声明，显然是在监狱里签署的，仅仅用作意向告知，其内容在被释放的当天就会被善意地遗忘。

因此，狄德罗对自己不光彩的行为也没有多想，因为他的命运似乎一下子好转了。首先，对他的监禁在一点点持续放松，他可以将自己的牢房改造成研究室，可以会客或随意与外界通信。接下来，让他本人也感到惊讶的是，他在一夜之间成了名人：反对派对他的命运很感兴趣，认定他为法国自由精神不屈的象征人物。社会名流纷纷进行干预，首先就是伏尔泰，他对这位被囚者的早期作品几乎一无所知。狄德罗受宠若惊，自己竟然从一个相对无名的诗人和思想者一跃成为公众同情的对象。他的好心情回来了，于是他热衷于在书信中介绍自己的情况和迄今为止的生活——当然多少有些加工，尤其是自己辉煌的青年时代。那时，他在一所规模不大的乡村耶稣教会学校读书，而且很早就发现该如何评价自己对女性产生的影响："我在外省的受教育时代是这样的：两百个孩子被分成了两个部队，有的孩子受了重伤，被送回家，这是司空见惯的事了……看到他们乱蓬蓬的头发和破破烂烂的衣服，你会被吓一跳。我年轻时就是这样……尽管如此，我还是吸引了我们那里的女人和姑娘们。那时，我不修边幅，不戴帽子，有时甚至不穿鞋，只披着一件夹克，光着脚。但她们喜欢我这个铁匠的儿子，胜过那些行政官夫人的儿子，那些衣着光鲜、发型时髦、脸上像刚剥了壳的鸡蛋一样精心扑了粉的小绅士……她们从我的纽扣眼儿就能看出，我的学业进步有多快。相比于愚蠢、懦弱、虚伪、娇生惯养的小马屁精们，她们更喜欢开朗直率、用拳头代替彬彬有礼的年轻人。"

狄德罗热爱历史，尤其是那些粉饰了自己生活的历史。他按照自己的座右铭行事：一无所有的地方，必须有所创造。一般来说，真理会立即摆脱其发现者，超越其局限，开始自主发展。然而奇怪的是，狄德罗却常常能及时琢磨出，如何用自己的方式表达真理。在万塞纳的监狱中，他决定成为一名重要人物——这一自我意识的觉醒正好与他的幻想产生了共鸣。伴随着他鹊起的声名，这位哲学家也在逐渐成长。在此期间，他的成就获得了更多支持的声音，这对他来说尤为重要：这其中就有伟大的《百科全书》的出版商们。他们来自当时最有野心的辞典企业，不久后就根据首次临时编纂的成果，收录了60660个词条。狄德罗和达朗贝尔共同担任这一庞大项目的出版者，这占据了他超过二十年的时间。《百科全书》最初的出版计划并不大，只是一套现有的引自英国的两卷本参考书的译本，其规模却在它的编纂者手中逐渐庞大。这也许有赖于它在准备阶段就表现出的巨大的经济效益：超过四千名订购者签下了预购的订单，于是这一项目的主要责任出版商布雷顿认为，必须破釜沉舟了。也正是他进行了坚决的干预，他们才将自己最重要的同事从监狱里放了出来。

于是，1749年11月，狄德罗被释放了。他在狱中度过的一百零三天，恰好帮助他适当扩大了此前相对谦逊的名声。他重获自由，然而这自由倒不如说是某种可疑的消遣：一方面，《百科全书》卷帙浩繁、极端费时的编纂工作再次占据了他的全部时间；另一方面，他不得不回到夫人安托内特的身边，而他从很久以前与她结合时，对她就没有亲切真挚的爱意。当时有人读过一封学生告状信："有一段时间，狄德罗先生经常去拜访普伊苏夫人，据说，她谈吐极为风趣……虽然这位情敌有多丑，狄德罗夫人就有多美，但狄德罗夫人依然醋意满满。每次她怀疑自己的丈夫是从普伊苏夫人那儿回来时，她就对他不停地恶语相向。而且这位女士（指狄德罗夫人，O.A.B）还是个泼妇，她骂不绝口，永远在发牢骚。所以可以想象，我们的哲学家在家里待遇如何。为了结束这样的闹剧，狄德罗先生——这位聪明的男人——向自己妻子的意志屈服了，和普伊苏夫人断绝了一切联系。也许您现在会认为，狄德罗先生的迁就是为了能让一切重回正轨……那就大错特错了。普伊苏夫人和她的情敌一样，都不是性情温和的角色。她决定复仇，尝试了一切可能性，最终真的找到了机会。几天前，她带着自己的两个孩子散步，路过狄德罗先生家，瞥见狄德罗夫人正站在窗边，正巧对上她的目光。她开始谩骂，想把狄德罗夫人引到街上……这样的诽谤就像一个信号，拉开了一场两个女人之间激烈却滑稽的战役的序幕……您认为我们的狄德罗面对这场闹剧会怎么做呢？他根本不敢在无数观众的眼前现身，这些人是不可能放过他或他的妻子，以及他所谓的情人的。他把自己关在房间里，沉浸在关于婚姻的安逸和女人的角色的道德思考中……"

和之前一样，狄德罗过得并不轻松，但他的生活却有了某种明确的连续性。虽然他不得不忍受着一成不变、毫无乐趣的婚姻生活，同时面对出版工作的负担长吁短叹，但监狱里的日子已经在不知不觉间成了他最重要的一段经历，他由此意外明确了自己未来的发展目标，以及对自己提出的要求。他正处于一生的节点上，这让他在幻想中专注于自身——既是展望，也是回顾：生于1713年法国的一个外省地区，一个谦逊而固执的家庭，狄德罗——这个手工业者的儿子——首先接受了神学职业教育，这也是后来成为教会敌人的狄德罗自己觉得最好笑的地方。和其他许多人一样，狄德罗从乡下到了巴黎，在那里一直待到1742年，度过了生命中的一段时期——这在他后来的传记中成了一个盲点。他有超过十年的时间都从事着作家代理人的工作，这要求他能够及时隐没自己：几乎没有人认识他，而他自己在其他情况下，无论如何也不会羞于自我介绍。他努力让自己的这一段生活经历不为人知，让这一生活阶段保留在秘密的黑暗中。有一段文字幽默地概括了他这一成长阶段："我来到巴黎，想要穿上政府官员的法袍，在索邦神学院的博士中找到自己的位置。我邂逅了一位天使般美丽的女士——我想与她共枕眠，我确实与她共枕眠了，然后有了四个孩子。于是，我不得不放弃了我热爱的数学。荷马、维吉尔，我一向将他们揣在口袋里随身携带，我还深深迷上了戏剧。我能参与《百科全书》的编纂真是太幸运了，所以我为此献上了自己二十五年的生命。"

　　《百科全书》仿佛是将命运、强制性的任务和不起眼的机遇汇集在了一处。狄德罗接手了这个巨型的辞典项目，成为其合作出版人，至少在万塞纳被逮捕蹲班房时，不得不将目光放得长远一些。回顾往事，让这位现在的著名作家有了远见，他明白了自己在将来的日子里，应该努力满足人们对他的期待。他依然享有的自由，是思想的自由，他可以在其中栖身，思想可以经历种种奇遇，这是现实生活也许无法与之相比的。出版工作对狄德罗来说，并不仅仅是份苦差事；他看到的更多的是它所提供的机遇。因为思想的奇遇是一种无畏的尝试，它为目前从没想过的东西赋予姓名，很可能还会将它们收入《百科全书》。在他们的计划中，《百科全书》已经涵盖了当时的新知识，被寄予了雄心勃勃的期待："我们如今发现了多少当时被人忽视的真理啊！真正的哲学那时还躺在摇篮中。无限几何还不存在，实验物理尚未现身，没有辩证法，理性批判的法则还完全不为人所知……学者们无法被激发积极性，缺乏研究和竞赛的精神。另一种精神虽然也许没有什么成果，但也很少见，即坚韧不拔和条理性，它还没有屈服于文学的各个部分。"

《百科全书》笼罩着浓浓的精神缺失的惆怅，却出乎意料地获得了成功。在很短的时间内，每一卷都卖出了超过两千册，这样的结果显然超过了最乐观的预期。因此，这部新辞典可以说是获得了广泛的认可，而且仅从这一点迹象就能看出，它是面向各个社会阶层的，特别是逾越了传统意义上脑力劳动和体力劳动的划分。在这一过程中，狄德罗自己也起了决定性的作用，鼓励人们敢于尝试突破不同职业领域特殊的语言界限，寻求共同的理解，使人类各思想和行动领域的沟通变得可以理解。这样的计划只有在乌托邦才能实现，所有世界公民共同参与社会事务，大家都说同一种语言。《百科全书》热烈拥护的正是这一理想，这也意味着哲学在其反复的交流努力中得以实现。

然而，要实现知识的传播，实际工作中排在第一位的只有努力，将看起来无关的人类工作领域相互联系起来。这一点尤其适用于手工业者，《百科全书》的责任人正是要激发他们对某种决定性东西的兴趣："我们转向巴黎那些谦逊的手工业者和我们的王国。我们努力到他们的工作坊中探访、询问，根据他们的描述写下记录，理解他们的想法——这其中正藏着他们独特的专业表达，列出这些表达的目录并对它们加以解释。进一步说，我们的论文都来自这些手工业者，（带着几乎是必不可少的谨慎）在和其他手工业者冗长、频繁的谈话中，逐渐完善那些其他人不齐全、不清晰，有时甚至是完全错误的分析。"

如果缺少由知识分子制定的规则，这样的目的就无法达到。毕竟哲学家决定了体力劳动者是否足够清楚地表达了自己，能让脑力劳动者也明白他们的想法。不管怎样，《百科全书》所遵循的趋势是万分可敬的。在最初的成功过后，《百科全书》的出版者再次回归了平淡的日常生活，他预见到，自己即将面对的不仅有夫妻间为了鸡毛蒜皮的争吵——这通常让人厌烦，还有反反复复的工作烦恼：审查官员随时准备伺机而动，不可靠的印刷工一定在暗中监视，拖拖拉拉的作家们需要不时加以提醒，过于激进的文章要提前进行删改。

狄德罗比以往任何时候都更像个卑微的仆从，在主人的威逼利诱下，监视着自己的同胞。现在，他虽然仍然是个仆从，却还要盯着其他仆从，这是一种可疑的特权，他本人宁愿放弃。然而，他一定也发现了，逃避对他而言并不容易：长期合同把他和这个辞典项目紧紧捆绑在一起，这是他的主要收入来源。狄德罗作为一家之主，别无选择。不过，这样的情况也产生了一种积极影响，并不令人生厌，甚至几乎是不可觉察的。狄德罗得到了仅有的一次机会，将自己时代的知识收入心底，用自己最具有原创性的方式来思考——这一过程脱离了日常事务，只有在事后才能显出成效，即在书籍或出版物中表现出来。

狄德罗作为《百科全书》的受聘编写者和编辑，被誉为18世纪最重要的作家：他凭借天才的设想获得的认识，甚至提前了一百年，比如通过达尔文的研究，他的想法才有了科学的证据："动植物界的个体生命出生、成长、生活、衰老，最终消亡。放眼全部生命，难道不也如此吗？如果我们没有接受过动物诞生于造物者双手的信仰教育，如果我们能对它们的起源和终结产生哪怕是最轻微的怀疑，那么连最自负的哲学家也无法预测：动物的世界从诞生起就包含其所特有的，分散在大量物质中的混合的元素，它们的结合只有在条件允许时才有可能；从中诞生的胚胎经历了无数的成形和发展阶段，依次习得运动、感知、理念、智力、思考、清醒、感觉、激情、表情、动作、声音、清晰的声音、语言、法律、科学和艺术。几百万年的时光飞速掠过这些发展阶段，以后也许还会有更多的发展和成长阶段，但那些我们已经不得而知了……"

尽管狄德罗思路依然清晰，但随着年纪渐长，他越来越被工作所累。他的身体开始出现大大小小的问题。偶尔，他会对这些加以密切关注，兴趣甚至超过了散落在他写字台上的那些《百科全书》词条。在疑心病的问题上，伏尔泰显然最有发言权，他可以为想象中或实际上的病痛提供极其生动的描述——狄德罗自然与他这位著名的同行相去甚远，但他肯定也意识到了，自己的生命是有限的，与死亡有关的念头自然而然地产生了，而且理所当然地占据了他的头脑。促使他在此期间仍坚守职责的，是他确信：尽管死后不存在什么仁慈的应许之地，既没有灵魂的天堂，也不存在地上的天堂，但彼岸是存在的；我们很难像在此世一样，对它做出评价，只能笼统而泛泛地去想象它的存在——尽管启蒙运动的乐观主义和进步思想占绝对优势，而且促成了科技的发展。

狄德罗在生前就开始使眼色，告诫人们警惕彼岸的存在。但他也受到了光明希望的鼓舞，即只有艺术家、诗人和思想家，只有这些真正的天才，也许还有极少数正派的政治家不会被完全遗忘："所有这些哲学家、官员还有热爱真理的人们，那些麻木群众、可怕教士和疯狂暴君的牺牲品，在临死时会得到怎样的安慰呢？他们希望，偏见可以消失，彼岸可以用耻辱冲刷他们的敌人。啊，神圣的彼岸啊，你是受压迫的不幸者的精神支柱。你秉持公正，不歪曲事实，为人讨回公道，揭穿伪善的面具，将暴君丢入泥淖，你这安全而给人以安慰的思想啊，从不让我受窘。对宗教人士来说，你是彼世；

对哲学家来说，你是后世。"

狄德罗很狡猾，他喜欢嘲笑别人，还喜欢揭穿幻象，他当然不会如此天真，只把后世作为评估尘世行为的最高审判标准。要让剩下的生命在一定程度上可以忍受，也必须对现实加以考虑。如果能更加仔细地审视自己的情况，这位哲学家就会对自己完全满意：他是个著名的人物，作为作家有些争议，作为《百科全书》的出版者，他却是当之无愧的权威；他有几个孩子，尤其是有个极其疼爱的女儿；他有位妻子，在她面前，他总是带着敌意保持沉默；他可以靠工作养活自己；最后，只留下很少的文学作品。这样的分析却不能平息他的不满，正相反，有时这些会突然成为苦涩的翱翔，成为简短的存在报告。不久后，狄德罗的同行叔本华从中得到了忧郁的乐趣："出生真是愚蠢，伴着疼痛和哭喊；不确定性的万物、错误、贫穷、疾病、邪恶和激情；一点点回到愚蠢；从婴儿的撕咬变成老人的唠叨；在无赖和骗子中生活，在给人把脉的庸医和糊里糊涂的僧侣间死去；不知道自己从哪里来、为何而来、向何处去；这就是我们所说的，来自我们的父母和大自然最重要的礼物——生命。"

也许正是因为这种令人沮丧的负面看法，狄德罗的晚年作品，如小说《拉摩的侄子》《宿命论者雅克》和哲学杰作《达朗贝尔的梦》，都显现出了令人惊讶的现代主义特征。这位哲学家年纪越大，就越不愿相信他那个觉醒的时代引以为傲的知识爆炸：狄德罗没有在教会的预备军团中得到安慰，他成了存在主义者，用冷嘲热讽和越来越倦怠的讽刺来为存在的艰辛注解。他在生前最终享有的盛誉，几乎符合他年轻时的大胆预期——那时他正走在通往大都市的路上；但即使是这样的事实，也没能让他感到一丝一毫的释然。他的朋友们劝他，一次漫长的旅行也许会有所帮助，于是他最终接受了女沙皇叶卡捷琳娜二世再三的邀请。叶卡捷琳娜二世也是狄德罗一位坚定而慷慨的敬仰者，她甚至在狄德罗抱怨自己长期经济困难时，为狄德罗买下一座图书馆，好让他在财务上能有个喘息的机会。

　　1773年6月，他出发前往圣彼得堡，在荷兰停留了很长一段时间，终于在10月8日抵达目的地。此时的狄德罗觉得自己比之前的境遇更糟糕了。尽管得到了大量新鲜印象，尽管与女沙皇相谈甚欢——她是个聪明的女人，心情好时能够忍受谦恭的异见，在自己的宫廷中以周到的礼仪对待自己的客人——狄德罗还是深深地思念着自己的家乡：1774年3月，他就踏上了归途。他认为他有理由相信，自己已时日无多了。在给自己的女友索菲·福兰德的信中，他写道："按年计算的日子已经过去了，接下来要按天过了。收入越少，怎样充分利用收入就越重要。也许我满打满算还剩下十年……我曾经认为，人心会随着年龄的增长而变硬。但事实绝不是这样。有时我想，我的感知力甚至更强了。任何事情都会让我感动，一切都离我更近了。我将成为你所遇到过的最丢人的哭哭啼啼的老人。"

　　狄德罗预测自己还有十年寿命，这被证实是正确的：在痛苦和肺痨的折磨下，他度过了漫长而悲惨的几个月，于1784年7月31日在巴黎逝世。有趣的是他的经济状况。尽管狄德罗的赞助者叶卡捷琳娜对他当时的一篇政治文章很不满意，她依然为自己的被保护人提供了一笔丰厚的退休金，至少比他本人的健康状况要稳定得多。仿佛是为了补上他欠下的高贵谢幕，狄德罗在朋友们面前完全是一副勇敢的欢乐姿态，他为自己常祈祷的后世留下了一部值得钦佩的作品，至今仍然受到各个阶层的喜爱。他在矛盾的游戏中从未丧失过恶作剧的乐趣，最终还在世人心中留下了一幅画像，只要愿意，人们可以毫不费力地认出这位大师。"终其一生，他既热爱真理又谎言不断，既忧郁又欢快，既明智又愚蠢，既善良又邪恶，既聪明又迟钝，却从未有一刻能彻底忘记他从父母、教父、接生婆和保姆那里学到的东西。童年时代懒惰、无知、好胜，青年时漫不经心、放荡不羁，知天命时野心勃勃、沉默寡言，花甲之年富于哲理，唠叨起来没完。去世时，他头戴婴儿帽，心中仍有恐惧，担心自己会被魔鬼抓走。"

我知道，所有的土地上都有好人

莱辛：对理性的信仰

对于诗人来说，要写得简单并不是件简单的事，因为复杂的东西总是层出不穷。如果一个诗人编织的是晦涩的句子，人们一下子难以读懂，就会认为他比其他人深刻。想要简单写作的人，必须有勇气：他要不忌惮抛头露面，因为他所说的一切，都可能成为别人反过来攻击自己的武器。

诗人莱辛就是这样一位勇敢的人。他从不屈服，坚定地信仰着人类内心的理性、同情心和远比冰冷的书本知识更有意义的心灵教育。莱辛的父亲是一位牧师，早已为莱辛计划好了飞黄腾达的未来：他的儿子将成为著名的传教士。为此，他首先亲自教导儿子（"人们可以确信，莱辛还在牙牙学语时，就已经被敦促着做祷告了"），接着把儿子送进了当地的高级学校，成功拿到了迈森负有盛名的圣阿弗拉贵族学校的奖学金。他的儿子很争气，证明了自己的优秀；但根据全体教师的评价，他时不时会表现出嘲讽的态度。他的校长不仅不吝惜赞扬，还找到了一种恰当的比喻："他是一匹马，必须用两倍的草料才能喂饱他——对于别人来说太困难的功课，对他而言只是小儿科。我们几乎不能再需要他做什么了。"

1746 年，莱辛去了莱比锡，在那里学习神学和药学——但这两门课都不能使他满足。在此期间，他发现了自己对戏剧的热爱，还写了一个剧本（《年轻的学者》）。两年后，这出戏的首演获得了成功。生活经历必须先于书本，莱辛很清楚这一点：阅读是一件消磨时间的事，偶尔会让人变得更聪明，但很少能触及心灵；如果读的东西给人的印象完全是复杂难懂，那么它只会让人头疼。在图书馆里白白浪费一下午之后，他明白自己必须有所改变；父亲为他规划的人生，他无法继续了。在给母亲的一封信中，他明确了这一点："我上学很早，而且我深信不疑，自己所有的幸福都在书本之中。我来到莱比锡，来到一个可以从方寸之地看到整个世界的地方。我在这里的第一个月过着隐居的生活，这是我在迈森时从未有过的经历……但这并没有持续很久，我就睁开了双眼：我该说这是我的不幸还是幸运呢？我就这样确定了接下来的生命该如何度过。"实际上，莱辛决定他的未来方向的时间比信里说的要早，而且他足够自信，根本不需要详尽论述这一切的可行性："我学习认清世界。书本会教给我很多，但永远无法让我成为一个有血有肉的人。我冒险从我的房间向下望去。我的天哪！我发现我和其他人是多么不同啊……"

年轻的莱辛明白，完全没有书，当然也不行。于是，这个二十三岁的青年后来到沃尔芬比特尔做了图书馆管理员。和书打交道与和人打交道一样，必须要洞察对方的本质，以发现与自己志同道合的。莱辛不断尝试，为自己找到了好的榜样。有疑虑时，他喜欢喜剧胜过悲剧，书也是这样："很长一段时间，我都把严肃的书丢在一边，看看那些极其轻松或许也实用的书。我最先拿起来的就是喜剧。这好像难以置信，但我真的从中受益匪浅。我明白了如何区分优雅却死板的表演和粗野却自然的表演，懂得了如何辨别真正的和虚假的道德；看到恶习的滑稽可笑，和认识到其卑鄙无耻一样，都会使人远离恶习。"莱辛在自己的剧本《年轻的学者》中，进一步向公众传达了这一认识，正如年轻的女仆莉泽特向傲慢自大的饱学之士达米斯所解释的那样："您不可能整天躺在书本上。书本，它们是死掉的社会学家！不，我崇敬的是活着的社会学家。"

莱辛决定成为专职作家，这是个大胆的决定，因为此时他已经在莱比锡欠了些债，必须在自己的债主面前谨慎行事。他去了柏林，为许多不同的报刊做记者，其中就有《福斯日报》的副刊《幽默王国新闻》。莱辛本人非常幽默，这一点很引人注意，但并不能讨所有人喜欢。无论如何，他可以从严重的经济困境中解脱出来了，甚至在1752年通过了硕士学位考试，结束了学业。在那里，他表现出了对西班牙医生和哲学家胡安·瓦特的欣赏，并将后者作为自己的偶像："他是个果敢的人，从不按照卑鄙的想法行事。他判断和处理一切自有一套方式，让所有想法自由萌生，他是自己的主人。"成为自己的主人——这也是莱辛的愿望，然而在那个时代却很难实现。那个时代已经习惯于屈从当权者的强权统治很久了，其实是太久了。当权者之一是普鲁士国王腓特烈二世，他出于同情接受了启蒙思想，喜欢说法语，邀请首席诗人伏尔泰到自己的宫廷做客。莱辛并不为此所动，他已经看透了权力的运作机制，不惮以精巧的讽刺说出他们的名字："统治者在那儿豢养了一批华美的客人，/每晚都需要他们，当他被国家大事的烦恼所扰，/想在逸闻趣事中平复心情时，就会去找自己/那群滑稽的顾问。想做个文化的保护者，他还缺不少呢！/我再也不会觉得自己能如此胜任/这样卑微的角色了，就算要/为此授勋。/我毕竟要接受国王的统治，他当然/更强大，而且一点儿也不自以为是呢。"

莱辛写了许多东西，不久后便成了有影响力的德语文学评论家之一。他为评论家和诗人的交流提供了很好的建议，时至今日仍然很有意义："人们会根据一个人的能力来评价他，他们不会苛责一位天赋欠佳的诗人，会对平庸者保持友善，对伟大的诗人却不讲情面。假如一位伟大的诗人不能在任何时候都保持同样的创作水平，时不时地漏掉几行乏善可陈的句子——对一个平庸的诗人来说，这些句子也许是亮点；但对于一个伟大的诗人来说，这是不可忍受的。"

由此，莱辛开始了自己不安分的作家生涯：1755年到1758年，他再次回到莱比锡，然后又去了柏林，却没有留在那里。让朋友们大吃一惊的是，他变换了立场，成了驻布雷斯劳的普鲁士将军陶恩齐恩的团部秘书。他的理由是，自己选择的这个永久职位不需要投入太多精力，这样可以保证他的写作时间。喜剧《明娜·冯·巴尔赫姆》正创作于这一时期，同时诞生的还有一部美学论文，题为《拉奥孔，或称论画与诗的界限》。

莱辛又一次回到了柏林，接着踏上了旅程，终于在1767年成了汉堡的戏剧顾问。他编写的《汉堡剧评》将戏剧从当时僵化的条条框框中解放出来，确立了新的标准。作家莱辛扩展了评论家莱辛的岗位职责，后者坚守着如下原则："假如我是艺术评论家……那么我的论调是这样的：对初学者保持友善，甚至力捧；对大师的欣赏保留怀疑，而对其怀疑报以欣赏；对笨拙的人表示挽留和鼓励；对自吹自擂的人施以讥讽……如果身为艺术评论家，却对所有人持同一论调，那么他倒不如根本没有论调。尤其是那些对所有人都彬彬有礼的人，其实是粗野亵渎了那些他本该以礼相待的人。"

　　莱辛在汉堡遭遇了失败，首先是剧院关门了，接下来他成为出版商的计划也落了空。1770年，陷于困境的莱辛再次接受了一个固定职位——成为沃尔芬比特尔的图书馆管理员，这个职位虽然守着全欧洲藏书最可观的图书馆之一，却拿着一份仅比糊口略高的微薄工资，而且还要看自己的雇主不伦瑞克公爵的眼色。在此期间，那些他早先认为代表着知识和枯燥学问的沉重负担的书，如今成了他迟到的心灵连接。他认识到，书本需得到尊重，人们只要对它们致以足够的敬意，就能再一次唤醒这些"死去的社会学家"，让它们焕发出新的生机。图书管理员莱辛这样描述他的工作信条："我是图书宝藏的看守……现在，一旦我从由我看管的宝物中发现了我认为还不为人所知的东西，我就会将它们公布出来……至于这个是否重要、那个是否不重要，这个是否有好处、那个是否有坏处，对我来说无关紧要。有用和有害都是相对的概念，就跟大和小的区别一样……"

　　尽管在外界看来，图书馆管理员的工作相当安逸，但莱辛一辈子都是个敏感不安的灵魂，这份工作对他来说并不比之前平静。他此后变得爱与人争辩，而且在他参与的那些争吵中也不再保持优雅客气，而是变得更尖锐爱挑衅。不管怎样，争论的吸引力还是下降了，莱辛发现自己毕竟还是处在最好的社会环境中，也不会变年轻了。年龄危机第一次缠上了他，这显然是任谁都不可能愉快的。他尽力保持冷静，然而这并非易事。冷静需要努力才能获得，同时还要经受住长期的诱惑。莱辛努力克服自己的敏感，与自己冷静对话。若非迫不得已，他决定不再听任自己被任性和愚蠢激怒了，那些情绪只会激起他条件反射般的抗议，就好像他还是个年轻人。"我，我不愿再生气或动不动陷入恼火中了，我想要尽快恢复平静，安稳入睡，我对此的担忧超过了世界上的一切——现在，我亲爱的暴脾气！你藏在哪里呢？你自由了，出来吧，乖乖地撒欢去吧！快去做你想做的事，让我咬牙切齿，拍打额头，咬住下唇！……但我今天不愿有这样的感受，尽管我很想这样。"

　　莱辛对某些事情的评述并不是很乐观。在他看来，人最终还是要努力，独自守在决定性的时刻："我其实不过是个磨坊，而非巨人。我远离村庄，守着我的位置，孤零零地立在沙丘上，不趋向任何人，不帮助任何人，也不接受任何人的帮助。无论风往哪个方向吹，只要有东西堆在我的石盘上，我都会借助风力磨碎它。只要能保证我的叶片正常运转，我就不会对整个广阔的环境再要求哪怕一指宽的空间了。这些叶片只有在转动中才能得到自由。蚊虫会到处乱飞，但调皮的小男孩也不会总想在下面跑来跑去了。我的叶片一定不愿被某只手拨动，任何力量都不会比驱使我的风更强大了。当我的叶片在空中转动时，风是它唯一的推动力——就算是我，也无法让风刮得温和一些……"

独自旅行过后，莱辛从自己的孤独状态中解脱了出来，然而宫廷的气氛更让他瑟瑟发抖，唯一能有所帮助的只有屡试不爽的讽刺了："在宫廷里……（我）做了些别的事情。这些事做了并不会有什么帮助，但一直搁置却可能有所损害。于是，我深深鞠躬，动了动嘴。"1776年，他被任命为枢密官，与订婚多年的伊娃·柯尼希结了婚。1777年的圣诞节，莱辛的第一个儿子降生了，然而只活了短短二十个四小时。十四天后，他的妻子也去世了。他用自己的方式来缓解悲伤："我真不愿意失去他，我的儿子！他是多么聪慧啊，多么聪慧！……如果他不聪慧，又怎么会抓住第一个机会离开呢？……我的妻子去世了，如今我也有了这样的经历。我很庆幸，自己不可能再有同样的经历了……我很欣慰。"因此如果有安慰，那么这安慰只来自他自己："死亡不可怕，而去世只不过是迈向死亡的一小步而已，因此也并不可怕。"

就在他几乎恢复平静的时候，莱辛再次被迫变得好斗。他与有影响力的汉堡主牧师葛泽发生了争吵，后者大费唇舌地宣扬自己的虔诚，恨不得将"自己的人们""抓着头发拖入天堂"。在与葛泽的争吵中，莱辛首先提出了一个建议——"亲爱的牧师先生！我请您不要再在白天瞎折腾了"——再次撞上了伟大的话题。他所说的上帝，不需要名字，不需要恭敬的描述，人们也不必在他面前躬身。基督教从前代表着一个欢乐的信息，而在教会管理者的监管下，它逐渐被拆分成了信仰的仪式和祈祷的规矩，这让他对上帝的信仰变成了一件沉闷的事情。莱辛本人关于信仰的理念，被写入了著名的剧本《智者纳旦》（1779年）中，这也成了他的遗嘱。"我知道，"莱辛的纳旦这样说，而这实际上是莱辛本人在说话，"我知道好人如何思考，知道所有的土地上都有好人。"

德语文学史原本只是一个飘忽的发展过程，不需要盖棺定论的评判。但诗人和评论家莱辛为德语文学史做出了卓越的贡献。其他作家冥思苦想，让思绪飞得更高，或者更接近原始的秘密。但莱辛是个幽默的人，他为理性赋予优美的姿态，让我们沉重的忧虑变得轻盈。人不应该为自己的财产建筑防御工事，尤其不应该为所谓的真理竖起屏障。只有寻找的人，才能找到真理；而拥有真理的人，也会被剥夺："真理并不是为了被人拥有或争夺而存在，重要的是人在真理背后付出的那些真诚的努力，正是这些造就了人的价值。因为人的能力并不倚仗对真理的占有，而是凭借对真理的研究而扩展的……占有会带来沉寂、懒惰和傲慢。"

有目共睹

歌德：伟大的整体

德国最著名的诗人是一位命运的虔诚信徒。但他并非宿命论者，不会恭顺地等待灵感突然从脑中迸发；他是一个行动派，相信存在更高的机缘可以被人们认识，并为自己所用。歌德把自己也看作这种主张的受益者，他在自传《诗与真》——这一绝妙书名真是无比合适——中写道："1749 年 8 月 28 日中午，钟楼的钟敲了十二下，我降生在了美因河畔的法兰克福。群星的位置很幸运：太阳位于处女座，正到了一天的最高点；木星和金星友好地看着太阳，水星也没有发生让人讨厌的逆行；土星和火星表现得漠不关心；只有月亮——这时刚好是满月——反射着耀眼的光芒，开始了自己的行星时。因此，月亮妨碍了我的出生，这一时刻不过去，我就无法顺利出生。这些好的方面后来被占星家们大加赞叹，它们大概就是我形成这样的秉性的根源所在……"

约翰·沃尔夫冈·歌德的父亲一方来自一个有着坚实经济基础的图林根家族，家里的其他人有的从事手工业，有的从事农业，还有的以开旅店为生，但所有人几乎都是出了名的争强好胜。歌德的祖父弗里德里希·格奥尔格·歌德继承了家里的裁缝事业，最终在自由的帝国城市美因河畔的法兰克福定居。祖父在那里入赘了一个开旅店的富有家庭，多亏这一机智选择，他获得了可观的家产，并传给了他的儿子，即歌德的父亲约翰·卡斯帕尔·歌德。歌德的父亲是一个沉默寡言、喜欢沉思的人，他学习过法律，后来曾尝试在法兰克福城市的政治中有所作为，但徒劳无果。1742年，他买下了皇家顾问的头衔，这让他在书面上成了一位有地位的名人，但在现实中，这个头衔并没有为他带来任何额外的好处。歌德的父亲很失望，在三十二岁时做了让步，成了一名自由学者——这可以确保他衣食无忧。1748年，歌德的父亲与比自己小很多的时年二十岁的卡塔琳娜·伊丽莎白·特克斯托尔成婚，后者是法兰克福一位地位颇高的城市官员的女儿——恰好是其丈夫的对立面，两人之间的差异显而易见。卡塔琳娜·歌德不喜欢耽于幻想，她立足生活，显示出相当的母亲的智慧；而且，尽管她生下的六个孩子中，最终只有两个活了下来——约翰·沃尔夫冈和小他一岁的妹妹柯尼利亚，她也从未丧失这种智慧。歌德将自己从双亲身上看到的对立面表现在一首著名的诗中，让人感觉出，在双方的影响下发挥创造性有多么困难："我从父亲那里得到了身形，/对待生活的认真，/从母亲那里，我得到了乐观/和创作的欲望。/父辈钟情于最美好的事物，/这一再纠缠着我；/母辈热爱首饰和黄金，/身上金光闪闪。/如果这些不能/从整体中分离，/那么谈论创造力/还有什么意义？"

歌德度过了一段备受呵护的童年时光。他接受私人教师的教育，是个好学生，虽然算不上天才。学习对他来说并非难事——没错，他后来谈起自己的一生，会说自己想从中得到"更多，还要更多"；在他看来，学习只是简单的练习，其中的乐趣远远多于负担。对生命的好奇，对生活方式、奇遇和机会的好奇，一直伴随歌德到了高龄。十六岁时，年轻的歌德就达到了——按我们今天高雅的说法——接受高等教育的资格，于是进入大学学习。他遵从父亲的意愿，去莱比锡学习法律。与法兰克福相比，他发现莱比锡既广阔又开放，着实舒了口气。但他的好心情并没有持续多久：法学课程显然是一场场折磨，而说到在莱比锡执教的文学巨擘格勒特和戈特谢德，就算他出于最好的意愿评价，也很难认同他们。他在莱比锡真正学到的——至少他回顾个人生活时这么认为——是一种技艺，即不沉溺于无谓的幻想，为具体问题寻找尽可能具体的答案。歌德发展出了一种很有用的才能，一开始就与目的紧密相连。他画画，是为了练习绘画的技艺；他写诗，因为诗歌可以帮助他领悟自己的经历和见闻。1768年6月，歌德生了一场病，脾气变得异常暴躁。咳血将他从睡梦中惊醒，多亏隔壁一位医生的迅速抢救，他才保住了命。从此刻起，只要涉及疾病，他就更敏感了。他将此归为自己"一定程度上的忧郁症特质"，据说这些特质"永远不会消失"。于是，他回到了法兰克福。1770年，他恢复了健康，前往斯特拉斯堡，在那里完成了他的学业。他在那里认识了诗人和神学家约翰·戈特弗里德·赫尔德。虽然后者只比他年长五岁，却已经算是蜚声文坛了。他给了歌德一些重要的建议。歌德发挥了一些在后来日臻完善的个人经验：他看重的不是看向内心，而是征服外在世界（"如果你想为自己的价值感到快乐，/那么你必须赋予世界存在的价值"）。尽管这期间有着种种偏离正轨的经历，比如与阿尔萨斯塞森海姆的牧师的女儿弗里德里克·布里翁的爱情逸事（"我走了，你还站着，看着地面，/用湿漉漉的目光看着我：/啊，被爱是多么幸运！/而爱人，神啊，是多么幸运！"），他最终还是完成了学业。虽然成为博士勉强了些，但他还是被授予了神学硕士学位，硕士在当时并不比博士逊色多少。

　　歌德回到了法兰克福。他收到了出任法兰克福陪审法庭律师的录用通知，也代理了一些案件。1771年，他创作了戏剧《戈茨·冯·贝利欣根》，其主角是一位古代法兰克骑士——关于这位骑士，我们主要记住这个特定的脚注就够了——他是个刺儿头，好古恶今，但在战场上表现勇猛，从不会输。当时的人们希望看到这样的人物，而作为艺术形象出现的戈茨，甚至超越了人们的期待，引起了更热烈的反响。歌德不关心戏剧原则，这部作品的情节以疾风骤雨般的速度发展，单单这一部作品，就包含了五十九个地点及场景的转换，打破了舞台布景的纪录。《戈茨》在1771年底完稿，让歌德一举成名。他由此明白了，自己想要成为诗人，其他任何身份都不行。然而，1772年初，他还是到韦茨拉尔的帝国最高法院实习。在那里，他和公使馆书记员约翰·克里斯蒂安·科斯特纳成了朋友。而后者的未婚妻夏洛蒂·布夫，昵称小洛蒂，深深吸引了歌德。他相信，坠入爱河会让自己的幻想自由驰骋——想象和亲历的情感世界之间的界限变得模糊了。小洛蒂倍感压力，科斯特纳也很不舒服。这样的紧张关系在当时的社会风俗中，是无法缓解的。于是，在这种情况下，歌德想起了自己解决矛盾惯用的策略：他收拾行李，在夜晚的雾气中离开了韦茨拉尔，绕道回到了法兰克福。

他邂逅的这段不幸的爱情，将他推出了原有的轨道，但其实这并非不幸，恰恰相反：这段爱情为他提供了文学素材，他只需要稍加构思，把它写出来即可。当年秋季，他出版了小说《少年维特之烦恼》，这让他一举成名。书中的主角维特有着过于丰富的情感，爱得太热烈，被现实压得喘不过气来，在痛苦的美好和最忧伤的幸福中崩溃了。一个人如果像维特一样，他就无法以普通的方式理解这个世界，他经历的一切都带着持续的极度期待。以贯穿全书的强烈情绪起伏来衡量，维特的结局透露出一丝幸灾乐祸般的清醒。读者甚至可以推测，作者本人一定已经受够了爱情带来的迷醉感和过度的多愁善感，想呼吸新鲜空气。

从1773年到1775年这段时间，是歌德高产的几年。但他写下的一切并非都流传了下来，这主要是因为他对自己很不满意。歌德有个习惯，他会时不时重新严格审视自己的作品，保留那些让他满意的文章。至于剩下的，他会毫不犹豫地付之一炬。这时的歌德已经跻身社会名流，常有客人拜访，人们想亲眼见见他，亲口与他交谈。歌德被蜂拥而来的女士们包围了，他乐于与她们发生风流韵事，带着愉悦的心情写下了这些经历。但接下来，他对爱情认真了起来，因为他认识了法兰克福银行家的女儿，时年十六岁的莉莉·舍纳曼。这段感情开始时，和别的普通调情并没什么两样，却渐渐变成了"深沉的激情"，让心情压抑的艺术家——几乎已经年迈的歌德再次感受到了渴望爱情带来的哀愁。与莉莉的这段爱情已经发展到了订婚的阶段，然而矛盾却日益激化——并非来自相爱的双方，而是来自两方家庭的挑拨。歌德本来就是一个感情羞怯的人，他按照惯例选择了逃避。他和施托尔贝格兄弟——这对兄弟同为诗人和翻译家，共用一个名字写作——一起去了瑞士旅行。在回法兰克福的路上，他经历了命运真正的转折。萨克森-魏玛-埃森纳赫的公爵卡尔·奥古斯特将他召唤到了魏玛。歌德的自传《诗与真》也以这次命运转折结束。他将自己从以往的一切中剥离出来，弃绝了莉莉、爱情，以及不久前才定下的计划，前往魏玛，在那里开始了新的生活。歌德用自己的剧本《埃格蒙特》中一句有力的话向过去的生活告别："孩子啊孩子，别再继续了！仿佛有一个看不见的精灵，鞭打着时间这匹白驹，驾着我们命运的轻盈马车驶过，什么也没有留下；而我们，只有勇敢地紧握住缰绳，控制车轮前进的方向，时而向左，时而向右，时而躲开这里的石块，时而绕开那里的滑坡。至于它将走向何处，谁知道呢？它从来不记得，自己从哪里来。"

　　1775年11月7日，歌德踏入了魏玛这座至今仍与他的名字紧密相连的城市。1775年9月，卡尔·奥古斯特成年了，从自己的母亲安娜·阿玛利亚手中接过了政权。歌德与公爵近乎父子般的亲密感情维持了一生。即使到了晚年，诗人以温和的目光追忆过去时，也只愿看到自己这位最高级别雇主好的一面："我到魏玛时，他刚十八岁。但在那时就能看出，他已经长出了蓓蕾和萌芽，假以时日定会长成一棵大树。不久后，他就与我结下了最诚挚的友情，无论我做什么，他都会表现出完全的兴趣。我比他年长十岁，这一点对我们的友谊很有好处。他会整晚坐在我身边，与我进行深刻的谈话，内容包括艺术、自然，还有各种随口提到的好话题……他就像名贵的葡萄酒，处于浓烈的发酵过程中，没有完全了解自己的力量；我们经常聊到几乎声嘶力竭。我们会骑着狩猎的马穿过牧场、墓园，涉过河流，登上山坡，连续数日在山区中穿行，累到筋疲力尽；每晚在开阔的天空下野营，或者在森林中围在篝火边——他喜欢这样。继承公爵的爵位，对他来说毫无吸引力；他希望能靠自己的力量去奋力争取、去攻克，直到最终得到，这对他来说才有意义……我不否认，一开始他让我忧心忡忡。然而他天生就是能成大事的人，很快就厘清了思绪，把自己塑造成了最好的样子。因此，同他一起生活和工作，真的是一种快乐。"

歌德白天旺盛的精力令人印象深刻，这一点让他变得不可或缺。1775年11月22日，他在寄往法兰克福的信中写道："我的生活就像一场雪橇之旅，伴着叮叮当当的喧嚣极速滑行，沿着起伏的滑道上上下下。上帝才知道，我经历这些历练到底是为了什么。这给我的生活带来了新的动力，一切都会变好的……"1776年6月，他以枢密公使馆参赞的身份正式参与魏玛的政务工作。他的年薪是1200塔勒[1]，隶属于最高政府委员会，即枢密委员会。他的工作与诗学完全风马牛不相及：他要拟定新的防火规章，接手了公爵的道路修建管理处——这个部门有大量工作要处理，因为道路和街道状况极其糟糕；相应的，他还要负责一个与之临近的职能部门，即水利建设委员会，推进排水设施建设，保证其能满足洪水来袭时的排水需要。外交事务也离不开他，另外，他还要组织魏玛的文化生活。

歌德被数不清的责任吞没了。一开始，他不再为爱情花费徒劳的精力。然而后来，他认识了比自己年长7岁的贵族女士夏洛特·冯·施坦因，随即与她发展出了一段不一般的关系。这段爱情与他至今经历过的都不同：它发生在当下，却仿佛带着某种隐秘的记忆，让歌德追忆起过去。他整日思考，然后，他的诗情再次焕发了。

但首先，歌德面临着一项新的工作：1779年1月，他接管了战争委员会，就任相当于防御部部长的职位，隶属于某支令人胆寒的军队。在他就职时，军队有五百三十二名步兵，一支小小的炮兵，还有三十名骑兵。1782年，歌德被授予贵族头衔，得以被正式称为约翰·沃尔夫冈·冯·歌德枢密公使馆参赞——虽然他已经是了。然而他的生活几乎并没有因此而改变。他的名望越来越高，承担的国家责任越来越重，但这些并没有让他感到更快乐。于是，该发生的事自然而然地发生了：1786年9月3日，歌德去了意大利。他为此思

---

1 塔勒，15世纪末流通于德意志等中欧地区的货币。——编者注

考了很久，动身前准备了更久。歌德的决定，几乎无人知晓。他的仆从菲利普·塞德尔在魏玛坚守岗位，向来打探消息的好事者做出模棱两可的回答。歌德请求公爵让他休一个时间不定的假，后者批准了。

歌德的生活之魂在意大利再次苏醒了。从9月28日到10月14日，他都在威尼斯，之后他去了罗马——他心中真正的目的地。在罗马，他住在一个德国艺术家聚居区，这让他可以混在其他人中间。此前让他倍感困难的事，如今变得轻而易举。1787年2月到6月，他去了意大利南方旅行，看到了庞贝古城、咆哮的维苏威火山；踏上了西西里岛，在一座植物园的意外逗留让他迸发了"原植物"这一灵感，这成了他对所有生命形式的认知模型。歌德走得很远，这让他一步步从渺小走向了伟大。他的感官变得前所未有的敏锐，为他提供了丰富的材料，让他看待一切都有了新的角度。杰作已经不算什么了，令人眩晕的灵感、无法抑制的冲动都变得无关紧要，只有这些过后留下的东西才重要——那些隐藏在现象背后的本质，那些现实中的理想化身，那些普遍中的特殊，那些经过时间考验的永恒存在。他在寄往魏玛的信中写道："我生活在……这里，带着清醒和安宁，这些我早已感知不到了。我学着按照事物真实的样子去观察和感知它们，忠实地保持目光的明亮，不被蒙蔽，彻底放弃了一切非分之想，这些对我大有裨益，让我在宁静中感受到了最大的幸福。每天都有新事物令我惊奇不已，每天都有新鲜的、伟大的、奇特的景象，这整个经历都是我长期思考和梦想的，却从未能凭借想象力而实现……现在我回到自身，就像人们在各种场合喜欢做的那样，我发现了一种情感，它让我感到无尽的愉悦，我甚至不惮于承认这一点。凡是认真环视这里的人，凡是用眼睛去看的人，一定会变得坚定，会前所未有地真实领悟到坚实的意义……"

　　1788年6月18日，歌德回到了魏玛，这座城市却没有表现出对浪子归来的喜悦。歌德怀着痛苦的心情写道："我从多元的意大利回到了死气沉沉的德国，明朗的天空变得阴郁昏暗。朋友们非但没有安慰我、重新接纳我，反而把我推向了绝望。我痴迷于最遥远的、几乎未知的事物，我对失去之物的惋惜悲叹好像冒犯了他们，我怀念每一种归属感，可没人懂得我的语言。"冯·施坦因夫人此前就经常表现出冷漠的态度，此时更加冷漠了。她怪罪歌德的原因并不仅仅因为他逃往意大利：歌德和一个市民家庭的俭朴姑娘——比他小十六岁的克里斯蒂娜·福尔皮乌斯——谈起了恋爱。而让施坦因夫人大为光火的是，他毫不掩饰自己的这段关系。不久后，他就与克里斯蒂娜同居了，保持着类似婚姻的关系——魏玛人一定对此习以为常了。1789年的圣诞节，这对恋人的儿子奥古斯特降生了。歌德与法国大革命这一欧洲大事件保持着距离："……我不可能是法国大革命的盟友，因为他们的那些暴行与我太近了，每一天、每一分钟都令我愤怒，而那时还根本无法看出，这场运动会带来什么好结果。"歌德在政治中也是个现实主义者。对他来说，如果一个国家的宪法规定的权利有限，但整个政体运行良好，那么这就好过一个将尘世天堂许诺给自己公民的社会。

与弗里德里希·席勒的友谊，给了歌德持续不断的慰藉。将两位诗人维系在一起的，与其说是个人生活领域的经验交流，不如说是一种时而立足现实，时而超越时代的对话。席勒和歌德将现实抛在了身后——更确切地说，是甩在了身下。他们高高腾起，丈量着理想的天空，寻找着现象世界所立足的永恒。然而，他们却又脚踏实地：对于那些根据他们的权威观点来看，显然天资欠佳的诗人所提出的批评意见，他们总是表现出不友好甚至粗暴的态度。1805年5月，席勒去世后，歌德的"根基动摇了"。

　　在此期间，欧洲还有另一股风潮：拿破仑成了新的强权代表，德意志的小公国根本不被他放在眼里。即使是普鲁士这种德国主要权力中心，也无法与之抗衡。普鲁士军队在耶拿战败后，法国人涌进了魏玛。歌德这个最希望置身事外的人，却切身经历了这段他最不愿看到的不愉快的政治动荡。有一次，两个喝醉了的士兵开始闹事，想要揍他。这时，克里斯蒂娜挺身而出，挡在了自己的男人面前，而歌德在这种情况下完全束手无策了。这个女人的勇敢，她一直以来的忠诚和深深的关爱，终于让歌德考虑已久的想法成熟了：他要娶克里斯蒂娜·福尔皮乌斯为妻。1806年10月19日，两人在魏玛城堡教堂成婚。这段超过十八年的同居生活，对他们当时所处的环境来说略显超前，但两人最终修成正果，成了合法夫妻。

　　此时的歌德将那部超过一千页的著作《论色彩学》视为自己的代表作。在这部作品中，他的观点与物理学的无冕之王——英国的艾萨克·牛顿相左。牛顿认为，原始的白光中已经包含了其他所有颜色（这一点已经被现代研究所证实）；而歌德认为，色彩是在光的晦明变化中产生的，是光明和黑暗共同作用的结果。由此，他提出，可见物有着不为人知的本质，其呈现出怎样的现象依赖于人的眼睛："眼睛的存在要感谢光。眼睛本身不过是一种冷漠的动物性的辅助器官，是光让它成为与光明相适应的器官。于是，眼睛为了光而在光中形成，好让内部的光与外部的光相遇……这让我们想起古代一位神秘学家的话，即下面这几句德语诗：如果眼睛不像太阳，/我们如何看到光？/如果我们不沐天恩，/我们何以在天国的极乐中沉迷？"

1814年夏天，歌德游历了莱茵河与美因河流域的古迹，在那里度过了愉快的几周时光。1816年6月6日，克里斯蒂娜·歌德因肾脏疾病医治无效而去世了。歌德再次尝试用工作来转移悲伤。《意大利游记》和《法国的政治运动》出版后，他专心创作《浮士德》的第二部分（第一部分早已于1806年完稿了）。此外，他还从事自然科学和美学研究，写作了几部散文剧本、一些诗歌和论文，还有大量的信件。歌德的写信人身份，成了一种值得研究的现象：他的信有时烦琐冗长，有时一语中的，但其中的建议总是很明智，甚至透着饱经沧桑的智慧；如果他愿意，他会在信中袒露自己的内心。歌德很喜欢回顾往事："一个人活得久，意味着他经历得多——爱过的人，恨过的人，无关紧要的人，王国，首都，当然还有森林和年少时种下的树。我们经历着自己，完全认清了自己，却依然心存感激，尽管留给我们的只有肉体和灵魂的礼物。我们醉心于所有这些短暂易逝的东西，永恒对我们来说只存在于每一个当下的瞬间，所以我们并不为那逝去的时光而惋惜……我们应该一直向前看，只要对于我们来说是白天；这样也会有太阳照着其他人，他们能让自己光彩夺目，同时用明亮的光照亮我们——所以我们无忧无虑，不为未来担心！在我们的祖国，有着许多省份……"

　　1823年夏天，歌德再一次遭遇了爱情——他打心眼儿里认定这就是爱情。他在玛利亚浴场休养期间，爱上了一位名叫乌尔莉克·冯·莱韦措的姑娘。这位姑娘比他年轻半个世纪。她对歌德的名声和作品几乎一无所知；在她眼中，歌德只是个很照顾自己的友好的老绅士。歌德却觉察到自己对她的情感完全不是父亲式的关心。最终，他向冯·莱韦措小姐求了婚，这让所有当事人极其尴尬。人们想办法拖住他，不敢告诉他，他遭到了拒绝。无论如何，他总归认清了现实，在成为一出悲喜剧的主角之前，及时宣布了放弃。但那种挥之不去的绝望让歌德成了诗歌的主人，再次显示了他是这个领域的大师。他写下了著名的《玛利亚浴场哀歌》，为自己的爱情保留了更高的权利，让它成为新的游戏、新的幸运，超越了时间的局限："……回归心灵吧！在那里你会发现她更多的迷人之处，/她会在那里幻化出各种形象：/一个身影幻化出许多个，/上千个她，一个比一个可爱。"

　　玛利亚浴场的风波过后，歌德终于和自己达成了和解。生活的风暴——尤其是爱情——平息下来："确实，我在自己漫长的一生中做了一些事，也经历了一些事，不管怎样，它们都让我有理由自豪。但如果我们开诚布公，在我所拥有的一切中，真正属于我的，是去看、去听、去分辨、去选择的能力和兴趣，是将自己的灵魂注入所见所闻，是借助一些技巧将它们重现。我的作品绝不仅仅是我个人智慧的结晶，而应该归功于除我以外成千上万的事物和人，是这一切为我提供了素材。"歌德注视着冉冉升起的新时代，心里充满怀疑："如今，一切都变得激进，你追我赶，不肯停歇，只要想到了就去做。没有人还认识自己，没有人能弄明白他将飘往何方、自己的意义在哪里这样的基本问题，没有人了解他所加工的材料……年轻人过早地被激起斗志，然后在时间的旋涡中被撕碎；财富和高效被世界所欣赏，被世人所追逐……"在生命的最后十年中，歌德像一个严苛的管理员一样约束着自己。此时，他已经出版了一部自己的作品全集，尽管他并没有封笔。他的勤奋没有衰退，他留下的帮手——包括秘书、抄写员、侍从——各司其职。歌德留下的观念遗产是对价值和人类创造力的表白："你必须这样，你不能逃避自己！"他知道自己在伟大和整体、在神圣面前不值一提，也有理由期待灵魂不灭："没有任何生命可以消散得丝毫不剩！/永恒存在于一切事物中，/存在即是永恒：因为法则/保护着活着的珍宝，/宇宙用它们装扮自己。/——真理在很久以前就被发现了，/连成了高贵的灵魂同盟；/古老的真理，抓住它！/感谢智者吧，地球之子，/他绕着太阳走，/为你和你的兄弟姐妹指明了运行轨道。"

1827年6月6日，冯·施坦因夫人去世；一年半后，1828年6月14日，歌德多年的朋友和支持者卡尔·奥古斯特去世。诗人将此看作他本人大限将至的信号，但他还有最后一件大事没有做完——

《浮士德》尚未完成。而此时，他没料到命运的另一个打击也接踵而至：1830年11月10日，他收到了一封信，信上说他的儿子奥古斯特在意大利之行中，于罗马因病去世。奥古斯特·冯·歌德始终生活在父亲的威严下，从未敢放松。奥古斯特资质平平，写不出什么天才之作，因此酗酒度日。他的死属于英年早逝，这让白发人送黑发人的歌德陷入了无止境的痛苦中。然而，歌德还是完成了最后一项壮举：1831年7月22日，《浮士德》的第二部分完稿了。1832年3月17日，歌德口述了自己的最后一封信。这封信是写给威廉·冯·洪堡的，谈到了人的自我教育，歌德指出只有当一个人把他的世界真正变成自己所有的时候，他才可能发现自己："每一个行为，每一种天赋，都需要一种先天性。这种先天性由自我推动，在不知不觉中促成必要的条件，因而能顺利发挥作用；无论当下条件是否成熟，即使没有计划和目标，最终也能实现自我的发展。——一个人若能越早觉察到，有一种技艺、有一种艺术能帮助他让自己天生的资质得到标准化的提高，那么他就越幸福。他从外界接受的东西，丝毫不会有损于他内在的独立性。最优秀的天才能够吸收一切，也可以献出一切，这些非但不会对他真正的秉性，即我们所说的性格有丝毫妨碍，反而会对它有提升作用，让它足以应对各种挑战。"这段话正符合他个人的人生历程：歌德是一位天才，他不畏惧工作，他那深深植根于好奇心的艺术，便是这一点最好的明证。

初恋般的感觉

席勒：思想的自由

说起最著名的德国诗人，人们立即会想到歌德。毕竟，他在德语文学史上有前无古人的地位，是很长一段时间都无法忽视的。与主动弃绝了自己幸福的歌德不同，席勒这样做是迫不得已。命运要么像继母般虐待他，要么根本无视他的存在。

席勒的童年称得上贫苦。他的父亲是一位死守教条的军官，母亲极其虔诚，用对上帝的信仰约束着一切看起来有乐趣的事。席勒上的是拉丁语学校。他的天资聪颖、能言善辩却被认为是缺点，因为符腾堡公爵卡尔·欧根是一位古怪易怒、自视甚高的亲王，他决定建立自己的精英教育机构，为当地有天分的孩子创办自己的"军事化培育学校"。时年十三岁的席勒，也在被推荐给他的孩子之列。席勒被强制安排进入"斯图加特隐士"这一公爵的学院中，开始了一段痛苦的生活。学校的教学冷酷而严格，学生们就连仅有的闲暇时间，也不能拿来放松。对卡尔·欧根而言，这所学校就像他最爱的玩具——他会亲自进行督导。席勒的头发让他很不高兴，因为他不喜欢红头发的人，于是公爵命令席勒给头发扑粉、染色。由于这种无端落在自己头上的非难，席勒的成绩下滑了，他先是用疾病逃避，后来逃进了书本里，发现思想的自由翱翔可以推翻暴君的统治。莎士比亚就是他的榜样，戏剧这种"意味着世界的木板"为他注入了灵魂，激起了他内心更多的激情和正义感，远远超过符腾堡这座小城所能承载的。卡尔·欧根想把席勒培养成一名军医，于是席勒在抗议无果后，选择了药学，完成了博士论文（《论人类动物本性与精神本性的联系》），成为随军医师。但私下里，他创作了自己的第一部戏剧《强盗》。这部作品于1782年在曼海姆首演，获得了惊人的成功："剧院就像一座疯人院——观众席上那些转动的眼珠、挥舞的拳头、嘶哑的叫喊。陌生的人们抽泣着拥抱在一起，女士们一个个几欲昏倒，步履踉跄着走向门口。这是一种普遍的解决方式，就像从混乱中、从迷雾中生发出一种新的创造。"作家以观众的身份亲临首演现场，悄无声息地混在观众之中。不出所料，公爵大动肝火。他被要求写报告，并接到了公爵这样的命令："我宣布，如果继续写作任何喜剧，给予你开除军籍的处分。"席勒最后一次尝试安抚君主，并以"最谦卑""最恭顺"的态度请求"最仁慈的许可，让我可以继续发表文学作品"。这样的努力仍是徒劳，公爵拒绝了这一申请。对于席勒来说，事态很明朗了，他必须踏上逃亡的路，"如果"他"不想让自己的骨头腐烂在施瓦本的土地上"。1782年9月，他与一位朋友一起逃往曼海姆，正是这座城市让他获得了首次，也是截至当时的唯一一次成功。他本希望曼海姆的剧院经理达尔贝格会为他做些什么，然而这人是个野心勃勃的宫廷侍从，对上级言听计从，不愿因为席勒在符腾堡公爵面前失宠。席勒继续流亡，他路过美因河畔的法兰克福和沃尔姆斯，最终到了图林根州的鲍尔巴赫。斯图加特的一位男爵夫人成了他的保护人，为他在一处偏僻的乡下提供了一间小房子。席勒在那里安顿下来，终于可以喘口气了。当时正值冬天，地上覆盖着厚厚的雪，公爵鞭长莫及。席勒的保护人为他收拾出了两个房间，他终于可以睡个好觉了。这时他看到图林根的荒野沐浴在一片亲切的光中："最亲爱的朋友啊！我终于到了这里，幸福而满足，我结束了漂泊，终于抵岸。这一切甚至超出了我的期待。再也没有让我惊恐不安的要求，再也没有他人的删除线来破坏我诗意的梦、我理想主义的幻想。我那位沃尔措根夫人的小屋相当漂亮、雅致，我在这里根本不会想念城市的生活。我拥有各种生活设施、食物、帮手、衣物、柴火，而这一切都是周到、热心的乡下的人们为我准备的……目前我不能，也不想进行社交活动，因为我有太多工作要做……"

席勒创作了一部新的"市民悲剧"《露易丝·米勒林》。无论如何，席勒认为自己在鲍尔巴赫找到了自己的第二故乡，变得踌躇满志。他草拟了《唐·卡洛斯》的情节，意外对一位历史人物产生了兴趣，而这个人物成了他后来一部著名戏剧的主角——玛丽·斯图亚特。席勒作为戏剧家和人，无疑表现出了某种不耐烦。他在加工某个想法时，最喜欢按照它在脑海中成形的方式来进行，即趁着第一个幻想产生时的热情，伴着兴奋和爱来面对他的每一个虚构人物，仿佛对它们负有教养的责任。然而鲍尔巴赫的冬天太漫长了，席勒的激情开始有所减退，如今逐渐厌倦了孤独的感觉，希望身边能有几个朋友。他与迈宁根的图书馆管理员赖因瓦尔德成了好朋友。赖因瓦尔德虽然缺乏热情的感染力，但他是一位很好的倾听者，提供给席勒许多书籍。这段时间里，历史著作尤其让席勒着迷，他在历史中发现了一座宝库，文学也可以从中挖掘出丰富的宝藏。席勒既然别无选择，就与赖因瓦尔德成了朋友："我希望您能常来我这孤寂忧郁的小屋坐坐，我经常想用我每日的饮食招待朋友们……我常常顶着压力，艰难地打起精神，寻找一丝诗意的心情；但不出十分钟，我就会思念起一位好朋友……"席勒将赖因瓦尔德当作首选的谈话对象和收信人。但当他与赖因瓦尔德相识更久、关系更密切之后，席勒与他日渐疏远，因此他并未发现，赖因瓦尔德此时已和自己最爱的妹妹克里斯托芬妮相熟了。席勒告诫自己的妹妹，不要和那个"脾气糟糕且为人乏味"的家伙结婚。如今，他认为对方是个"努力但并非不聪明的市侩……来自小城市，夹在各种关系之间，因为疑心病愈加卑躬屈膝"。然而，这一切都是徒劳。1786年，赖因瓦尔德成了席勒的妹夫。

当冬天结束，春天终于来临时，席勒松了一口气。之前，世界阴云密布，满眼是死气沉沉的雪灰色，如今再次有了光明和温暖。被掩埋的和乱糟糟的一切，此时都变得清明了。1783年4月14日，在那个"美妙的"春日早晨，席勒在一封写给赖因瓦尔德的信中系统阐释了自己的文学工作方法，即将主体当作客体的革新："当我们把自己的情感和历史知识以新鲜的方式重新组合起来时，我们就为自己创造出了一个人物，好人是由光明和优点组成的，坏人则由缺点或阴影主宰。就像一束单纯的白光落在不同的平面上，可以呈现出成千上万种绚丽的色彩；我渐渐相信，在我们的灵魂中，沉睡着一切人物的原型……爱情，我亲爱的朋友，这种由经验创造的不可或缺的伟大情感，说到底不过是一场幸福的骗局。我们会因那些陌生的、永远无法为我们所有的东西感到恐惧，因而丧失热情、变得消沉吗？显然不会。我们忍受这一切，仅仅是为了我们自己，为了自我，而自我的镜像正是那些造物。我甚至也没有将上帝排除在外……"在友谊和诗艺之间，还存在着一种内心的本质相似，它不需要产生任何能让人索取报偿的效用："我们如果能感受到朋友热烈的心情，那么我们也将温暖自己内心诗意的'主人公'（指恋人）。这种缔结友谊和柏拉图式爱情的能力，必将带来酝酿伟大诗篇的能力，但这一过程往往过于草率。因为就算没能创造出一个伟大的人物，我也完全可以感受到他的存在……毫无疑问，我们必须成为自己创造的主角的朋友，我们要与他们感同身受，同他们一起颤抖、激愤、哭泣甚至绝望……"在信的结尾，席勒陷入了忧郁，春日的太阳消失在了厚重的阴云后："我忠诚的朋友！我并不是我原本必定可以成为的那个人。我原本也许可以变得伟大，但命运过早地给了我一击。请您去爱、去欣赏我走运时本该有的样子吧，请尊重我内心的愿望，尽管我心中的谨慎已将它埋没。请留在我身边吧！"

　　就在席勒已经安于将自己的期待降到最低时，他收到了冯·达尔贝格先生的信；而在此期间，他差不多已经忘了此人。这位曼海姆的剧场经理获悉，席勒此时已经恢复了市民权利，符腾堡公爵有了比追捕流亡的军医更重要的事情。同时，达尔贝格也听说了自己从前这位成功的作家新近写的几部剧作，于是带着忸怩的友善打听了其工作的进展，表现出了对《露易丝·米勒林》浓厚的兴趣，并表示自己可以举荐席勒成为正式的剧院编剧。此时的席勒已经从此前的经历中学聪明了，他首先表现出推托，接着就得到了特许，为了让自己的剧本在曼海姆剧院上演，席勒开始为舞台创作脚本。这项工作进展顺利："我的露易丝·米勒林每天五点钟就把我从床上揪起来了。于是我坐在那儿，削尖羽毛笔，反复斟酌。毋庸置疑，强迫必定会剪掉心灵的翅膀。我在剧院处处谨慎，同时又很匆忙，因为我有太多事要做了。毫无怨言地写作简直成了一门艺术。但我的露易丝·米勒林成功了，我能感觉得到。"

他的保护人——冯·沃尔措根男爵夫人此时也来到了鲍尔巴赫。跟她一起来的还有她十七岁的女儿夏洛特。席勒一直在等待这样一个机会，他心甘情愿地爱上了夏洛特。不管怎样，他并没有得到多少回应，这对他而言，几乎是一种侮辱。令人惊讶的是，赖因瓦尔德很理解这种情形，他建议席勒换个地方：放下这些干扰他写作的混乱心绪，到曼海姆去，与达尔贝格谈谈，至少达尔贝格曾委婉地表示，愿意提供给他一个职位。赖因瓦尔德的建议听起来很有道理，于是席勒忘掉了自己的爱情的烦恼，甚至和他陷入其中的速度一样快。1783 年 7 月 26 日，他到达了曼海姆。达尔贝格真的拿给他一份剧院编剧和戏剧顾问的工作合同，但待遇十分糟糕，席勒原本绝不可能接受。然而对席勒而言，在剧院永久工作的机会诱惑力实在太大了，他甚至根本没考虑讨价还价，要求更高的报酬。他在曼海姆遇到了自己的老朋友施特赖希，后者谈起此事时曾说："他对这一职位的满意简直溢于言表，每一句话、每一个眼神都透着喜悦。他设想自己在现实中也生活在和戏剧中同样的一片天空下，然而戏剧常常是具有欺骗性的……"此后不久，曼海姆城"热感冒"肆虐，这是一种和疟疾相似的瘟疫。席勒也病倒了。在医生的建议下，他开始接受一种严格的饥饿疗法，这让他连站立的力气都没有了。在给亨利埃特·冯·沃尔措根的信中，他写道："十四天来，我既没有见过肉，也没见到过肉汤。今天是清汤，明天是清汤，午饭和晚饭都是如此。最多能有些黄色的萝卜，或者酸酸的土豆。我把金鸡纳树皮当面包吃，这些还是我托人从法兰克福加急送来的……"在战胜这种疾病的努力中，席勒以随军医师的身份尝试了许多非常规疗法，对此给予了过高的期望。他确实压制住了发烧，但并没有根治，而只是从表面上抑制了症状，病根不依不饶地伴随了他此后的大半生。席勒在曼海姆毁了自己的健康，却不愿承认这一点，尽管他在这种精疲力竭的宁静中已经料到他让自己陷入了怎样的境地："请您设身处地，想象一下此时我的这种艰难处境——为了在这里有一片生存的空间，为了谋取我应得的那笔钱来偿还债务，为了同时满足剧院的急功近利和本地公众的期待，我不得不在病中打起精神工作，在强力药效下强撑起我所剩无几的力气，这个冬天也许会给我的一生带来重创……"

最终，1784年1月11日，《斐爱斯柯》首演。但这场演出并不成功，公众兴趣寥寥。席勒对此倒很坦然，他重写了剧本，导演强加给他一个夸张的结尾，于是它变得不可挽回了。三场演出过后，《斐爱斯柯》几乎彻底失败，于是，达尔贝格取消了其他场次。《露易丝·米勒林》的情况要好很多，尽管这部戏剧三个月后才被搬上舞台。根据扮演其中一个主角的著名演员伊夫兰德的建议，这部戏剧更名为《阴谋与爱情》，这个标题显然更有吸引力，将公众拉进了剧院。首演当晚，席勒就坐在他的朋友施特赖希身边，后者仔细观察了席勒的反应："席勒沉静、愉悦，沉浸在自己的世界中，很少说话。他就这样等待着大幕拉开。但随着剧情展开，谁还能有那样深沉而充满期待的目光，那样咬紧的双唇？一旦有哪句台词没有按照预想的语气说出来，谁还能有那样紧锁的双眉？当精心安排的段落真的产生预期中的效果时，谁的眼中还能射出那样的亮光？还有谁能描述这些呢？第一幕中，他一言未发，只在结尾时说了一句'还不错'。第二幕中，包含太多激烈的情节和动人的真理，以至于大幕落下后，观众们纷纷起立，以一种很不寻常的方式爆发出暴风雨般的喝彩和掌声。诗人深受感动，他站起身，向观众们鞠躬致意。他的表情，他那高贵而自豪的举止，无不显示出一种自信，表明他知道自己尽力了；同时还透着满足，因为他的努力得到了认可，受到了称颂和尊重。"

除此以外，席勒在曼海姆其实并不开心。他觉得，演员并没能理解自己致力于表现理想主义的语言，而是宁愿演出那些能获得普遍反响的粗俗的民间戏剧。而席勒本人是一位全情投入的作家，他会出现在每一次排演现场，毫不顾忌地打断排练，大声提出意见。其结果并不好。剧院编剧席勒认为，自己要在"意味着世界的木板"上完成开医嘱的使命。这是他最重要的事，因为其他需要操心的烦恼也持续不断地侵扰他。席勒一直不善于理财，即使是那些他要用来偿还债务的钱，他也无法好好打理。他微薄的年薪中有很大一部分，都被他挥霍在购置新的符合身份的衣物上了——他很快就发现，这是一项毫无意义的投资，因为越来越急迫的债务，他已经不能出门了。一些此前还很客气的债主，这时变得强硬起来，语气也很不友好。

在这种情境下，他想起了自己在鲍尔巴赫的避难所，那简直像一个失落的天堂。他给赖因瓦尔德写道："我在这里过得并不好……尽管有许多熟人，我却依然寂寞，无依无靠。我必须努力在我的经济困境中挣扎，很不幸被一切毫无必要的浪费所诱惑。成千上万的忧愁、烦恼、指责，无休止地萦绕在我脑海中，撕裂了我的心灵，冲散了我所有诗意的梦想，给每一次振翅欲飞的热情压上沉重的铅。整个冬天，我的感冒发烧都没有痊愈。我最好的朋友啊，我在这里没有一天过得幸福，我甚至已经绝望了，不知自己在这个世界上还是否有权要求任何幸福。请您不要把这当作空洞的废话，我承认，在鲍尔巴赫的那段日子，是我至今最幸福的时光，而它也许再也不会回来了。"席勒这种遗憾的语调听起来很有道理，尤其是不久后，他就收到了一个更糟糕的噩耗：达尔贝格拒绝与他延长剧院编剧的雇佣合同。这是席勒在《阴谋与爱情》获得成功后，完全没料到的情况。剧院经理在推荐上写，席勒最好考虑一下重操旧业，做一名医生。这对席勒来说一定是赤裸裸的讽刺，席勒却似乎对这次打击无动于衷。因为此时，他已经获得了更有力的自我价值感，不会再轻易被外界动摇。在一次面向库尔法尔茨公众的演讲中——闷闷不乐的达尔贝格也在场，席勒明白了一个普遍的道理：只有认识到自己的使命并始终遵循它的人，才能在社会中找到自己的位置，发挥自己的作用。这个问题同样关乎每个人都享有的尊严，与其他人对他的想法无关："因为只有当我们决定了自己是谁、不是谁，只有此时，我们才能摆脱危险的境地，不必忍受不属于自己的评判，无论是因为他人的赏识而自吹自擂，还是因为外界的贬低而变得畏首畏尾……如果一个年轻人被内在的力量所驱使，身体日益健壮，遵从着内心上帝的召唤，人们会因此而谴责他吗？……这难道是渺小心灵对拒绝沉于世俗的天才的报复吗？"

席勒在丢掉剧院编剧的工作后，有了一个特别的想法：他想创办一份文学刊物，为它取名《莱茵女神》。这听起来不错，但他没能找到任何一位出版商。他最终决定由自己经营，四处招募订阅者。在他为此起草的函件上，他很少提到正在筹划的刊物，而更多的是以作家的身份对自己此前经历的总结。他为此选择了一种戏剧性的姿态："我以世界公民的身份进行创作，不为任何权贵服务。过去，我失去了我的祖国，只为了换取一个广大的世界——这世界我只能借助望远镜一窥究竟。自然因为某种奇特的误会，判罚我这个诗人的灵魂降生在一片没有诗的土地上。对诗的向往侵犯了我就读的学校的法则，违背了其资助者的意愿。我对诗的热爱与军事化纪律纠缠、厮打了八年，但对于诗艺的热情像火一样热烈，就像初恋一般。本该被他们扑灭的东西反而越燃越旺，逃脱了各种使我痛苦不堪的束缚，以未知的方式与现实中禁锢着我的铁条、与人群、与对自由和自我的向往分离，让我的心灵在理想世界纵情遨游。"

有着这样成长经历的人，留下的可能性已经不多了：他要么陷入疯狂，要么在破碎的存在中承认自己错得离谱。或者，他成就一番伟业，而这也正是席勒在表面的谦逊姿态中做出的选择。他所成就的伟业与他所付出的努力相比，既不协调也不相称，带着来自过去的先天缺陷："我们对人类和人类命运无从知晓，因此，我的笔只能落在天使和魔鬼之间，却找不到二者之间的平衡；只能带来惊恐，无法为世界带来幸福。我只希望它能不朽，好让新生成为永恒，让教条的规矩和天才之间的反自然结合得以存在。我说的正是《强盗》……"《强盗》的成功是席勒事先并未预料到的，却让他名声大振，同时也让他与一切熟悉的关系决裂了，被家乡驱逐。他一直承受着这些："《强盗》夺走了我的家人和祖国。在这段时间里，大众的名言让我们的自我摇摆不定，青年人的热血因为喝彩、友善和热烈的目光而洋溢着生机，未来的伟人在蜂拥而来的阿谀奉承中一雪前耻，灵魂却被搅扰得疲惫不堪，神圣的身后之名也已经在美好的黄昏中迫近——当时他还沉浸在第一次极具诱惑的赞颂声中。这意料之外且受之有愧的称颂来自遥远的外乡，因为在我的出生地，人们迫于公爵的压力而禁止我写作。我的决心显而易见，我隐瞒了剩下的东西……"过去的成就毕竟影响有限，即便是《强盗》的成功，也并非"不可磨灭"。席勒在其他场合也注意到了其中的讽刺意味，作为作家，他必须敢于重新开始："现在，我与所有人都疏远了。公众就是我的一切，我的事业，我的君主，我的知己。我现在只属于他们。除了他们，我不必面对任何法庭的审判。我唯一敬畏和爱戴的，只有他们。在我的想象中，有一些伟大的东西控制了我。除了世俗的格言，我不再背负任何枷锁；除了人性的灵魂，我不需要唤醒任何王座。"

席勒此时脑中还想着鲍尔巴赫那令人渴望的田园生活，却感受到了债主们越来越紧的"包围"。这时，他收到了一份来自莱比锡的邀请，邀请人是他不认识的仰慕者——教会监理会成员克尔纳和他的朋友胡伯特。席勒意识到，在鲍尔巴赫之后，他又有了一个具有启发性的新逃亡地。他相信自己的命运从此将友好待他。于是，他同意了："人群、关系、尘世的王国和天国，都令我厌恶……我的灵魂渴求新的滋养，渴望结识更优秀的人，期待友谊、归属感和爱……在您那里，我之前拥有过的都会一而再、再而三地失而复得，甚至变得比那一切更多。我最好的朋友啊，我会幸福起来的。我还从未……"事实上，席勒在莱比锡和德累斯顿确实度过了一段幸福的时光。克尔纳和胡伯特分别与朵拉和米娜·施托克（"很有魅力的姐妹俩"）订了婚，将他们的热情都放在竭力让席勒过得舒心上。当席勒的债主再次出现时，他们帮助席勒解除了经济危机，同时又小心地维护了他的尊严。席勒觉得自己"仿佛到了天堂"，他制订了一系列计划："我的心温暖起来。这不是幻想，而是深思熟虑后的坚定信念，我在时代的光明前景中看到了这一点。带着不但未被消除，反而愈加浓烈的羞耻感，我回顾了过去那些因为我的浪费而虚掷的光阴……一半是被我所接受的毫无理智的教育和命运的戏弄糟蹋了，另一半更多的是被我自己毁掉了。我深深地意识到了这一点，我的情感在燃烧、发酵，这让我的头脑和心灵一致得出了一个非凡的誓愿——弥补昔日的遗憾，开始向着高贵的最高目标全力奔跑……"最能表现席勒这段幸福时光的作品，是他在此期间创作的著名颂歌《欢乐颂》。他在德累斯顿待了一年半，在那里完成了戏剧《唐·卡洛斯》，此后，那种熟悉的不安又缠上了他。席勒无法忍受自己的朋友们了；带着越来越糟的心情，他将萨克森人描述为"肤浅愚蠢的、令人无法忍受的民族，和他们在一起，没有人会过得幸福"。1787年夏天，他到魏玛旅行，终于来到了对他一生产生决定性影响的一站。一开始，他有些失望，因为席勒本来暗自希望能得到著名的德语诗人歌德的提携，却发现歌德此时旅行去了。他再一次与自己为伴，但这次，他却想做出最好的东西来。这仅仅涉及工作，他做好向他人学习的准备，但并没有贬低自己的成就："为了成为我应该并且有能力成为的样子，我要更好地向自己学习思考，停止在想象中贬低自己。"这也是一个经济问题："我必须依靠写作为生，把注意力放到写作带来的收益上。"爱情这时也起了一定作用，克制了他的不安。他认识了卡洛琳和夏洛特·冯·伦格菲尔德，并且非常喜欢姐妹两人。姐姐卡洛琳比妹妹夏洛特要漂亮一些，也更有魅力。实际上，席勒希望能同时与两人结婚，但这显然不可能。于是，经过再三考虑，他选择了夏洛特。出于艺术家普遍以自我为中心的思想，他对夏洛特有着这样的期待："我必须拥有一个以我为中心的造物，属于我，能讨我欢心，不让我对她的存在感到厌烦……我需要一个媒介，好享受其他欢愉。友爱、品味、真理和美好会对我大有裨益，一种无法打破的细腻、健康、温馨的有序情感会让我赞同欢乐，再次温暖我冷硬的生命。"

在这段时间内，席勒还以历史学家的身份做了一些工作。他写出了一部内容翔实的《尼德兰独立史》。这部作品同样获得了成功，因为剧作家席勒向历史学家席勒传授了一些基本概念：他笔下的历史更像是"世界史"，没有隐没在边缘的野史中，而是遵循着影响历史进展的理念进行叙述。在歌德的引荐下，席勒在耶拿大学得到了一个教职。他立刻答应下来，没有意识到教学工作是无偿的，而且还会产生相当多的额外开销。"这个教职应该见鬼去。"席勒在给克尔纳的信中诅咒道，但同时他也明白，自己无法立刻甩掉这份已经应承下来的责任。此时，他已经见过了歌德，会面不怎么愉快，两位诗人没有什么话要说。席勒觉得这位著名的同事骄傲而冷漠："要是让我经常和歌德打交道，我是不会开心的。"他这样写道，还恼怒地补充道："实际上，我相信，他是一个难以超越的利己主义者……众所周知，他生活优渥，但就像神一样，从不施舍他人——这一点在我看来，就是一种出于自恋，时刻算计最高级享乐的处事方式……他在我心中激起了一种奇特的感情，我对他的欣赏与厌恶交织在一起……"他和幸运儿歌德无法相比："他的天才就这样轻易地被命运接受了，而我却要一直抗争到这一刻！我再也不能补上那些失而复得的东西了……过了三十岁，人就再也无法重塑自己了……"

　　然而接下来，意料之外的事情发生了：两位诗人成了朋友。1794年7月，他们偶然交谈起来，话题是自然的现象和形式。两人第一次发现了彼此思想上的共鸣。这一精神上的相通虽然来得晚，但好在不算太晚，此时，席勒已做好了准备：他对许多事情的看法更清晰了，对自己的认识也更明确了。在给歌德的信中，他写道："因为我思想的范围更狭小，所以我可以更快、更频繁地循环思考，同样也能更好地利用我微薄的现金，内容所缺少的多样性也可以通过形式的变换来补充。您致力于将您庞大的理想世界变得简单，而我则在想方设法让我不多的拥有变得多样。您有一个王国要统治，而我只有一些数量可观的概念构成的家庭，我在努力将这些概念扩展成一个小小的世界。"对席勒而言，与歌德的友谊意味着他渴望已久的命运的友好转折：他现在幻想着，命运终于揭开了幸福的一页，于是换了个地方重新开始。1799年，他放弃了在耶拿的住处，举家迁往魏玛。

　　席勒在他生命最后的十年里，创作力尤其旺盛，写出了他最著名的几部戏剧（《瓦伦斯坦》《奥尔良的姑娘》《玛丽亚·斯图亚特》《威廉·退尔》），他在《审美教育书简》中将哲学和诗学进行了和谐的相互补充，提出了至今仍有思考价值的美学理论。他所崇拜的哲学家康德将义务和兴趣之间的矛盾当作人类实用世界观的基础，而席勒消解了二者的冲突。他引入了第三个概念，即"游戏天赋"，它存在于真正的（富于奉献的）与美的对话中："面对舒适、善良、完美，人们只会变得严肃，而他们可以与美游戏……终于得以一吐为快，因为人只有在他可以完全回归'人'这个词的意义时才可以游戏；而人也只有在游戏时，才是完整的人。"

席勒在哲学和诗歌的抉择中，选择了诗歌："在诗歌里，一切都明媚开朗，生机勃勃，一切矛盾都得以和谐解决，充满人性的真实；而这里，"即在哲学中，"一切都有板有眼，一成不变，高度抽象，又极不自然……由此可见，诗人是唯一真实的人，即便是最优秀的哲学家，也不过是一幅与人性相悖的讽刺漫画。"这话言过其实了（许多哲学家早已证明了自己是更好的诗人），但这符合席勒的认识兴趣，也终于将他引入了更高的境界。"不要对美发脾气，认为它华而不实，"他写道，"让它成为幸运，那么你看着它，你就是幸运的……"他已经意识到自己作为诗人的生命即将走到尽头，尘世的死亡浮现在他眼前，成为一幅空前轻盈、升入永恒的剧终定格画面："想想……那些享乐，我亲爱的朋友。在充满诗意的描绘中，所有易逝的生命都熄灭了，纯粹的光、纯粹的自由、纯粹的能力——没有阴影、没有界限，一切的一切都消失了……"普遍性将独特性纳入自身，天堂无尽的空间在尘世铺展开来，而人在其中——"逃亡"，"从感官的界限/进入思想的自由"——在他注定的那一天（"崭新的，未曾居住过的悬浮的快乐"）离开。这是一种经典的设想。不需要个人对上帝的信仰，也可以保持虔诚和骄傲——这也是歌德和席勒共同的信念。

他们在语言和诗歌中跟从着一种固有"节奏"："它成就了……伟大和价值，所有的角色和场景都遵循同一法则，尽管它们各有不同，却以同一种形式表现出来，这迫使诗人和他的读者面对这种典型的不同也抱有普遍的纯粹人性。一切都应该在诗歌的性别概念中得到净化，而节奏对这一法则来说，既是如实反映，也是实现的工具，因为它在自己的法则作用下理解一切，用这种方式为诗意的创造营造氛围，粗野的事物被舍弃了，只有精神的财富可以被这些纤细的元素承载。"

席勒一直没有完全康复，在生命的最后，他对自己抱有太高的期待：他想要的是"工作，只有工作"。一旦产生某个想法，他就算付出让自己精疲力竭的代价，也要拼命一搏。歌德这样描述席勒的工作方式："席勒说，人必须能够实现他想要做的一切，而他正是这样做的。我给您举个例子：席勒给自己制订了创作《威廉·退尔》的计划。于是，他首先在自己房间的所有墙壁上贴满了他能找到的一切关于瑞士的详细地图。然后，他阅读了大量瑞士旅行手册，直到他对瑞士起义中各个地方大大小小的道路都了解得一清二楚。另外，他还研究了瑞士的历史。在他将所有材料都整理到一起后，他才开始工作。毫不夸张地说，不等《威廉·退尔》写完，他不会离开座位半步。感到疲倦时，他就把头枕在胳膊上，小睡片刻。一旦醒来，他从不会像传言中说的那样喝香槟，而是让人端来极浓的黑咖啡，好让自己保持清醒。就这样，只花了六周时间，他就写完了《威廉·退尔》，而且非常完美，如同一气呵成。"

席勒作为诗人所引起的争议远比歌德要大。他的批评者主要抨击他浮夸而激昂的语言，而他的追随者认为他相信人性，是宣扬真善美的戏剧大师。歌德和席勒作为独立艺术家，艰难地撑起了德国古典文学，因为这一纲领既缺乏从外界来的清新之风，也缺乏有能力的接班人。让席勒真实可信的，是他过去经历中诗歌创作和医学实践的并行："总是争取整体，那么你自己无法成为整体，/因为活动的各个肢体连接着一个整体的你！……想要认识自己，那就看看别人是怎样的，/想要理解他人，就看看自己的心灵。"尽管他一生都没有放弃对崇高的追求，但他那来自不幸教育的现实感官依然保留着。他对"人性的尊严"，这一时至今日依然被当作最高善良的关键词有着如下注解："别再要求更多了，我请求你们。给它吃食，给它住所；/将裸露的地方遮盖起来，尊严便会自己实现。"

在冬日的暖炉边

费希特：现实的根源

　　德国唯心主义哲学，从下面仰望，是一座带着神秘气息的思想高山。在攀登过程中，我们会一再看到那些引人注意的风光，同时也常常会被康德、黑格尔、谢林和费希特这些名字吸引。康德被认为是创始人，但他实际上什么也没有创立，只是想给这种哲学理出头绪；黑格尔跳过了对安全的怀疑，全盘相信了这种哲学——主要是他个人的哲学思想；谢林是一位天才，一开始遥遥领先，却被起步晚于他的青年时期的朋友黑格尔超越了——当然他从不承认这一点，他虽然比自己的同事活得久一些，却再也未创造出能够超越早年取得的声名的成就来。在他们当中，约翰·戈特利布·费希特渐渐吸引了大家的注意力，他也许是德国唯心主义哲学中最独特的一位思想家，然而事实证明，他死板、不知变通，人们在生活中很难与他打交道，这却为他稍显仓促的哲学思想提供了更多的回旋空间。

　　费希特是在1790年转向哲学研究的，当时，他的个人情况变得很糟糕：他那时在莱比锡任家庭教师，几乎丧失了经济能力。在这种不幸的情境下，有个学生找到了他，请他为自己讲解康德哲学。

费希特答应下来，因为棘手的经济状况让他别无选择。此前他还从未读过康德的任何一行文字——尽管这位柯尼斯堡的哲学家已经被认为是当时最伟大的哲学家了。费希特迅速沉浸在康德的文章中。对他来说，康德的作品就像"一部启示录"："我在其中发现了一种能够充实头脑与心灵的事业，我狂热的宣讲渴望沉默了：那是我所经历过的最幸福的一段时间。尽管日复一日为挣面包受窘，然而我当时也许是全世界最幸福的人之一了。"

费希特在华沙没能顺利得到家庭教师的职位，但在归途中，他在柯尼斯堡停下了。他决定去拜访自己十分尊敬的康德，而后者对费希特的拜访却表现得相当冷淡。这位柯尼斯堡的哲学家已经不再是年轻人了，他几乎已经完成了自己毕生的事业，却被各种因上了年纪而带来的不如意搞得心烦意乱。费希特将自己的处女作《试评一切天启》寄给了康德，康德对这部作品大为惊讶，并且给予了高度评价，还邀请费希特共进午餐。桌上的谈话在友好的气氛中进行，费希特原本应该满意了。但是第二天，老问题又出现了：他必须确定自己再次破产了。在绝望的驱使下，费希特做出了一个有些冒失的决定，他给康德写了一封信，说明了自己接下来的计划，恳求他借钱给自己："最尊敬的教授先生！……我还有两枚杜卡特，而这些也不是我的，因为我要用它们支付房租这类开销。也就是说，我已经走投无路了，除非有哪个陌生人会在我算好的时间前……垫付我归程的花费。除了您，慷慨的先生，我不知道还能向谁恳请这笔钱，同时不必害怕遭到当面的嘲笑。"

这位先生尽管十分慷慨，还是没有应允费希特的无理要求。不过他解释说，自己已经决定要为费希特的处女作尽一份力，因为他认为此书有出版价值。在康德的引荐下，《试评一切天启》被移交给了柯尼斯堡的出版商哈通。哈通在发过牢骚后，甚至愿意在拿到书稿后直接支付报酬。1792年复活节展会期间，费希特的处女作出版了，而对此感兴趣的人将此书看作期待已久的康德对宗教哲学的批判文章。耶拿出版的《文学汇报》在1792年6月30日的《知识界特刊》中写道："在此，有必要向公众介绍一部从各个方面来看都极其重要的作品。它在这次复活节展会上首次亮相，题目是'试评一切天启'，由柯尼斯堡的哈通出版。柯尼斯堡的哲学家围绕人性做出了不朽的贡献，就算只读了其中的一小部分，我们也能立刻认出这部作品背后那位崇高的作者。"

柯尼斯堡的哲学家，是某一部但绝不是这部作品背后崇高的作者，他认为有必要做出澄清："《试评一切天启》的作者，是一位几年前短暂访问过柯尼斯堡的人，原籍卢萨蒂亚……神学院的考生费希特先生……我丝毫没有参与过这位才华横溢的先生的工作，无论是书面还是口头……因此，我认为自己必须将他应得的荣誉完完整整地还给他。伊曼努尔·康德。"

这则声明让费希特毫无争议地跻身著名作家之列，这一过程近乎传奇，缓解了之前费希特的窘迫。他现在可以考虑发展出一套（超越康德的）自己的哲学了。根据他的孙子爱德华·费希特的回忆，促使费希特最终下定决心的时刻，是在1793年11月的某一天：

"有……一件事被提到了，他后来在朋友圈子中说，他当时对哲学的最高原则反复思考了很久，当他站在冬日的暖炉边时，却如醍醐灌顶，突然被一个想法攫住了：只有自我这一纯粹的主体客观性概念，才能成为最高原则。"

费希特认为自己发现了哲学的基本原则，它存在于自我中，康德虽然在一定范围内承认了自决的作用，但这一点完全无法与被一笔带过的认识要求达成一致。费希特没有佯装谦虚，他直接将主体的认识要求转移到了客体上，因为他相信，在自我中始终进行着无限丰富的反映活动，正是这种活动让认识成为可能。这种活动的神秘作用被费希特称为"设定"，它被普通的认识活动阻止，仅仅表现为"理智的见解"，即在自我基础上的意识的本质说。费希特坚持他对于自我的论断毫不妥协，同时也在这种对于创造认识的赤诚和个人知识的矛盾中，发现了哲学的问题在于，它必须能够指导真实世界，即为普通人描述纯粹且必然会发生的现实。费希特解决了这个问题，他在原则上为自我和非我划清了界限，即非我依赖于一开始对自由的限制，那种无穷无尽的活动突然间遇到了来自现实的阻力："一切现实的基础是自我和非我的相互作用或融合。如果非我与自我的活动无关，那么非我就是非现实的……自我是第一性的，非我是第二性的，因此，我们可以独立考虑自我，但不能独立考虑非我。"

费希特在论述中显示出了成熟的技巧，他用看起来通俗易懂的概念筑起了一种复杂的思想，这种思想与事物之间的辩证关系十分新颖。但他选择的术语也很容易让人产生误解，为自己的纲领招来了一些很有分量的嘲讽者。首先就是歌德，他在读过费希特的文章《知识论概念》后，私下里和哲学家雅各比交流道："你这个亲爱的非我，想要偶尔和我的自我聊一聊你的想法吗？祝生活愉快，顺便向你身边所有善良友好的非我们致以问候。"

歌德并不认同抽象的反映论，他后来对费希特更是表现出了讽刺的态度。1794年，费希特踏入了歌德的直接影响范围，成为耶拿大学的教授。在接下来的几年中，费希特声名鹊起，大家都在讨论他的知识论，却连这种理论的一半都理解不了。有一段时间，费希特被认为是流行哲学家的领军人物，接着就慢慢走了下坡路。他与同事（主要是学生社团）冲突不断，强烈批判他们"放纵的行为"，因为总有人在晚上砸他的窗户。费希特在向国务部长歌德申诉时，后者告诉他："那么，您看到了完全的自我陷入了尴尬境地，显然麻烦来自那些非我，有人扔了它们——当然是很不礼貌的，于是它们穿过玻璃窗飞了进去。自我在这件事中，就像一切事物的造物主和保护者，正如神学家告诉我们的，他还没能完成他的造物。"

费希特似乎不适合教学事务，他发现自己很容易误会别人，动辄小题大做，像大部分自修者一样，有一种过于突出的自我价值感。在他之后生命的每一站（主要是埃尔兰根、柯尼斯堡和柏林），费希特都会发现，他的批评家们一次次指出，这位哲学家身上有着一种"不可消除的令人讨厌的本性"。1811年，费希特被任命为新成立的柏林大学的校长。那时拿破仑正活跃在历史舞台上，既扮演着暴君，又扮演着自由的代言人，那是一个政治观点鲜明的时期。费希特深入思考了"封闭的商业国家"的可行性，并发表了《对德意志民族的演讲》（1808年）。这部作品既清楚明了又容易让人误解，以至于后来的纳粹也援引此书的观点作为依据。

总的来说，费希特的哲学并不像人们认为的那样古怪。直到今天，它还在为我们提供无条件的自决实现的契机，如何在依赖增长的基础上获得个人意识。费希特将哲学以模范的方式和它的主体，即具有反映作用的自我联系在一起。费希特最著名的句子揭示了它们之间的联系，直到今天还是一句格言，这一点也不奇怪："一个人会选择怎样的哲学，取决于他是怎样的人。因为哲学体系并不是一笔僵死的财产，任凭人丢弃或接受，尽管我们通常喜欢这样认为。拥有某种哲学体系的人，会以自己的灵魂赋予它生命。"

阿尔卑斯山的精神

黑格尔：攀登哲学之路

四周静谧，我心中安宁。忙碌的人们

那永不疲倦的忧心睡去了。他们赐予我闲暇

和逸致。感谢你，给我自由的女神，

啊，黑夜！——白色的雾，面纱一般，

笼着月亮，月色罩在远山

那模糊的轮廓上。湖水的波纹

友善地眨着眼。

白天那些无聊的喧闹被记忆抹去，

恍若相隔数年。

你的容貌，我的爱人，浮现在我眼前，

还有那往昔的欢愉……

——《厄琉息斯：致荷尔德林》

看上去，这像是一位诗人写给另一位诗人的诗，对方我们也许认识：弗里德里希·荷尔德林。写下这首诗的诗人，在其中描绘了古希腊的厄琉息斯，这个与厄琉息斯秘仪有关的传奇性小城。然而，这首诗的作者并非诗人，而是一位未来的哲学家——格奥尔格·威廉·弗里德里希·黑格尔。让我们首先记下1796年这个年份。那时，黑格尔在伯尔尼的一处庄园任家庭教师，为丘格地区富有的伯尔尼贵族卡尔·弗里德里希·施泰格的儿子上课。一般来讲，当时主人对家庭教师的态度都是傲慢而不友好的。施泰格对黑格尔的工作非常满意，但对黑格尔的态度甚至有可能比其他人更加傲慢，因为自从他试着竞选伯尔尼市议员失败后，他一直心情不好。丘格庄园位于瑞士汝拉州的纳沙泰尔和比尔湖之间，但那田园诗般的氛围显得异常冷漠，这位家庭教师不得不控制住自己的脾气，这让他感到有些困难。

黑格尔将这首诗献给他的朋友荷尔德林，后者此时正在美因河畔的法兰克福担任家庭教师——正如我们所知，当时许多知识分子都会选择家庭教师这个职业，把它当作最终成为诗人和思想家的必要练习。因为家庭教师这份工作能帮助他们度过这段艰难时期——经济条件还不足以允许他们仅靠自己的诗作和思想生活的时期。荷尔德林和黑格尔当年都在著名的图宾根神学院学习，因为共同的学业相识。荷尔德林似乎比黑格尔要幸运一些，他在法兰克福的商人贡塔尔德家中任职，深深地爱上了女主人苏赛特·贡塔尔德，并在短暂考虑后，认定她就是自己的生命之泉，是自己伟大的爱人。后来——这当然是另一个故事了——他这段爱情无疾而终，而他本人也无法再按照理智和现实的要求生活。

黑格尔对德国的思乡之情越来越浓，德国对他来说，再也不仅仅是一片土地，而是他朋友的家园。一开始，荷尔德林为他描画了在法兰克福担任家庭教师的模糊前景，细节还有待明确，而最后也没有给出肯定的表示。于是，黑格尔必须自己先赶过去，被自己内心的声音驱使，将至今不多的成就以某种方式展现出来，如果可能，从中得出能够指明方向的新结论。这就必须回溯他个人的经历了。

黑格尔的祖先来自施蒂利亚州和克恩滕州。祖辈中的约翰内斯·黑格尔喜好闲谈政治与豪饮，后来做了大博特瓦尔的市长，将喝酒的爱好带到了那里，于是大博特瓦尔至今仍保留着宴饮的风俗。黑格尔家族的成员稳重成熟，家里出过牧师、书记员和律师。整个家族分支众多，家底殷实，没出过天才，至少没有人表现出来过。黑格尔的祖父正是如此，他在黑森州的阿尔滕斯泰希任公务员。黑格尔的父亲格奥尔格·路德维希·黑格尔也是这样，他担任税务办公室的秘书，于1769年9月末迎娶了一位年轻的女士，她叫玛利亚·玛格达蕾娜·弗洛姆，这是个很有宗教指向性的名字[1]。1770年8月27日，格奥尔格·威廉·弗里德里希·黑格尔在斯图加特降生，延续了家族的传统：他也表现得正直可靠，丝毫没有显现出自己的天才。没错，他付出了很大的努力才发现自己的才能。但当他发现

1　"Maria Magdalena Fromme"这个名字中，"Maria"是基督教中圣母的名字"玛利亚"，"Magdalena"是传说中被耶稣拯救的女基督徒的名字，常被译作"抹大拉的玛丽亚"，而fromme在德语中是"虔诚"的意思。——译者注

后，便紧紧抓住它，将它运用在了工作中。他相信，伟大的理念只需要轻轻一点就能产生，但必须一直得到精心呵护和维护。即使在哲学的思想领域，信任是好的，而更好的是能有所控制。在哲学领域，黑格尔从处理外务的小吏升为监事会主席，只在最必要的问题上做出了改变，不容更改的地方他都尽力保留。他的历史开始时带着施瓦本特色，后来却显出了德意志的特点——二者如果交换，就绝不会是这样的结果了。黑格尔呈现给世人的是一种思考的实例，超越了我们浅薄的头脑所能触到的边界；在那边界之外，要么是上帝在说话，要么是疯子，要么空无一物，要么就只能是哲学家黑格尔留下的精神财富。他很早就开始了自己的工作，默默无闻，带着责任感，却不盲目。他不想再玩"我看得到你看不到的东西"那老一套的哲学把戏，所有人都应该看到他能看到的东西。因此，他迈过了恐惧，咽下了怀疑，拿出了忘我的状态。

根据所有认识他的人说，黑格尔是个勤奋的学生，不投机取巧，乐于助人，勤勉努力，从不违反规矩。从小时候起，他差不多就是这样，聪明懂事，有时甚至有些死板。在后来的传记作者们眼中，黑格尔的父亲似乎是这样评价自己的长子的，这孩子很早就被规训成了正派体面、大有可为的社会成员，这一点连家庭教师都在时不时地为他考虑。黑格尔的童年时代几乎没有任何问题，这有积极的一面。因为恰好是孩子，当世界圆满的整体和自我产生明显冲突时，他直接承受着这些痛苦。黑格尔不愿在概念上纠缠，他一生都在防止自己的哲学陷入概念之争。这也许是因为，他害怕丧失早期形成的包容而和谐的完美世界观。这种世界观一旦被打破，他心灵深处的绝望和内心的撕裂感就会越来越强烈。

在伯尔尼，黑格尔不由得认为自己属于"后来者"之列。这种感受让他花费更多时间去做一切事情，他的低效背后似乎有某种系统性的理由。人们通常会认为，这样的人做事会非常踏实，但很少有天才性的创造。天才的创造属于另一种人，属于神童，对他们来说只是灵光一闪，而对其他天赋欠佳的人来说显然困难重重。后来者黑格尔被他的批评家们看作工匠而非艺术家，尽管如此，人们却并未因此而轻视他。他通过旷日持久的工作换来的成果，仍然是非常伟大的，并且最终获得了完善的成就，这可以说是另一种形式的天才了。在图宾根读书期间，黑格尔也很少因为伟大的学术成就而引人注意，他更被人称道的是坚韧不拔的毅力和爱好交际的性格，这让他在同学中很受欢迎。据说他酒量很大，另外，他令人捉摸不透的幽默感也很为人欣赏。黑格尔早期的传记作者之一，哲学家卡尔·罗森克兰茨在1844年写道："当时，人们在他身上没有发现任何特别的智慧。他青年时期在施瓦本认识的人都很惊讶，他后来竟然取得了那样大的名声。人们总说：我们从没想到这是黑格尔！——黑格尔保留了学院的骑士传统技艺。有时他会去骑马。他喝起酒来……特别凶，尤其是在1790年的夏天。他开始……击剑，不久后又放弃了。外表方面……他不太在意着装。因此，尽管他很喜欢与年轻的女士们交往，而且因为良好的教养与活泼的性格，和她们相处得不错，但很少能成功……开始时，黑格尔会和女士们玩一种惩罚游戏，这时，他总能从她们可爱的小嘴那儿得到一个小小的吻。所有这些事情加起来，给了他一副闷闷不乐、反应迟缓的外表，让他看起来比实际要成熟。因此他在神学院得到了这个外号：老人家，或者更直白——老头。"

黑格尔的朋友们很担忧他在图宾根的创造力，其中有已经提到的荷尔德林，以及后来的哲学家弗里德里希·威廉·约瑟夫·谢林。谢林被认为是几乎不会变老的神童，拥有无尽的天赋。当好几位同学都登上了当时哲学的高峰时，黑格尔仍然在小心观望。他更喜欢旁听大家的讨论，不愿自己发表观点。同时，他也很钦佩那些意见领袖的博闻强识。

结束了为期两年的学业后，黑格尔在1790年拿到了哲学硕士学位。三年后，他完成了自己的神学监理会考试，这让他有资格申请教会的职位，然而他退缩了。黑格尔得到的毕业证虽然完全符合他在图宾根表现出的恰到好处的平平无奇，但比他的另一位传记作家鲁道夫·海姆所认定的要好得多。海姆写道："他的老师们认为，他很有天分，但付出的努力和学到的知识一般，是个糟糕的演讲者，而在哲学上则完全是个白痴……"

1793年秋天，黑格尔得到了在伯尔尼的家庭教师职位。他别无选择，必须拿出最好的状态来。黑格尔努力了：他是一位合格的老师，只是很难投入激情。他的工作环境也无法让他内心的热情得到释放。能让他感到宁静的快乐的，并不是他的学生——那两个施泰格家的乖巧男孩，而是主人家馆藏丰富的图书馆。教学时间结束后，他可以在那里进行私人的研究。于是，黑格尔成了一名读者，仅从书本上就学到了一门知识。尽管不够系统，他从中得到的却远比家庭教师这一职位能提供的更多。1795 年 8 月末，黑格尔在给谢林的信中写道："我只是一名学徒……我的工作不值一提，也许我稍后会把我打算制定的大纲寄给你……祝你生活愉快，请尽快给我回信！你不会相信，我有多么期待能时不时在我的孤独境况中听到你或其他朋友的消息。"这位小学徒正孤独地走在通往哲学的道路上——黑格尔完全有理由这样描述自己的状态。一方面，他的确与世隔绝，与熟悉的讨论圈子切断了联系，只能依靠书信和他人交流思想；另一方面，他带着初学者的热情和信心，尝试了成千上万次，这虽然值得称赞，但与他过去同学们的成就和广为流传的好消息相比，却不值一提。

1796 年夏天，黑格尔和其他三个萨克森的家庭教师一起，进行了一次十四天的穿越伯尔尼境内东阿尔卑斯山的徒步旅行。对他的同行者来说，这次徒步是一次饱览沿途难忘风光的旅行，但在黑格尔，却是拘于礼节，必须强迫自己参加。他对自然缺乏兴趣，尽管对自然的迷醉在那段时间越来越流行，他却无法从中获得乐趣。不过他写了一本旅行日记，记录下了自己的想法。黑格尔努力拿出热情来，却并没有成功。他还没有注意到，他内心一直萦绕着的矛盾想法已经开始酝酿一场无声的认识活动了。他从中受到启发，产生了一个想法，虽然只是暂时的，却极有说服力，以至于这后来成了他哲学思想的推动力量。

四位年轻人的徒步旅行开始于图恩湖，取道格林德瓦方向。黑格尔身处群山之中，在7月25日写道："从这里开始，自然向居住在平原的人们提供了一片完全不同的景色。他会发现自己始终处在高耸的、半绿的山间，雪山的尖顶在远处依稀可辨。峡谷相当狭窄，却生长着厚厚的草，还有数不清的果树、胡桃树和樱桃树，总是显露出清凉幽静的乡间风光。从峡谷中狭窄的地方穿过群山望去，一切遥远的景色都让人沉醉，但其中也有一些逼仄而令人毛骨悚然的地方。他会渴望宽敞、开阔，目光不住地被岩石阻挡。"

冰川也不能给黑格尔留下深刻印象："我们看到了……这些冰川，其实只走了不过半小时的路，它看起来没什么特别有趣的地方。只能说，这是一种新的景观，但就精神层面来说，除了在这炎炎夏日突然发现自己站在一大堆冰中间，完全没什么新意。这些冰位于深谷中，就算这地方能让樱桃、胡桃和谷物成熟，却只能让这些冰块以根本无法觉察到的速度消融。越往下的冰越脏，有的地方甚至完全被淤泥覆盖。如果有人见过一条宽宽的、坑坑洼洼的向下延伸的路，上面的雪刚开始融化，那么他就能对冰川下半部分的样子有一个相当清晰的概念了，同时他也会承认，这景色既不壮丽也不迷人……"

黑格尔没有做出更多解释，就选择了"精神"作为自己哲学的关键概念。精神需要工作，它始终在运动中，想要将这种运动的特性实体化。而山中的世界对此完全不合适：石质的群山矗立在那里，粗笨而沉重，遮蔽了天空，也遮住了精神的天空；精神只有在广阔无垠的空间中才能得到休息。漫游者黑格尔的理智渐渐明晰，如果他想要保持精神的生命力和创造力，就必须让精神摆脱自然的束缚。因为精神和自然作为造物的基础要素，并非总是在人身上配合完美。这就像某种形式的雌雄同体，其创造性和同步增长的思考能力也要相互协调。他认为自己有充分的理由在自决中更仔细地考虑各种要素。黑格尔选择了精神，放弃了自然。做出这一决定很迅速，因为这符合黑格尔本人的天性。现实挣脱了那些对它来说显得苛刻的概念。这些概念不难理解，却很难解释。深究起来，每一个概念对于它所应该概括的东西来说，显得过于狭隘——现实和客观存在总会溢出描述它们的概念。黑格尔却没有准备好得出这样的结论。他只命中了精神的一面，而且得出的结论似乎不可动摇：对精神来说，自然只是一种过渡阶段；在自然中，精神存在于自身之外，同时又必须找回自己。

徒步结束时，黑格尔很高兴。这次历时长久的山间旅行带给他的，除了脚底那许多水泡外，更重要的是一种认识：这一点他之前就知道了，而他过去不知道但现在知道了的，是他宝贵的精神，这精神需要自由，好让它飞越群山和一切其他阻碍。是的，精神就是这种自由本身，它需要忙碌和活动，这些都是他在山壁上找不到的。在山间漫游的黑格尔理解了群山告诉他的讯息，但他必须坚定地予以反驳。如果这种权利没能得到满足，那么我们必须争取它："无论是眼睛还是想象力，都无法在这堆不像样的石头中找到一丁点儿的安宁和喜悦，也找不到这种活动或者说游戏所能带来的乐趣。只有矿物学家能在这里找到研究山脉地质变化的素材，由此大胆提出证据尚不充分的推断。理智在这种山间漫步所产生的思想中，或者说在人们赋予这种思想的崇高品质中，找不到任何能给它留下深刻印象的东西，找不到任何令它惊讶不已、不得不肃然起敬的对象。注视着这些永远僵死的石头，我只有一种单调、无聊的想法：不过如此。"

这种"不过如此"的想法，成了概括黑格尔哲学的典型句子，因为它同时具有消极和积极的两面性。一方面，不过如此——黑格尔的哲学承认，老黑格尔再也不愿相信还有任何上升空间了；另一方面，不过如此——只要黑格尔的哲学还坚持精神的生命力，它就不可能也不允许自己满足于此。因为精神走下了天堂，在乏味而笨拙的自然中迷了路。因此，精神匆忙抛下了自然，只有在思想中，才终于成为自己。

后来，黑格尔终于在哲学中找到栖身之所，这时他对哲学给予了很高的（其实是过高的）期待，指望它能解决一切问题。他将哲学的认识要求扩展到了另一个领域，就连著名的先驱康德也对此有所保留——黑格尔把未经思想反映的真实现实也纳入了考虑范围。于是，他大胆得出了相反的结论：现实就是思想，至少思想发现了现实的本质。没有了思想，现实即使存在，也无法被人了解，因而也就无关紧要。只有被精神的力量贯穿始终的现实，才是真实合理的现实。在黑格尔成为后来的自己之前，他一定在自我放逐中找到了自己。这次放逐就发生在伯尔尼境内的阿尔卑斯山中，在他发现了"僵死的群山"那粗笨的不足之处，由此他更愿意坚信精神的力量。黑格尔在自己的成长和成熟经历中，都忠诚地守着一种信念。回顾往事时，这一信念对他来说，就像是对从夜空升起的神秘莫测的自我觉醒的譬喻。这种自我觉醒是任何人都必须经受的考验，无论他是否能称自己为哲学家。黑格尔在给同事温迪施曼的信中写道："您相信您的心绪……被这种工作分担着，在看不到任何坚实的、确定的和安全保障的幽暗区域徐徐向上攀登……每一条小径都在入口处被阻断、岔开，通向不可知的地方……经由个人经验，我了解了被这种情绪，或者更确切地说，被这种理智影响的心情，它曾经在纷乱的现象中用兴趣和预感拖垮了自己，也曾在内心的目标明确时，未能变得清晰，将整体细节化。我带着这种忧郁的情绪度过了好几年痛苦的日子，变得虚弱不堪。也许每个人都会在生命中遇到这样的转折点，这是他生命收缩的自然节点。而当他奋力挤过这段令人窒息的困境，他就会认清自己，站得更稳。"

像是一种机器

达尔文：多样性

哲学的生命力在于，并非只有哲学家才能参与它的一切。世界上存在的问题多种多样，相互紧密地交织在一起，远非哲学家——这些令人尊敬的研究普遍事物领域的专家——所能单独解答的，而长期以来，这些问题又一再地困扰着我们。自然科学的发现迅速增殖，只要有可能，就会丰富哲学思想的内容。对哲学家而言，他们的任务是赶上经验知识的发展高度，同时对我们行为的含义进行检验性的反映。这一方面意味着工作量的加倍，另一方面也意味着与日俱增的责任感，随之而来的还有挑战，即将哲学作为满足批判需求的工具，使它可以真正提供可靠的结论，而不仅仅依赖于推测臆断。哲学已经长期受制于其发展传统，如今在其自由决定和期望的范围内得到了扩展，这赋予了哲学新的机遇，使它可以从来自专业学科的提问和异议中学习。这看起来很实用，因为学习总不会带来伤害——更不会伤害那些在哲学史中仅留下只言片语的哲学家。

学科的分类细化在19世纪逐渐展开。在这一时期，德国唯心主义领域的哲学再次迎来了纯粹理性的狂欢，而这一切很快就被商业上的功利性取代了。对这种唯心主义白日梦的修正主要来自英国。英国一向有着清醒思考的传统，首先应该被提到的是那些自然科学家，他们的研究成果对此前的哲学世界观提出了质疑。其中，生物学家和地质学家查尔斯·达尔文的研究尤其引人注意。他本人无意用一种崭新的常识挑战甚至撼动哲学的根基，让人们再也不相信还存在某种以人类为中心的幻想，而只有急剧幻灭的物种进化现实。人类曾经被认为是上帝以自己为模板创造出来的生命，但依照达尔文同时代的大多数人对他学说的理解，人类实际上更接近猿猴。这一结论令人实在难以接受，所激起的猛烈攻击绝不仅仅来自首先奋起而攻的神学家和保守的哲学家们。然而，达尔文本人并不想以毫无意义的挑衅来引起别人的注意，他其实是一位有着低调质朴生活方式的大师。

达尔文出生于1809年英国中部的什鲁斯伯里地区。早在孩提时代，他就对日常生活中的小事有着偏爱。他的父亲罗伯特·韦林·达尔文是一位仪表堂堂的乡村医生，积累了一笔可观的财富，足以让自己的儿子日后过上衣食无忧的生活。他对自己六个孩子中的老五（查尔斯）怀有殷切的期盼，然而并没有发现他身上有任何特别之处或过人的天赋。这个男孩即使在清醒的时候，看起来也像在梦游。让他感兴趣的是博物学上的发现，他以惊人的热情搜集了许多标本。同时，他对生物学上奇怪的纲目分类有着狂热的癖好，他想知道这些东西分别叫什么、种植时需要注意什么。他甚至还给一些植物取了名字，好将它们纳入那个由他自己管理的小小的财富宇宙中。不过，就是这个看起来一点儿天赋也没有的男孩，当时已经有一些日后迸发出知识光芒的思想火花了。他很小的时候就模模糊糊地觉得，思想在头脑中的流动并不能按照普通的时间单位来衡量——这是一种与当时流行的关于人体内活动的生理学理论背道而驰的大胆猜想。达尔文认为，思想可以自动增殖、自由跳跃，甚至在极端情况下，还可以保持表面上的静止，或者表现出出乎预料的前瞻性。在他死后才出版的自传中，达尔文写道："我的父亲和姐姐告诉我，我小时候特别喜欢长时间独自散步，那时我都在想些什么，我现在已经不得而知了。我常常陷入沉思。有一次，在回学校的路上，我走到了什鲁斯伯里周边的旧时要塞顶上，当时这要塞已经被改造为一条公共道路了，但有一侧没有安装护栏。我就从这条路上摔了下去，虽然高度只有不到2.5米。然而，就在这突如其来而且完全在意料之外的坠落的瞬间，我的脑海里涌入了大量惊人的想法。因而我认为，这与生理学家们所持的认为每种想法的形成都需要一定时间的观点是相悖的……"

　　但查尔斯·达尔文依然是一名普通学生。他花在自然科学上的时间比花在古代语言或诗歌上的时间要多——至少后来的事实证明的确如此。他的父亲最终认同了他的想法，带他离开了学校。但他父亲笃信这样一个道理：就算不是好学生，至少也要坚持学习。因此，父亲将儿子送进了爱丁堡大学，好让他遵从家庭传统，成为一名医生。然而，时年十八岁的达尔文并不喜欢读书，一堂堂课让他困倦不已，只有在按照预约去各所不同医院观摩考察时，他才变得活跃。因为他发现，在医学案例的背后，隐藏着人类的命运，这比课本上的文章和专业研究更让他感兴趣。父亲注意到，儿子显然不具备医生这一职业所要求的坚毅品质，这让他很不满。而查尔斯暗地里揣测，自己的父亲作为一位富有的乡村医生，一定会给孩子们留下足够的财产，自己即使无法顺利完成学业，也可以过上衣食无忧的生活。当然，此时他已经衣食无忧了：在完成作为学生最必要的功课后，他就可以专心于自己的业余活动了，而这其中最重要的就是狩猎。

　　查尔斯最喜欢到田园风光秀美的梅尔度假，那是一栋乡间别墅，主人是他最爱的叔叔乔斯："我在梅尔度过的日子……非常美好，无论秋季狩猎的结果如何。在那里的生活完全是自由的，那地方很适合散步和骑马，晚上会有许多愉快的娱乐活动，音乐是不可或缺的，而且并不像大多数的大型家庭聚会那样私人化。夏天，所有家庭成员常常会聚在一起，坐在花园前的旧门廊台阶上。湖面上倒映着房子对面那郁郁葱葱的陡坡，水鸟在湖里游来游去，不时有鱼跃出水面。我心中再也找不到比梅尔的傍晚更生动的图画了。我怀着极大的敬爱之心依偎在我叔叔乔斯身边。他是个沉默寡言、内向谦逊的人，甚至会令人恐惧，但他有时会与我坦诚地交谈。他正是那种有着清醒判断力的正直、可靠的人。我相信，在这世界上，没有任何一种力量可以迫使他偏离对自己坚持的判断，哪怕只是几厘米……"

　　达尔文从爱丁堡大学转学到了剑桥大学。他读了四个学期的医学，却无果而终；于是他说服了父亲，让自己读神学试一试。老达尔文想了想，觉得家里出一个神职人员也不错。毕竟，在当时的社会声望方面，神职人员和医生不相上下，而且如此一来，当医学知识力所不及时，儿子仍可以为灵魂的永恒尽一份力。作为一名相对来说经历不怎么愉快的学生——他确实在学业方面运气欠佳——查尔斯要求给自己一些思考的时间。他想要检验自己是否足够忠诚，是否有资格成为上帝在尘世间的可靠仆人。父亲同意了，于是儿子进行了深入学习，获得了现在所说的学士学位。这一学位使他拥有了在英国公立教堂担任神职人员的资格。然而此时的达尔文认为，自己没有从事一份工作的迫切需求，因为在他看来，自己所持有的怀疑完全没有被打消。于是，在父亲的一位朋友——神学和植物学教授亨斯洛的建议下，他开始修生物学的第二学位。亨斯洛非常理解他的这位学生对于收藏标本的热情，那时后者对收集各种各样的甲虫尤其感兴趣。

　　1831年春天，达尔文完成了一次穿越北威尔士的广泛的野外植物考察。返回后，他收到了亨斯洛的一封信，信中提到，学校现在正在招募一位年轻的科学家，进行环游世界的广泛研究旅行，该项目也许会持续数年。英国皇室将资助这次考察活动，并派维多利亚女王陛下的研究船"比格犬号"随行。但船上的博物学家必须无偿工作，并支付自己的膳食费，每年"约三十英镑"。亨斯洛的信以此结尾："我可以保证，您是我认识的人中，最有资格参加这次项目的人……我能这样担保，并非因为您是一位拿到学位的自然科学家，而是因为您在收集、观察和记录一切自然历史领域值得记录的东西上，拥有绝对的资格……请不要对您自己的能力持任何保留意见，怀疑或恐惧，因为我可以向您保证，您正是他们在寻找的人！因此，请这样看待自己吧！您的仆从和忠实的朋友 J. S. 亨斯洛拍着您的肩膀。"

事实证明，随"比格犬号"的这一趟旅行，确实成了影响查尔斯·达尔文人生观的关键经历，为他打开了眼界，使他看到了生命的多样性和生命变体那无尽的丰富程度。在这次旅行中，这位年轻的自然科学家就像一名走进剧院的观众，本想观看一出独幕剧，却惊讶地发现，这出戏成了一部变幻无穷、充满夜晚色彩的作品，而其中讲述的正是他自己的故事。要想产生能超越目前已知的一切的新想法，就必须静静聆听这个故事。

1831年12月27日，"比格犬号"离开了达文波特港，起航入海。达尔文将他的新家亲切地称为"可爱的小船"。这艘船只有三十一米长，船员却有七十名。船上拥挤的生活自然引发了一些矛盾和冲突，而与达尔文共住一个舱室的船长菲茨罗伊脾气火爆，这更加剧了两人之间的紧张气氛。菲茨罗伊是拉瓦特生理学理论的忠实拥护者，而且对达尔文的鼻子有意见，因此他最初根本不想接纳这位年轻的科学家。然而后来的事情却证明，达尔文为这艘船和全体船员带来了好运：他沉着冷静的气质、乐天知足甚至可以说是阳光的情绪，极大地缓解了紧张的氛围。后来回忆时，大家一致认为，他们从来没听到达尔文抱怨过一句；即使是一开始让他饱受折磨的晕船症，也没能打破他内心的宁静。达尔文从旅行开始只在日记里吐露自己内心的真实想法："1831年12月30日正午，北纬43度，菲尼斯特雷角和著名的比斯卡亚湾以南。心情糟糕，严重晕船。我在启程前说过好多次，我大概会常常后悔做出了这个决定。今天，当这种阴郁悲伤的想法向我袭来时，我无法想象还能有什么比这更悲惨的境地了。我在甲板上待了几分钟，跌跌撞撞中却被大海的景色深深震撼。深处的水与沿海的浅水完全不同，其区别就像湖泊和小池塘。不仅仅因为它是深蓝色的，还因为这种色彩的亮度：当它涌出海浪的白沫时，显示出了它独特的美感……"

达尔文渐渐学会了应对晕船，终于习惯了船的动荡摇晃，以至于当他登岸后，竟然对再次脚踏实地产生了怀疑。1832年2月，"比格犬号"到达了巴西，计划作长期停留。达尔文发现自己面对的是一个完全崭新的环境，其中充满了各种异域风情的细节。这些让他——正如他自己所说——"简直无限惊奇"。他奋力书写自己的笔记——有这么多东西要观察、登记和记录。但当他和菲茨罗伊就奴隶制的问题吵起来时，他的热情受到了严重打击。船长认为奴隶制是受到上帝庇护的，同时也有经济价值，而达尔文对奴隶制从根本上深恶痛绝。在给姐姐卡塔琳娜的信中，他写道："离开英国时，有人对我说，一旦我在奴隶制盛行的国家生活过，我所有的观点都会改变的。但我唯一能确定的改变，就是我学会更加尊重和欣赏黑人所具有的品质了。亲身面对一位黑人却不以礼相待，这简直是不可能的：他们拥有坦诚率真的品格、感情丰富的面部表情和健美有力的身体！……我现在将奴隶制看作我们自负的自由精神中的可怕污点。我看到了……足够多的东西，对人们在英国关于这些事情的谎言和谬论厌恶至极。"达尔文并没有打算改变自己对奴隶制的看法，即使当菲茨罗伊作为主要负责人，希望自己的全体船员能够达成统一意见时，达尔文也没有让步，于是船长威胁要把达尔文赶出舱室，甚至留在巴西。不过后来，船长的怒火渐渐平息了，他说自己宽宏大量，可以容忍"年轻人冲动的想法"，但是希望在旅途中再也不要谈论这个不愉快的话题了。

"比格犬号"在1832年12月抵达美洲的最南角，即火地岛。根据达尔文的笔记，这蛮荒的景色让他想起"死亡和崩溃"，但原住民让他深深着迷，他们凭借"原始的顽强"在最贫瘠的地区活了下来。达尔文作为一个深感惊讶的观察者，很想知道这其中是怎样的神秘法则在起作用，竟然促成了这样出人意料的发展。而他也渐渐意识到，只要在还保留着自然的地方，自然就会表现出毫不起眼的、极其精细却旷日持久的适应过程，而这其中的一切物种都会证明自己的生命力："我几乎不敢相信，野蛮人类和文明人类之间的区别有多大，比野生的和被驯化的动物之间的区别还要大，就此而言，人类有着更强的自我完善能力……看着这些野蛮人，人们会问，他们从哪里来，是什么让一族人冒险尝试，或者是什么样的变化迫使他们离开北方丰饶的土地，越过科迪勒拉山脉或美洲的脊柱，发明出独木舟——智利、秘鲁和巴西的部族并不需要它们，踏入整个地球上最荒芜的地区。尽管这一类看法是最开始自然而然地产生的，我们却可以肯定，它们有一部分是错误的。没有理由证明火地群岛的岛屿数量在减少，因此我们必然会认为，他们在一定程度上享受着运气的眷顾——无论其本质如何，这种运气也许只是自然作用的结果，但已经足够让这里的生命变得有价值。自然让习惯成为不可抗拒的力量，发挥出显著的作用，让火地岛的气候与其悲惨祖国的物产相适应。"

　　1834年4月到6月，"比格犬号"停泊在巴塔哥尼亚。在阿根廷的一座港口城市巴伊布兰卡，达尔文离开了船员们，在陆地上做了深入的调研工作。他发现了许多令他倍感惊奇的化石。他就像身处一座露天的自然历史博物馆中。这家博物馆的藏品令人印象深刻，而且最重要的是，非常出人意料：巨型哺乳动物的遗骸——比如大懒兽，一种已经灭绝的巨型树懒；或者各种贝壳，其中有一些甚至还存在活着的分支，这让达尔文证实了他的同事——地质学家莱尔的理论。莱尔认为，"贝壳类生物显然拥有比哺乳动物更长的寿命"。动植物界的长寿也许是一种现象，给人类对时间的普遍认知带来了一些问题；达尔文不想为这种情况赋予过高的价值，因为他在广阔的地质历史背景下，将生死看作毫无戏剧性的，甚至十分普通的现象："因此，如果可能，物种首先会变少，接着灭绝。如果某个物种过于迅速地增加数量——即使是最受喜爱的物种——被自然阻碍了，我们也只能接受，即使难以确定方式和时间。如果我们丝毫不感到惊讶，却也无法找出具体的原因，我们会看到，这个物种变得异常普遍，而另一种与之相近的物种则会在该地区变得罕见：稀有性更进一步就是灭绝，我们为什么会对此感到不可思议呢？……某种不寻常的力量发挥了作用，对物种的灭绝感到惊讶，这些在我看来，就好像我们虽然承认个体的疾病是死亡的诱因，并且对疾病并不感到惊讶，然而当看到有人病逝时，我们依然吃惊不已，而且宁愿认为他是被某种外力带走的。"

当"比格犬号"于1835年9月抵达传说中的加拉帕格斯群岛时，达尔文在火地岛和巴塔哥尼亚这些荒凉地带产生的想法，变得更加深刻成熟了。在这里，博物学家所面对的生物多样性令人惊叹不已，自然对它们的历史发展产生了疑问。达尔文认为，自己的研究工作不应仅限于观察和分类；人们需要一种理论，以研究和确定在自然历史恒量中，自然生命形式可能存在的多样性变迁现象。这种理论必须简单而广泛，应包括所有的生命形式，以某种方式扩展对自然历史的理解过程，由此发展出对现有生物学联系的全新解释模式。达尔文认为，自己已经掌握了解答这一谜团的线索。他虽然暂时只有大量的化石发现和研究结论，却没有成熟的理论。但他安慰自己，至少这样比反过来要好得多：如果他提出了一个天才的假说，却无法拿出任何证据，那事情将会变得多么棘手……对于所研究的推论，他每天都会得到看得见的新材料，似乎解开生命之谜关键的"秘密"只是时间问题："这些岛屿的自然历史非常值得留意，而且很可能引起了广泛关注。大多数有机生命体都是本土的产物，在其他任何地方都找不到；不同岛屿上的居民之间甚至也存在差异，却与美洲的居民一同表现出了明显的亲缘关系，尽管这些岛屿和美洲大陆被一片宽达五百到六百英里的开放海域隔开了。群岛是一个自成一体的小世界，或者说更像一个依附于美洲的卫星。少数零散的定居者来自美洲大陆，保留了其本土物种的一般特征。考虑到这些岛屿微不足道的规模，人们一定会对其本土物种的数量和有限的生存区域感到惊讶。如果看到每一个高处都分布着一个火山口，而大多数熔岩流的活动区域仍然十分清楚，那么可以断定，在当代的一段地质时期内，海洋仍在这里不断扩张。因此，我们似乎在时间和空间这两重关系上都更接近了这一重大事实——一切秘密的秘密——地球上新生命的首次出现……"

1836年10月2日，"比格犬号"结束了它的伟大航程，停泊在法尔茅斯港。查尔斯·达尔文此时已经二十八岁了。二十三岁的他选择了一场生命中"绝无仅有的冒险"，对此他从不后悔，相反，他知道并一再指出，自己的世界观是这次环游世界的结果，这次旅行让他极其直观地看到了地球生命形式的多样性，它们之间相互依存的复杂关系和（从全球自然历史的角度来看）它们各自的存在方式是多么短暂。达尔文一边叹息，一边准备了"大堆的材料、笔记和草图"，他做了他所处情况下可能唯一正确的事：他给了自己足够的时间。达尔文开始冷静地评估自己的工作，与之相关的理论渐渐展露雏形，只是有待在数据和事实的支撑下，找到恰当的表达。

这位年轻的博物学家在经历了冒险生活后，倾心于安定的生活，于是与表妹爱玛·韦奇伍德结了婚，并在伦敦附近买了房子。但他知道，自己会写出一部奠基性的作品，介绍自己的研究成果，对所得出的结论做一个全面的总结。

1838年秋季，达尔文算是取得了一定的突破。他收到一个建议，这让他可以详细阐释自己的理论，演示其可能的应用领域："我在1837年7月开始写我的第一本笔记。我……收集了大量事实，很快明白，有所取舍是人类成功培育功能性动植物的关键。然而，这种选择如何作用于在自然环境中生存的有机生命体，这对我来说，在很长一段时间内，都是一个谜。1838年10月……我在偶然中读到了马尔萨斯关于人口的论文，十分欣喜。那时，我对动植物习性的长期观察，已经为我认识无处不在的生命之间的斗争做了充分的准备。我突然意识到，在这种情况下，被偏爱的变种会继续存在，而不合适的变种逐渐被淘汰了。其结果就是新物种的诞生。"

达尔文的《物种起源》一书是他的代表性著作，这本书直到1859年才首次出版。首印的一千三百册在第一天就被抢购一空，这也与作者此时已经因为其他出版物成为公众关注的人物有关。达尔文是公认的科学家和著名作家：1839年，他讲述那次伟大旅程的《达尔文环球旅行记》出版，获得了畅销书的荣誉，并被翻译成超过十五种语言。对达尔文而言，这本书为他带来的经济利益其实已经是附加的东西了。因为他之前做过的白日梦成了真，他真的可以依靠继承父亲的遗产生活。达尔文患有多种疾病，无论是天生的疑心病还是真实的残疾，都让他无法长期从事受制于义务和时限的工作，因此他更喜欢过与自己相适应的舒适的私人学者生活。在生命的尽头，他满意地回顾自己的成就：作为著名但有争议的科学家，他关于自然选择的论点不仅激起了关注此事的反对者的愤怒，还让那些狡猾的投机者们——他们认为自己可以根据达尔文的理论推断出强者拥有天生的权利——远离了论战的中心。他认为自己已经说尽了必须说的话，不需对进一步的阐释负责。最后一点，同时也是最重要的一点是，他发觉自己对自然科学的研究过于狭隘片面，让自己严重疏远了此前培养的爱好，比如音乐、诗歌和绘画。他所剩下的是一种没有个人化的神灵参与的、朴素谦逊的信仰，还有对厚厚的小说孩童般的热爱——根据达尔文的要求，这些小说中所呈现出的生命，应该比现实中的更加美好。

在遥远与隐秘中

克尔凯郭尔：寂静的崇高

    尽管以认识自我的方式来消磨时间存在一些争议，而且也无法提供任何保证，但这一想法还是一如既往地受欢迎。认识自我成了一种值得向往的生活目标，其过程远比到达终点要有趣得多——因为这个终点很是无聊。倘若一个人认为他已经认识了自己，那么他就再没有什么话可讲了，而更想要在内心安静地栖息。这就让他屈服于一种高效的错误，即认为他的人生是否成功取决于他是否能够认识自我。然而实际上，负责评判是否能够认识自我的是一个更高的存在，它会对所有申请回以崇高的拒绝。在日常事务中，认识自我是一种毫无乐趣的活动，必须一再重复，处理陌生的事务。因为它所涉及的自我并非真的从自我中产生，而是服务于一种宁愿隐藏自己的力量。哲学家克尔凯郭尔称这种力量为"上帝"，可以简单地将其当作承载着人类生命的秘密，而不必真正揭示它是什么。这样很好，因为一旦我们了解了一切——尤其是我们存在的理由，发现在其背后还存在另一个不愿被知晓的理由，我们建立在可预测性基础上的世界观将会无可救药地被击败，进而会让我们放弃自己的精神。

因此，存在着两种认识自我的类型。一种非常普遍，应用于治疗许多头脑中不幸的意识。这种自我在受到质疑时，愿意做出答复，却无话可说，因为它倾向于高估自己，同时忽视自己存在的真正理由。另一种认识自我似乎更像是少数人的乐趣。它作用得更彻底，追问人们一直在寻找并最终找到的自我是否真的可能存在。对克尔凯郭尔来说，这个问题只有一个答案：在背后主宰一切的是上帝；当自我看清了自己，并且发现，虽然它可以在正常事务中完全自主，但最初和最终的动机都取决于一种绕过审查的著作权，这时，自我才会显露出来。自我发现需要做出决定：我的自我对我来说已经足够，或者我需要为"扩展"（卡尔·雅斯贝斯）打开自己；这种扩展来自远方，不需要名字就可以在场——我就是"我在"（《出埃及记》3：13—14）。克尔凯郭尔选择的自我发现之路只能以"艰巨的方式"进行，他无法打消疑虑，也深知绝望的感受，但确信在我们为知识所付出的努力之初与终点，都存在着上帝的指引。对我们来说，这种确定性不再需要得到许可，显然它不需要上帝的参与，而上帝已经容忍了许多事情，不必再为怀疑者们的论调操心。无论有没有上帝，认识自我——尽管有着诸多反对意见——依然值得，尤其是当它回溯到自己的源头，发现渺小的自我需要得到照料之前，它会一直保持匿名，且无法取消。

索伦·克尔凯郭尔于1813年5月5日出生在哥本哈根，于1855年11月11日在那里去世。他认为自己一生都生活在同时代的人对自己的误解中，而他想告诉他们的是一种独特的人生信条。它是一种将复杂的事情简单化、简单的事情深刻化的智慧，不信任事物普遍的可见性以及现象和符号组成的表象世界。在这种智慧中找不到上帝的存在，尤其在以充满审视的浑浊的目光只盯着寻常之事，盯着仿佛人造产品的世界时。没有人能在麻木迟钝、尽人皆知的习惯中发现上帝，上帝只有在存在的孤独中才能被发现，那里只有他自己，不得不追问自己存在的真正原因。对于克尔凯郭尔而言，这个问题显然关系重大，会影响到整个人生。他问道："人总是借助自己所居住的城市的风俗习惯，依附伦理观和世界历史的交替，生活、结婚，受到敬重，成为一个人、一位父亲和一名守护者，却觉察不到上帝的存在，从未真正发现伦理的无限性——上帝不正是如此隐秘地将自己隐藏在作品之后，让人好好地完成这一切的吗？就像母亲叮嘱刚进入社会的孩子'举止要得体，表现得像其他孩子一样'，于是他就这样活着，表现得像其他人一样……"上帝是不可见的，想要见到他的人，不要期待他大张旗鼓地驾到，也不要指望他会威严赫赫地巡视："如果上帝以一只神秘罕见、长着红嘴巴的巨鸟的形式现身，坐在城墙上的一棵大树上，以奇特的方式叫着，那么世人一定会睁开眼睛……这是一种彻底的异教思想，即认为上帝会直接与人对话，比如显出引人注目的奇迹，好使人惊讶。但人与上帝真正的精神联系……是通过打破内化实现的，这是上帝的小诡计——是的，他不是最惹眼的那一位，而是不可见的，因此人甚至意识不到他的存在，而他的不可见正是他无所不在的明证。"

克尔凯郭尔自己的传记乍读起来内容不甚丰富，但正契合了他的这种观念。他的传记证明，与神的邂逅并非发生在周日的例行拜访，而是一个痛苦而敏感的持续认识的过程，它迫使个人臣服，束手就擒。人不需要变得苍老，就可以在艰难的生存中感知到存在的孤独，这会让他失去寻找理由和借口的兴趣。个人的存在不取决于他幸福的生活，也不取决于外在的成功或他人的评价。能让他产生共鸣的，是"世界的内在"（里尔克），他一定会在其中寻找属于自己的真理，并最终找到。

克尔凯郭尔在年轻时就试着搞清楚，这样的真理应该不仅限于为理解自己而不懈努力。他认为，自我认知并不是靠自己的意志起作用的，只有在上帝的帮助下才能进行。没有上帝的欣赏，个人无论多么聪明，他的意识都只是在做机械运动。他虽然可以认识自己，但无法坚持自我，因此会一再地迷失。二十二岁的大学生索伦·克尔凯郭尔在笔记中写道："我真正需要的，是与我自己商量，我该做什么，而不是我应该认识什么。换句话说，行动必须先于认识。我所需要的，是过完整的人的一生，而非知识的一生，这样我才不会把我的思想发展建立在被人们称作客体的事物之上……而是建立在与我存在的最深根基紧密相连的事情上，它们能使我朝着神圣向内生长……重要的正是这种人类的内在行为，这种人类的神性，而不是大量知识，因为它们会随着这些而来……"

三年后，1838年8月11日，神学院学生索伦·克尔凯郭尔的父亲，成功商人米凯尔·佩德森·克尔凯郭尔去世，享年八十一岁。

他的儿子在日记中写道:"我的父亲在星期三晚上两点钟去世了。我内心有一个愿望,希望他能多活几年,于是我把他的离世看作最后的牺牲,将他的爱传给了我。因为他并没有离开我,而是走入了我的内心,在条件成熟时,他会再次现身,帮助我有所创造。"克尔凯郭尔的父亲最殷切的愿望,就是看到自己最小的儿子能通过神学考试,克尔凯郭尔认为自己有义务用努力顺从的行为来满足父亲。在一段时间内,他变得异常勤奋,投入到学业中,用相当短的时间通过了考试。克尔凯郭尔终其一生,都与父亲维持着一种矛盾又令人捉摸不透的疏远关系。父亲的去世最后一次显示了对他的爱。从此时起,父亲成了"超父亲":克尔凯郭尔将父亲的形象升华成了文学人物,代表着世界观的榜样,对儿子产生了决定性的影响。这个教育过程如严格的练习,一直留在他的脑海中。在一篇题为《约翰内斯·克里马库斯,或一切皆可怀疑》的文章中,三十岁的克尔凯郭尔借约翰内斯·克里马库斯之名,描述了一种童年,文字和思想的游戏成为寻找真理的练习。而对真理的追寻只有内在的丰富性,与由科学严密控制的知识无关。"父亲在强大的幻想中,与一种不可抗拒的辩证思维联系在一起。当他在某些时刻……与他人陷入争执时,约翰内斯总是聚精会神地听着,这比出于某种盛大秩序中的一切更为重要。父亲首先会让对方畅所欲言,再谨慎地询问对方是否还有话要说,然后才答复……父亲的陈述总是在对方的陈述告一段落时才开始。但看哪!一转眼的工夫,一切都不同了。这种反转是如何发生的,对约翰内斯来说始终是个谜,但他的内心对这一幕喜闻乐见。对方提出新的观点，约翰内斯听得更加专注，以便能让争论保持在正确的方向上……很快，一切又发生了反转，可解释的变得不可解释，确定的变得可疑，对立的观点变得合理……约翰内斯忘记了一切，不论是父亲的观点，还是对方的观点，但这种灵魂的洗礼让他无法忘却……他年纪越大，父亲对他的影响就越大，他也越注意那些令人费解的事情；就好像父亲已经暗中知晓了约翰内斯想说的一切，一句话就能使他阵脚大乱……其他孩子在诗的魔法和童话的神奇中获得的东西，约翰内斯在直觉的安宁和辩证的变换中得到了。这让孩子高兴，是小男孩的游戏，也是少年的乐趣。他的生命以这种方式有了独特的延续性，它没有逐个描述各个时间段的种种过渡。随着约翰内斯年纪渐长，他没有拥有玩具，因为他学会了从另一些事情中寻找乐趣，这些事即将成为约翰内斯生命中严肃的事业，并且无论如何也未曾因此失去过吸引力。女孩子会一直和娃娃玩儿，直到爱人代替了娃娃，因为女人的整个生命就是爱情。他的生命也有相似的延续性，因为他生命的中心是思考。"

　　从丹麦国立教会监管下的神学院结业并顺利毕业，对克尔凯郭尔来说并非易事。他很早就对官方的基督教会深感厌恶，因为他从中只看到对作品粗暴无礼的例行公事，对规定的教条遵循，在神谕中自我满足，更多的是出于舒适和安全，而不是真正接受那些奇闻。但生命正是在其中发展成独立个体。克尔凯郭尔一直在提升自己，他对国立教会里上帝的仆人的批判，以无害的不友好开始，以令人恶心的厌恶结束，也许他有某种高尚的目标，但已经不再讲究任何礼节了。1855年，在克尔凯郭尔逝世半年前才出版的檄文《瞬间》中，他惩罚了自己最爱的敌人，令人厌烦的是，这些人其实从未深入了解过他："在牧师面前保护好自己！信仰基督意味着忍受说教。相信我，正如我是索伦·克尔凯郭尔一样，你对此得不到任何官方牧师的确认，这完全是顺理成章的，因为这么说对他而言，相当于自杀；同时，一旦说出这些，普通基督徒就会被要求忍受这些说教。整个机制被一千镑和官员们搞得乌烟瘴气，这一千镑是耻辱。因此，你不会从任何官方的牧师口中听到这些……"他没有做进一步解释，但做出了一个譬喻。克尔凯郭尔补充道："食人族动作迅速：他会猛地跳起来，扑向他的敌人，将他们打死，吃掉一部分肉，然后这一切都结束了。他继续以普通食物为生，直到敌人的残暴野性再次袭来。但牧师作为食人族是另一回事。他的吃人本性是经过深思熟虑的，处心积虑，精明算计，一生只为这件事活着。而这种谋生方式可以养活一家人，而且收益还在年复一年地增加。牧师适应了在乡间别墅产业的舒适生活，升迁的前景也很广明，妻子怡然自得，膝下儿女成群。这一切都要归功于光荣的苦难，归功于救世主，归功于信徒，归功于真理的见证者。他以此为生，甚至为食，在愉快的生活享乐中，用这些喂饱了他的妻儿。他把这些荣耀塞进了腌制桶。"

这种对基督教的不甚热心正符合当时自我满足的时代精神。克尔凯郭尔认为，人类沉醉于自己的精明能干，到处洋溢着理智的精神，即按照功能性和目的性的标准来衡量上帝和世界。人们对这种活动的着迷或许令人印象深刻，但这与真理相距甚远："随着理智的增长，某种特定的对人的认识也在增长，即我们何以为人或何以在这个时代为人——一种将人性当作自然产物的自然科学统计学知识，从地理学、气象学，如风、降雨量、水位等角度出发进行解释。至于我们人类是否这样一代代退化，这种对人的认识根本不关心。它只是准确说明了我们的状况——给出了我们的行情和市场价格——出于精明，可以预见到自己的命运，利用人类来谋取自己的幸福，从世界获利，维护并掩饰自己的贫乏与平庸，或者在偶尔交到好运时，出于善意进行科学的质疑。此后，尽管理性在增长，但对于我们如何根据上帝的要求和理想做人，却越来越少被询问到。"

理性总被高估，却从未被质疑，此时已触到了边界。然而或许正因如此，它依然不可或缺。但无论如何，我们还是更趋近这种近乎精美的白日梦般的思想，因为它让我们感受到幸福，这种幸福由外力决定，也因此能深入人心："沉静的崇高感腾起在初升的暮色中，一颗星亮起，黑暗越来越浓地覆了下来；人们不断地看到新的东西，直到整个社会都变得可见……富人亮着车灯，开车驶入黑暗的夜，他比那些在黑暗中摸索前进的穷人看到的要多一点点——但他也看不到星星，正是他的车灯妨碍了他的视力。一切世俗的理性正是如此，它可以让人看清近处的事物，但也会剥夺人们无尽的视野。"

一位原始人

梭罗：按照自然去生活

声名远扬当然是件大事。如果生前名声不怎么为人所知，死后的声誉也是有可能流传下去的，只是就像人们从已故者的例子中了解的那样，这种声誉往往是盖棺定论。美国作家亨利·戴维·梭罗于1817年7月12日出生在马萨诸塞州的康科德，毫无疑问，他在死后简直被奔涌而来的声誉吞没了。这一点在他生前是无法预见的。受德国唯心主义、英国浪漫主义和古典主义的启发，美国掀起了先验主义运动，而梭罗作为领头人物之一，却常常阻碍它的发展。客气地说，他的行为举止不是最好的。就连他人的问候，他都认为是一种负担，而和他握手的人，感觉——就像梭罗的导师，哲学家拉尔夫·沃尔多·爱默生说的一样——像是"握住了一根树枝"。对于梭罗的外貌，诗人纳撒尼尔·霍桑写道："他样貌丑陋得像是生来有罪，鼻子很长，嘴巴歪斜，举止粗俗，像个没有教养的农民。"梭罗对这种看法并无异议，他有一种由内而外的自信，不需要外人的肯定。霍桑总结道："……这是一位思想丰富的原始人，个性中有着一种毫不妥协的固执，让人想起铁质的拨火棍。是个很有意思的人，但经常近距离接触会让人筋疲力尽。"

梭罗最初想做老师，但他无法接受学校的管理制度，因为他拒绝对学生"施以必要的体罚"，尽管这在当时是教育的基本理念之一。在那之后，梭罗在各行各业都干过一段时间，这些行业与他的个人理想无关，只是为了维持生计。梭罗与先验主义的理论家代表爱默生最谈得来，前者将后者当作某种意义上的管家，最终为自己死后赢得声誉带来了契机。1845 年 7 月，梭罗搬到了瓦尔登湖畔的一所小木屋里，在那里住了两年。最初他独自居住，但也与他人保持着必要的联系，以免彻底变成"野人"。那种总体来说并不能让梭罗信服的文明，还在他触手可及的范围内：梭罗离他最近的邻居只相隔半小时的路程，步行就可以轻松到达康科德小城；尽管看不到铁路，却总能听到火车的声音。因此，这谈不上与自己居住的世界告别，虽然梭罗在进行这样的尝试；这是在大自然的指导下进行的寻找自我的实验。梭罗为此写的那本书——《瓦尔登湖》在出版的最初五年里就卖出了两千册，在作者死后成了那些迷恋自然的怪人和自愿的隐居者们膜拜的纲领。梭罗自己恐怕也不会立即明白这其中的缘故，毕竟他后来重新考虑了这个问题。他在瓦尔登湖畔逗留两年后，毫不犹豫地宣布这种生活结束了，并且再也不想考虑那些受制于理论的绿色生活指导方针。

梭罗所看到的自然确实值得细细赞美：它"总是那么富于创造力，就像一位工匠在自己的工作室里不断发明出新的图案。垂在岸边的云杉经过风吹日晒，落入水中，枝条变得雪白而光滑，呈现出各种奇妙的形态"。梭罗明白，自然科学家们对此无动于衷，他们对自己的成功更感兴趣，为此，他们甚至可以剥削自然，拿来交易："关于自然科学的书籍通常是某个文书匆忙间拼凑起来的清单或上帝财产的总结……自然科学家们认为，除了由他定义的彩虹之外，我不应该看到任何东西。但我不在乎自己眼前呈现的，究竟是在清醒状态下看到的图像，还是对梦境的记忆。"

梭罗还自称为印第安人的朋友，读过《瓦尔登湖》的读者一定也发现了这一点。白种人在与当地原住民的驱逐战中获得了胜利，他们的财富越来越多，世界观却越来越狭隘。"白种人变得苍白，就像带着思想负担的清晨，带着像在聚拢的火堆中窒息的智慧。他们知道自己知道的事情，因而不猜测，只是算计，对民众颐指气使，却对当权者俯首帖耳……"他们只看到自己想看到的东西，视线的焦点从事物的本质上被移开了："他们可以砍伐起伏的森林，却无法与倒下的树木的精神进行对话；他们读不懂诗歌和神话，这些都在他们的大步前进中退隐、消亡了。"

梭罗的第二本书为他死后获得的名声做出了贡献。这本书就是《论公民不服从的义务》，它比《瓦尔登湖》影响更甚，因为它对政治投了不容商量的不信任票。撰写这本论战小册子的原因似乎微不足道：梭罗拒绝向马萨诸塞州缴税，于是马萨诸塞州政府公事公办，将他投入了监狱。梭罗只在监狱中待了一个晚上，因为有一位女保护人酌情还清了他的债务。然而梭罗不愿再压抑自己的愤怒，终于写成了一篇文章。这篇文章虽然通俗易懂，却显而易见，难以在现实中实现："思想、幻想和想象，这些东西不会永远长期死寂；而当一个人能在其中自由驰骋时，那些蹩脚的统治者或者改革倡导者就永远不能威胁他、阻碍他。"政治根本不是梭罗的事情，他对此做不了什么，只觉得它最近被高估了："政治虽然在人类社会中发挥着极其重要的作用，但就像相应的人体器官一样，应该在不知不觉中驱动整体。它是……一种植物性的生命。有时，我会在恍惚中清醒地看到周围发生的一切，就好像人在生病时对消化过程更加留心一样。"梭罗所倡导的文明的不服从具有跨时代的现代性，得到了圣雄甘地、马丁·路德·金甚至比尔·克林顿的认同。克林顿还于1998年在康科德设立了一所豪华的梭罗学院。如今，他所担心的个性受到匿名的、以自由之名施行的束缚的诱惑，似乎比以往任何时候都更脆弱。

亨利·戴维·梭罗因肺结核于1862年5月6日去世。当时的一位讣告撰写者觉得这件事多少有些滑稽，他写道："这真是命运的讽刺，一位过着自然生活的人，竟会死于结核病这种大自然对文明生活的惩罚。"我们今天仍然能从梭罗身上学到一些东西。比如自我发现虽然是一门艺术，也应适可而止，因为它经常被捧得过高。一位与梭罗同时代的欧洲人也有类似的观点，丹麦哲学家克尔凯郭尔为那些狂妄的人写道："自我想要成为他自己，显然是因为这在他被赋予的力量范围内。"克尔凯郭尔认为这种力量是上帝，梭罗认为它是自然。但我们也可以认为，梭罗所信奉的自然，与上帝相去不远。

幸运的一瞥

尼采：欣赏自己

对当时在巴塞尔大学任教的年轻教授弗里德里希·尼采来说，1875年的夏季学期实在是责任过重了，以至于时年三十一岁的他越来越感到力所不逮。尼采的一天始于早晨五点钟：他要准备研讨课和课程讲义，这通常会持续到中午十二点；接着尼采要去上排好的课，这让他变得极其敏感，无论如何也积极不起来，不得不注意与大胆激进的理论保持距离，谨言慎行。他的妹妹伊丽莎白当时一直在他身边，帮他料理家务，照顾他的饮食，这对他来说多少是一种解脱。但她的陪伴并非毫无问题：伊丽莎白总是喋喋不休，这让尼采经常觉得很烦。他在1875年6月26日给住在霍恩海姆的朋友卡尔·冯·格尔斯多夫的信中写道："我度过了一段非常糟糕的日子，而我将来面临的日子也许更糟。即使遵守严格到可笑的饮食计划，我的胃也根本无法被驯服。最剧烈的头痛持续了好多天，没过几天它又卷土重来；我呕吐了几个小时，一点儿东西也没吃。不多久，身体这台机器似乎就像要散架了，而我也不想否认，有几次我真的希望它就此崩溃。我感到极大的困倦，疲惫地走在大街上，对光线极度敏感，伊莫曼曾治好过类似的胃溃疡，而我一直期待着会呕出血来……"

这件事几乎不为人知。尼采这位未来的哲学家，当时在巴塞尔大学只是一位不受欢迎的语言学家，因此他饱受肠胃之苦和心理折磨。他的同事，即我们已经提到的医生伊莫曼，将他的病诊断为胃溃疡，打算用硝酸银溶液和强力的奎宁试剂进行治疗。然而治疗并未带来明显的改善，于是尼采决定去温泉疗养地待上几周。人们向他推荐了南部黑森林的施坦纳浴场。这家浴场的创立者是著名的温泉疗养医生威尔，同时他还以膳食搭配师和作家闻名。

7月16日，尼采到达了波恩多夫，刚好错过了直达的邮车，于是他决定步行前往施坦纳浴场，这意味着"至少三小时的漫步"，而正如他发现的，这对他来说"很有好处"。在他写给母亲和妹妹的第一封信中，尼采报告了自己当时的状态："我于昨天下午两点到达了施坦纳浴场，一小时后，我结识了备受尊敬的老威尔医生。今天早上，我去波恩多夫找他，接受了详细的检查。这就是我所患的病：慢性胃炎，并伴有明显的胃扩张。现在要让这个小家伙重新变小而且听话，于是我们仔细地标出了它到此时为止的范围，希望一段时间后能看到它缩回合适的边界内。我的食谱如下：每天早晨自己灌肠（抱歉，我不得不以此开始，但我现在的每一天都以这种快乐开始！内容：冷水）……七点钟，一咖啡匙卡尔斯巴德矿泉盐；八点钟，八十克牛排，两片面包干；十二点，八十克烤肉（仅此而已！）；下午四点，两个生鸡蛋，一杯牛奶咖啡；晚上八点，八十克带肉汁的烤肉。午餐和晚餐后可以各喝一杯波尔多红酒。也就是说，食量要尽可能少，以防胃部进一步扩张，但食物的品质要高……毫无疑问，这个地方坐落在一个真正的黑森林山谷中，风景优美，空气怡人。待在这里的日子并没有我想象中那么难熬。这里有大约四十个人，他们来自世界各地，有美国人、柏林人、瑞士人和南德人。对我来说，他们没有什么区别——医生这么说。因为……"

施坦纳浴场建于1870年，由一家配备水疗设施的酒店、一栋附属建筑和一个带有室内保龄球场的啤酒馆组成。它是一处私人组织经营的产业，希望将游客带到南部黑森林地区，同时吸引疗养者来这里长期居住，满足这些客人想通过水疗和食疗来减轻自己或真实或臆想的痛苦的心愿。施坦纳浴场刊登在报纸上的广告中写道："浴场的所有者威尔医生为您提供舒适的新式游泳和水疗设施，让您在利于身心健康的地方享受云杉针叶浴、盐水浴、硫黄浴及其他药浴，在令人心旷神怡的林间小路上尽情漫步。敬请光顾波恩多夫。"

施坦纳浴场的首席医师约瑟夫·威尔医生享有一定的声誉，他编写过一本有科学依据的食谱，被认为是养生食疗的专家。在他的食谱中，他通常主张食用肉糜，而且只能用搪瓷餐具盛放食物。尼采认为他的医生有些异想天开，但依然信任他，因为威尔行事有方，态度从容有感染力。他的话很有说服力，尼采已经准备好遵循他的医嘱和建议了。在施坦纳浴场的第一天让他希望满满，然而第二天，他就被一些保龄球俱乐部成员吵闹的歌声惹恼了。他甚至一改谦卑害羞的态度，亲自大声要求他们安静些。

第二天早晨，他感到不适，头疼得厉害。一阵夏季暴雨倾盆而下，浇在山上，山谷里升腾起薄薄的雾气。尼采并没有任由自己消沉沮丧，他已经习惯了受打击，并且相信自己在施坦纳浴场可以得到帮助。7月19日，他写信给格尔斯多夫："我亲爱的朋友，这是我从施坦纳浴场发来的第一条消息：我找到了一位杰出而细心的医生！至少我希望是这样。这地方本身坐落在美丽的黑森林山谷中，布局规整，树木茂盛。它让我想起弗利姆斯，但其间散布的林间小道平平整整，可以通往各个方向……让我饱受折磨的病症被诊断为'慢性胃炎，伴有明显的胃扩张'。这种扩张还带来了淤血，使得头部供血不足……我目前的状况很糟糕……这是一件必须重视的事情，而现在的我又到了必须求助于真正的专家的关键时刻了。胃酸的过量分泌似乎与大脑和神经有关，但也许间接地受到带来淤血问题的胃扩张的影响……我在宁静中默默地做些事情，好分散自己的注意力，学习一些必要的东西，比如'贸易学和世界贸易的发展'。不要告诉别人……这里几乎每天都在下雨，但我就这样在雨中穿过森林。雨中的森林总是美丽而安静的……"

每日的林中漫步对尼采大有好处。他身处宁静中，不再为任何事烦扰。在巴塞尔所负的责任似乎变得遥远了，这让他可以重新考虑自身的可能性，他拒绝相信这些可能性已经随着自己日常的病痛折磨而流失殆尽了。对未来的确定性又回来了——他在身体饱受摧残的时刻，几乎已经放弃了对未来的信念。如今，这种确定性再次显现出来，使他相信自己还年轻；正像人们常说的那样，自己眼下还有大好的时光。他感到一种奇特的快乐，一种难以名状的信心，这让他产生了如进行思维游戏般的新的生活构想。他面临着新的任务，而他已打算接受。这不需要制订细致的目标或艰难的规划，因为它不会因没有遵循这些就与原意背道而驰。他在接近一个必定会被揭示的真理，即使他的意图一再被挫败，他依然在朝着它前进。

尼采看到的这个美好前景，就像抢在正午之前闪耀的光芒，幸运地在瞬间的确定性中变得完全合乎理智，而且从纯粹的当下被释放出来，让整个世界的轮廓熠熠闪光。尼采在施坦纳浴场附近的森林中预感到了这种幸福即将降临，但它很可能只不过是空洞的许诺；它仍然被寻常的欢乐所吸引，人们同样可以借助这些欢乐变得与众不同。而且它是如此谦卑、知足，就像一位刚刚略有好转、正在康复中的病人那种微薄的希望一般，别无所求。在尼采于1875年7月21日写给格尔斯多夫的第二封信中，他写道："从昨天起，一个美丽的浴池成了我的快乐之源。它就在酒店的露天花园里，我可以独自使用，因为对于那些凡人来说，这个池子太冷了。我从早上六点钟起就在那里了，然后我会起身，散步两小时，在早餐前回来。昨天临近傍晚时，我漫步在美丽得令人难以置信的森林和树木掩映下的山谷中，走了三小时，沉浸在各种充满希望的关于未来的可能性中，这是我长久以来都不曾抓住的幸运的眷顾。现在还有必要有所保留吗？我面前摆着一只美丽的篮子，里面盛满了我之后七年要做的工作，而实际上，每当想到这一点，我就情绪高涨。我们必须利用好自己的青春时光，不断学习那些有益的事情。渐渐地，它就会成为一种社会性的生活和学习……现在，假期过后，我的家庭生活开始了，它是我深思熟虑后选择的生活和工作，能够让我有所成就。现在我已经非常落后了，我们的教育带来的巨大空白……我不得不靠自己的后天努力去填补，而每天的进步有限……我们任重而道远，只能缓慢攀登，但必须一直前进，才能超越我们固有的文化，拥有广阔自由的视野。我们必须攻克许多艰难的科学难题，尤其是那些实际上要求严格的。但这种安静的前进正是幸福降临到我们身上的方式，而我也别无所求……"

尼采的幸福观相当于知足常乐。这种幸福很脆弱，因为它被粗暴打断了。病人和此前一样遭受着痛苦，尽管他努力不再只是被动地承受疾病的折磨。他试图抵抗，而且在思想领域中成功了，但他在实际生活中遭遇了困难，因为纠缠着他的胃痉挛和恶心太强烈了，以至于他有所保留的乐观主义情绪几乎支撑不住了。尼采没有遵照威尔医生的肉食疗法，因为这对他来说，营养过于丰富，而品类太过单一。他将自己的食量减半，感觉自己明显好多了。7月25日，他给在纳姆堡的母亲和妹妹写信道："有一些关于我的最新消息。自威尔医生上次检查后，胃扩张的问题已经减轻了。总的来说，我比最初那段时间感觉好多了。但我依然患有胃炎，表现为糟糕的口气——尤其是上午——和疲倦的感觉。几天来，我的胃口一直很差，所以我把肉类从午餐和晚餐的食谱上去掉了。我常常在森林中一边散步，一边和自己聊得兴起，所以没有一刻感到无聊。沉思着，深思着，期待着，信仰着，一会儿沉浸在过去，更多的时候在憧憬未来——我就这样生活着，同时也治愈着自己……"

在散步中，尼采还想着拜罗伊特。1876年的8月1日，夏季庆典彩排就要在那里开始了。无法参加这次盛会的想法并没有让他过于难过。瓦格纳的音乐已经刻在了他的脑海中，伴着他在黑森林中漫步。其他的一切，无论是那位音乐大师亲临现场，还是大师的仰慕者们摩肩接踵地涌进拜罗伊特的盛况，对尼采来说，都不重要。尼采保持着那种近乎游戏般的前瞻性思考，他认为不同的心情和天气状况会引发不同的结果，但基本趋势是积极的，它试图勾画出一种存在方式，这种存在方式由好运决定，由知识维护，而这种知识年复一年地为揭示核心真理做着准备。白日梦和具体的计划混在了一起，同样虚幻，也同样现实。漫步者喜欢向它们征求建议，因而它们产生于漫步者欢快的安宁中，这让它们变得合理。尼采意识到，他还年轻，还没有理由抱怨。他确实饱受疾病的折磨，但这并非不可治愈。他并没有受到真正的命运打击。1869年2月，当他在还不满二十五岁就成为巴塞尔大学的古典语文学副教授时，人们甚至叫他"幸运儿"。他必须承认，在这所大学的工作事务很费神，有时甚至超出了他的能力范围，但能够在巴塞尔大学得到尼采的教职，是许多有才华的人梦寐以求的。保持谦逊是不言而喻的，而必要的知足会让自己内心平静。

8月初，尼采给搬到拜罗伊特的朋友罗德写信道："我也和威尔医生长谈了一次，昨天我再次因为剧烈的头痛卧病在床，下午和晚上又被剧烈的呕吐折磨。对于胃扩张那种容易诊断的病，我们已经在两周的疗程中取得了相当可喜的进展。我的胃确实收缩了。但是由于它对神经的影响，彻底痊愈还需要一个长期的过程，要严格遵守疗养方法，保持耐心！我有一段日子过得相当不错，天气凉爽，空气清新，我总是独自一人到山里和林间散步，我说不出那有多么放松和快乐！我不敢说，我真切地看到了有哪些期盼、可能性和计划都成了现实！接下来，几乎每天，我都能收到一封有益且充满关切的信。我总是带着骄傲和感动想，它们是属于我的，我亲爱的朋友们！真希望可以散播出好运！最让我受尽担心、烦恼和折磨的，是我看到人们无能为力，只能任由事情残酷发展！于是在我看来，我似乎是幸运的，还从未遭到痛苦最沉重的打击。我也从没有与命运的愚蠢和恶意真正苦苦纠缠过，根本没有资格将自己看作真正不幸的人中的一员。所以，我想说，我其实真的希望能传递出一些好运……今天是周日，许多波恩多夫的本地人围坐在花园一周，喝着啤酒，纯净的微风从林间吹来，时不时还能听到几声糟糕的铜管乐。假如隔着两小时的路程，这音乐也许还令人可以忍受，甚至会让人想起圆号的声音。我在这里没有熟人，过着完全优雅而自由的生活……这里到处弥漫着绝望！而我本人并没有绝望！我不在拜罗伊特！……我最亲爱的朋友，我时常在散步中指挥着我脑海中的整个管弦乐队，跟着乐曲轻声哼唱……"

　　想象一下这位成长中的哲学家在森林中指挥乐队演奏的样子：尼采的知足常乐并没有把他的自嘲排除在外，反而向它提出挑战，好抵消一部分自己想象出的亮丽外表中，那些不切实际的虚幻感。

仅有概念的白日梦、理念、精心挑选的幻象，几乎每天都让他从病中清醒过来。为了让它们适应现实，需要不断地用嘲讽来测试。这样的嘲讽要指向个人，同时也要很好地将整个世界纳入其中。施坦纳浴场的特殊氛围还有另一个作用：尼采发现，身处真正的以及臆想的病人之间——尽管有时令人沮丧——也是一种奇特的体验。他无意中听到的谈话，话题大部分都围绕着生理缺陷。人们深深着迷于身体上的不幸，尽管这种不幸会将整个生活变成一本独特的病历。在威尔医生的监测下，自命不凡的病史出现在了理性的思考中；而这位威尔医生则沐浴在他那些搪瓷餐具的耀眼光芒中，试图用严格的食疗计划揭示存在的秘密。

尼采无法抗拒这一切。他对轻蔑的态度和不失礼貌的讽刺乐此不疲，但他也赞扬了使他的痛苦有所减轻和治愈的医疗手段。显然那里的人们对他很用心，而且外界也很关注他。他收到了许多信件，朋友们纷纷询问他的健康状况，家人也对他表示关切，这些都被他看作自己存在价值的体现——这几乎像是人们想要补偿以前对他亏欠的关心。尼采非常感动。在给自己住在勒拉赫的女性密友玛丽·鲍姆加特纳的一封信中，他写道："您不会相信，将有怎样的冬日阳光照在我的灵魂上，它和煦而令人欣喜，几个月后就会到来。我第一次感到被包裹着的安全感。我的爱有了极大的增加，我因此而被保护着，不再像之前那个巴塞尔的流亡者那样容易受伤和感到被抛弃。您一定不会相信，我在这短短的一生中被爱宠坏了。我相信您也注意到了，我在这段关系中夹带着一些从小就习惯的东西。但我很有可能再也得不到更好的了。而现在，毫无疑问，我拥有了更好的！这太新鲜了——对此，我时常感到惊讶多过喜悦。现在，许多想法在我脑海中生长，每个月我都会对自己毕生的使命看得更清楚一些，但我却没有勇气告诉任何人。这是一个安静而具有决定性意义的过程，要一步一步来——这是我能走得长远的保证。我觉得自己就像一个天生的攀登者——您看，我现在可以骄傲地聊起这些了。我的病再也不会让我烦恼了，它们不过是要求我在以后的生命中，以某种特定的方式来生活，但我的生命本身不存在任何限制……"

与此同时，伊丽莎白·尼采再次回到了巴塞尔。她联系了哥哥，而她的哥哥也欣然表示欢迎。这个妹妹虽然聒噪，却能把他的生活安排得井井有条。尼采此时比以往任何时候都更加确信，如果想要实现自己在施坦纳浴场的森林里筹划的未来计划，就需要有人来帮自己打理生活。伊丽莎白与尼采是亲兄妹，有时他甚至可以和妹妹提起关于自己的病带来的小尴尬，她可以帮他摆脱日常琐事的烦扰。她愿意，且也明白怎样准备威尔医生不遗余力宣传的专业肉糜食谱，医生建议尼采在疗养结束后，继续坚持按食谱安排饮食。尼采也决定尽可能遵照医嘱，他考虑购置一台绞肉机，还琢磨着自己是否能负担得起威尔医生向所有病人和疗养者推荐的那些价格不菲的搪瓷餐具。1875年8月11日，伊丽莎白·尼采收到了哥哥的一封信，信中写道："我亲爱的伊丽莎白，你就这样回到了我们的家。这真好，无论是对你还是对我，还是对爱我们的所有人来说！你看，我的信纸快用完了。只要开始将就，就会有更多将就的时候……鲍曼女士按照我的意愿给我寄了一台灌肠机器——抱歉。我把它送了回去，因为我发现它不能用。鲍曼女士又给我寄了回来，但它也并没有变得更好用，因为它的设计有缺陷。威尔医生和我一起研究过，对此我们得出了一致的结论。这期间的拖延让我有些生气，现在我终于从别处弄到了一台新的……你看，我还留在这里，没有到拜罗伊特去！而且我有理由待在这儿……胃扩张的问题已经解决了，它影响不大。但真正的胃病还藏在别处。现在威尔医生自己也认为，和伊莫曼的结论一样，也许问题出在胃的神经反应上，他认为这是个长期问题。而我很高兴，现在可以憧憬井然有序的家庭生活了……顺便说一句，天气好极了，森林散发出树木特有的气味，我常常去散步，以最彬彬有礼的优雅姿态聊天，也就是自言自语……威尔医生说，每个水管工人都能买到牛排机器……那我们只需要为厨房再添置些搪瓷餐具就够了……"

慢慢地，尼采有些不耐烦了。他认为威尔医生对他进行的治疗基本已经结束了，已经做出了关键性的诊断，剩下的只是医生有意要推广自己的食疗生活方式。尼采在施坦纳浴场的森林中看到的美丽光芒必须兑现。他怀着美好的心愿和计划，准备好信守诺言。他当然知道会遇到阻力，然而他心意已决，要保持耐心，在必要时用自己的方式克服困难。没有忽略伟大的幻象中隐藏的真正哲学诡计，他觉得自己可以变得自信。

生命的一切都自有安排，这已经成了他坚定的信念。任何想走正道的人，都背负着一种责任，他们不仅时刻要注意普通的道路标记，还要领会命运的眨眼示意。而此时，尼采认为自己领会了这一点。作为教授，他接受了一个不受欢迎的职位，而且努力在能力范围内去适应自己的工作。他的病的外部诱因就是饱受折磨和有所留恋之间的反复冲突，因此这病几乎就因他自身对所处的过度紧张的环境产生了自然反应而起。只要他敢于跳出来，用一种有据可循的全新责任意识来看待这件事，他完全可以控制这些病症。尼采等了很久，抱怨着老天的不公，现在他看到了实现自己存在价值的可能。他似乎下定了决心，至少足够自信要把握住这些机会。作家卡尔·福克斯在一封信中曾抱怨，文学评论界轻视了他（指尼采）的作品。尼采在给他的信中写道："我在这里学着变得更勇敢了——事关全局时，在某些方面谨慎行事可能是最勇敢的事情了。因此，不仅是现在，将来我也会十分谨慎地生活，这对我的一生来说就是勇敢；令我最恐惧的事情甚至不是死亡，而是失去生命的力量，苟延残喘。在山中和林间漫游时——我总是独行，和自己聊得尽兴——我常常想到您，想到您时至今日经历的那些难以想象的痛苦。我问自己，您以献身精神完成的那些事，并非依靠他人的乐善好施，为什么已完成的一切会反过来伤害您。请您不要生气，我想起了我们性急的朋友利斯特的那句话，好像是一种火烧眉毛般的迫不及待为您抢到了某些成功。人们不该等着命运注意到他们想要什么。五分钟后，它会自动提出邀请。我想，莎士比亚就是这样'万事俱备'。也许我在这里说的这些有些'马后炮'的意思，而不是从被好运眷顾的生命中得出的理论。但您可以相信我，我所说的完全是我内心所想，是我珍藏数年而未曾吐露过的想法。但当我接受它们时，我已'万事俱备'。这种'保护'还并不是愿望……只是在一定条件下类似设想的东西，'如果是这样，那么这就是对你的祝福'。您很难相信我抱着怎样伟大而美好的设想。为了它，我可以瞬间做好准备……"

尼采的生活内容因为勇敢的表达而获得了肯定，尽管它非但不具体，反而显得虚幻缥缈。只要积极准备，未来会为他在施坦纳浴场所想的一切带来实现的可能。这当然也意味着，对于存在的惊喜和崭新的规划而言，仍然有着足够的可能性。

就在休养即将结束时，他突然产生了游客般的奇特热情。他参观了罗特豪斯酿酒厂，被这家酿酒厂的规模深深震撼，当场宣布它为"德国最大的酿酒厂"，并且就像他对在巴塞尔的朋友奥弗贝克说的那样，他还"关注了"当地的"养猪场和奶酪厂"。8月12日，尼采比原计划提前了三天动身，回到巴塞尔。他在黑森林中看到的美丽光芒，在粗暴的日常生活中渐渐隐去了。没过多久，日常的琐事再次使他狼狈不堪。之前的一切只给他留下了一段回忆，一条认识的原则，成为一种怀着简单愿望的程序，希望能接受生活的苦难，在伤害中变得坚强。在施坦纳浴场的最后一封信，尼采写给了马尔维达·冯·迈森布克："我为……蓝图勾画了蓝图，努力使我的生活有所连接——再没有其他事能让我做得更起劲、更热心了……我有一个真正的晴雨表来监测我的健康状况。我们的存在……从来没有遭受过纯粹的生理折磨，一切都是从精神危机中生发出来的，以至于我根本难以想象，我仅靠药店和厨房就可以好起来……因为内心脆弱敏感，我们需要有坚硬的皮肤做铠甲，这是一切病症康复的秘诀。这样，我们才不会被任何东西从外部轻易地吹倒或撞伤……"

在水晶球纯净的内心

康拉德：未来的使者

　　相信命运的力量的人，并不一定是非理性者或对我们所珍视的人类的自由不屑一顾的人。因为命运有着极其精巧的呈现方式，不是某个滚落在人类头上并造成严重后果的粗暴事件，而是由一系列合乎情理的事件相互连接构成的整体。如果愿意琢磨，甚至可以从中看出每个人相应的兴趣：从他们的角度出发，可以被认为是有意义的东西，就会显示出意义。这时人们会说，这是命中注定，并且相信其中存在一种高于所有理智的智慧。

　　作家约瑟夫·康拉德是英国公民，但他的祖籍实际上在波兰，名叫约瑟夫·特奥多尔·纳乌茨·康拉德·科尔泽尼奥夫斯基。他对命运就有着这样的信念，而且明白如何让它恰好符合秩序原则，就好像这些原则是特意为他制定的。康拉德真正最爱的是大海，这种爱很早就被唤醒了。但实际上，他的爱并没有具体的对象。19世纪下半叶，位于欧洲内陆的波兰处于被德国和俄国两个帝国主义大国碾碎的危险中。小康拉德身处这样的波兰，爱上的是他从书本和图画中了解到的带着神话传说色彩的海洋。这种热爱源于未满足的渴望，无法与现实相抗衡，只能保持清醒，为真理到来的时刻做好准备。在约瑟夫·康拉德于1912年出版的生活回忆录《关于我自己的报告》中，他写道："在这样的世界中……没有任何解释是绝对被认可的，在评判一个人的行为之前，应该考虑到那些不可解释的因素……我们的生命是短暂易逝的，外表具有欺骗性，其实所有东西都具有欺骗性，因为对它们做出评判的都是我们不完善的感官。我们内在的自我可以在其隐秘的决定中保持忠诚和真实，即使是在与世隔绝的生活中，也能坚持特定的传统，无可争辩地沿着其内在力量确定的道路前进。"

约瑟夫·康拉德于1857年12月3日在今天乌克兰境内的基辅附近出生。父亲阿波罗·科尔泽尼奥夫斯基是一位波兰的爱国主义作家，将莎士比亚、狄更斯和维克多·雨果的作品翻译成了波兰语。他的儿子约瑟夫·康拉德很早就学会了阅读，帮了他很大的忙。约瑟夫会根据自己的理解大声朗读整段文章，父亲这时会闭上眼睛，全神贯注地去听一个又一个音节，根据聆听的感觉来修正文章。在约瑟夫的印象中，母亲伊娃·科尔泽尼奥夫斯基是一位美丽的年轻女子，总是轻声笑语，有时她也会参加这样的朗读会。这种充满爱的家庭生活需要团结：阿波罗·科尔泽尼奥夫斯基的经济投资出现了问题。1861年，他因为参与谋反活动被逮捕，被流放到位于危险沼泽地带的白俄罗斯沃洛格达。他的妻子在那里患上重病，尽管被送回乌克兰进行康复治疗，但再也没有好起来，于1865年4月去世了，当时她年仅三十二岁。四年后，阿波罗也随她而去，他在克拉科夫举行的葬礼是一场全国性的事件："我看到了公众的出殡队伍、为送葬而清空的街道、默哀的人群。我明白，这次民族精神抓住了宝贵的机会，在公开发表声明。大批脱帽致敬的工人、大学里的年轻人、伫立窗口的妇人、站在街上的小男孩，他们对'我的父亲'一无所知，只知道他忠诚的名声在他们所有人的内心激起的感受。"

父亲去世后，约瑟夫·康拉德来到了舅舅塔迪乌斯家。塔迪乌斯·博布洛夫斯基和他姐夫一样，都是爱国者，但在政治观点上更加温和。他对于革命性的反抗活动不怎么积极，而更愿意相信道德原则和由公认传统推动的社会自我净化力量。约瑟夫对这位舅舅充满尊敬和爱戴，而塔迪乌斯待他视如己出，只想给他最好的。然而，大人认为对孩子最好的东西，往往与孩子本人的意愿背道而驰。约瑟夫十五岁时第一次表达了想要出海远航的愿望，这让塔迪乌斯舅舅大吃一惊。舅舅竭力反对，指出历史上航海的种种危险、动荡和不靠谱，他提醒康拉德，除了海盗，没有一个正派人会通过航海获得名誉和财富。他说水手可不是什么好对象，无论是对于他自己，还是对于他心爱的姑娘来说。因为那姑娘必须留在陆地上，不得不为他担惊受怕。这些实际的考虑对约瑟夫·康拉德并没有产生多少影响。父亲翻译成波兰语的维克多·雨果的小说《海上劳工》最终拉近了他和海洋的关系，他对海洋的热爱再也无可动摇。于是，塔迪乌斯舅舅怀着好意耍了个小花招。他把约瑟夫和家庭教师亚当·普尔曼一起送去环游欧洲，经由维也纳、慕尼黑、博登湖和瑞士，最终到达威尼斯和的里雅斯特。家庭教师负责规劝自己的学生，把他从"浪漫的幻象"——这是舅舅对外甥的航海梦的称呼——中拉出来。这次旅行确实促使约瑟夫做出决定，然而这非但没有让参与者的计谋得逞，反而让事情变得更加棘手了。"1873年是美好的一年。因为在那一年，我经历了最后一次美好假期……在这个假期中，我们……离开了福吕埃伦的卢塞恩湖蒸汽船，第二天傍晚时分，暮色赶上了我们的脚步，我们到达了……深谷的背阴面，远离人烟，我们的思想不再关注那些生活道德，只操心简单得多的人类问题，比如晚上在哪里露营、晚饭吃什么。因为这里似乎什么也找不到，我们已经在思考是否应该回去，尤其是当我们沿着小路拐过一道弯时，看到一所房子矗立在暮色中，给人一种鬼魅般的感觉。"

　　暮色中的这所房子原来是当时的一座旅馆，经常出入的主要是当时参与修建一项野心勃勃的大工程——圣哥达隧道的工程师们。他们的行业要求他们主要在地下活动，于是他们都成了幽灵般的存在。人们看不到他们，却隐约能听到他们交谈的声音。直到第二天，他们才露面。约瑟夫·康拉德对此着了迷："在一扇没有窗帘的窗户边，站着一个瘦削的高个儿男子，他蓄着长长的黑胡子，秃顶，只有两只耳朵上方各有一簇白发。他本来读着报纸，这时却停了下来，他的目光显示出，他对我们的到来深感意外……此时，房间里拥入了许多男人，看起来都不像游客，而且我没看到一个女人。这些男人似乎彼此很熟悉，然而我却不能说他们很健谈……秃顶的男人庄重地在桌子边起首坐下，所有人的举止表现得好像他们是一个大家庭……这些人对生活问题惜字如金，偷听他们用英语聊天让我觉得很有趣——假如这真的能被称作聊天的话。这就是我与英语世界的第一次接触……"

家庭教师普尔曼和他的学生继续前进。他们在弗尔卡帕斯路边停下歇脚时，一队徒步者恰好经过。那些人很引人注意，其中有个英国人，虽然不是旅馆里那个蓄着黑胡子的，但更像是他的亲戚，这人也许继承了他的志愿，像他一样要给人留下深刻印象："他大步流星地向东边走去（身边跟着一位闷闷不乐的瑞士向导），脸上挂着一副兴奋而无畏的徒步者的表情。他穿着齐膝短裤，登山靴里穿的不是通常的长袜子，而是一双短袜——也许是出于卫生的考虑或者是基于某种习惯，总之看起来不那么自然——于是，他的小腿肚暴露在这个海拔高度的稀薄空气中，也暴露在所有人的目光下。旁观者被它们大理石般的光泽和象牙般柔和的乳白色闪花了眼。他带领着一支小小的旅行队。他的脸刮得光光的，只留着短短的白色络腮胡，脸庞上闪耀着光彩，眼睛里流露出孩子般的兴奋和胜利在望的神采，这些都在表达着他对人类和山中世界的热爱与激情。当他路过我们时，看到的是一个男人带着一个小男孩，像脏兮兮的流浪汉一样坐在路边，守着脚边可怜的背包。他抛给我们一个善意但近乎同情的目光，友好地咧嘴一笑，露出亮闪闪的健康的大牙齿。他那白色的小腿肚也肆无忌惮地反射着阳光……"

英国人踏着沉重的步子走远了，但他的形象留在了康拉德的记忆中，而且轮廓清晰。一个十五岁的少年为自己的一生做出了决定，尽管他在走了些弯路后才看清这一点。那个男人带着山一般的坚毅和阳光一般的热情消失在山口后，吸引了这位少年的注意，他的目光一直追随着那个男人，做出了这个决定。在回顾往事时，康拉德写道："这样的英国人，一个人一生中也遇不到两次。难道他是冥冥之中昭示我未来的使者，在伯尔尼高地山崖这些沉默而肃穆的目击者面前，用批判的目光在高耸的阿尔卑斯山口对我的决定施加影响吗？他的目光和微笑，他不屈不挠而显得滑稽的热情，使我振作起来……"

似乎有一种神秘的魔法在那一刻起了作用，就连家庭教师也无法抗拒。他明白自己已经尽力了。想要说明出海没有意义，能找到许多好的理由，但并没有充分的论据来证明，为何他的学生必须放弃出海这条路。他走入了难以通行的地带，每天都必须有新的发现并证明它们。而真正的决定是一种重复行为，由生活的浮沉变迁中产生，一次又一次以新的姿态融入变幻的要求和答案；既然不存在永恒成立的终极证明，它就要证明自己对每个世界经验和自我经历都是不可或缺的。

十七岁的约瑟夫·康拉德成了一名水手。他从见习水手开始，接着成了乘务员，通过努力终于被升为舵手和军官——这条升迁之路绝非一帆风顺，也不是没经历过苦涩的挫折。在船上工作赚不了多少钱，况且他也不擅长理财。舅舅塔迪乌斯在经济上给了他很大帮助，他催促外甥谋求船长的职位，还要他努力拿到英国国籍。塔迪乌斯·博布洛夫斯基认为英国是个稳定的国家，有着良好传统，能为公民的权利提供保障，更何况，英语是世界语言。命运在此时又一次毫不起眼地眨了眼：约瑟夫·康拉德在地中海上航行时看到了一艘船，它衬着广阔的天空向他发出信号："我看到它飘扬在高高的桅杆顶，突然被海风吹展开来。那是一面红色的旗帜，英国国旗！稀薄而苍白的空气笼罩在南部陆地棕色或灰色的土地上，笼罩在闪着微光的岛屿上，笼罩在暗淡的玻璃一般的天空下，那暗蓝色玻璃一般的海水。而这面旗帜上粗重的红色线条在这样的空气中熠熠发光，越来越小，不一会儿就小得像一个红色的火星，仿佛被水晶球纯净内心的一簇烈火的映像点燃了。英国的红色旗帜——一块象征着保护和温暖的印花布，在所有海洋上空飘扬，它是这么多年以来，我头顶上唯一应该拥有的庇护。"

8月19日，约瑟夫·特奥多尔·纳乌茨·康拉德·科尔泽尼奥夫斯基正式成为英国公民。他做了三个月的英国船长，一共在海上航行了二十年。回头看看，这二十年成就了约瑟夫·康拉德的作家之名，让他从学徒变为了大师。成为作家的召唤也在不知不觉中发生。在很长一段时间里，这位未来作家的头脑中已经酝酿了一些想法，但他在文学上并不活跃，毕竟他对船上的职业期待很高，这给了他沉重的工作负担。他的第一部小说《阿尔迈耶的愚蠢》于1894年出版，这部小说他写了整整五年。手稿在旅程中一直陪伴着他，每一行字都是他冥思苦想得来的。然而有一天——这又是一个发生在伦敦的神奇日子，约瑟夫·康拉德的写作变得得心应手，他的笔自由了，独立了，它的道路就是它的目标："那是一个秋日，空气像一层纱，让这一天显得雾蒙蒙的。然而，在这阴沉中也闪着灼灼的光点——铺在广场对面的屋顶和窗户上的阳光。广场上的树，叶子已经掉光了，看起来就像是用羽毛笔画在薄纱纸上似的。这就是伦敦那些散发着神秘魅力和迷人温柔的日子中的一天。在临近泰晤士河的贝斯博勒花园中，这种笼着薄纱一般的氛围并不罕见。我其实也不明白，自己为什么会对这一天记忆尤其深刻……”

当心明眼亮的时刻来临时，这其中的原因不言而喻。接下来，人们想要认识最高级的整体，那是一场计划周详的游戏，不需要任何规则，结果却有理有据："后来……这件事对我来说，就像正午的阳光般合理，骰子仿佛在那一刻落定了。于是，我怀着一颗坦荡清白的心和令人难以置信的天真质朴，写下了《阿尔迈耶的愚蠢》的第一页手稿。当时那一页大约有两百个词，而在我写作生涯的十五年中，每一页两百个词一直是我的写作标准。"

前水手约瑟夫·康拉德在他的第二段作家人生中也获得了许多成就。他作品的英文版有二十二卷。然而，他并未因此骄傲自大，实际情况正相反。漫长的海上生活教会了他看到美好、恐惧和失落，这赋予了他谦逊的态度，更从中生发出一些好的品质，比如坚实的自信心、对作品的忠诚、耿直公正，以及对一种超越一切的独特创造性的认可：创造"对我来说，似乎……意义就在于提供一种表演。人们怀着敬畏、热爱、仰慕或仇恨参与其中，却不应带着绝望的心情来忍受它。它所呈现出的东西可以是滑稽的，也可以是痛苦的，其道德意义就包含在自身之中。此外的一切都是我们的事情了——欢笑，泪水，同情，愤慨，坚定心灵的安宁，敏锐头脑无拘无束的求知欲……我们在世间的使命，大概就是去留意反映在我们意识中的生机勃勃的宇宙中每一个轻微的波动。要完成这一使命，命运只需唤醒我们的良知，赋予它声音。于是，它会提供真正的证据，证实可见的奇迹、折磨人的恐惧、无边的热情、无尽的智慧、崇高的法律和这场伟大表演永恒的秘密"。

一切都与它原本的样子不同了

契诃夫：与人类的相似点

　　我们通常认为，诗人必须在内心寻找自己的世界。那个世界丰富多彩，极富个性，会发生各种各样的事情，有辉煌也有阴霾，有可能被转化为文学，但这种转化并不一定有效。而外部世界在诗人内心的反映却是另一回事，它是滞后的，就是说要经过阅读、理解和拆解的过程，其中可能包含着辛劳和享受——是否真的有享受，还值得商榷。有时，作者想呈现的东西太多，读者在阅读时负担很重，读得头疼。其实，诗人也可以将自己抽离出他所描述的世界。这样的诗人不是文学的厨师（他们不通过更换配料来创造出非凡的原创菜品），而是一名专攻重现艺术的艺术家，像记者一样报道在他看来值得展示的事件，而且暂时对此负责。

　　俄国作家安东·契诃夫更喜欢第二种写作方式，这种写作方式建议作者要克制，让事情自己说话。他喜欢回避自己，自我对他来说不值一提。三十二岁的契诃夫在1892年写的一份简历中就已经表现出了言简意赅的特点："我于1860年出生在塔甘罗格。1879年，我在塔甘罗格读完了高中。1884年，我在莫斯科大学医学院完成了大学学业。1888年，我获得了普希金奖。1890年，我穿过西伯利亚，去了萨哈林岛，然后从海上返回。1891年，我去了欧洲旅行，在那里喝了很好的葡萄酒，吃了牡蛎……我从1879年开始写作……我也染指过戏剧领域，尽管有限……十三岁时，我初尝爱情的神秘。我与同事、医生和作家都保持着良好的关系。单身。"

这就是契诃夫认为关于自己值得一提的一切，这些对他而言还算有价值。他的自我仍然被掩盖起来，他称之为"部门"，尝试在其中进行微妙的自我管理。他认为其他人不会对他的部门感兴趣。即使经过最激烈的思考，自我也永远无法完全被理解和看透。如果不想陷入不必要的危险，那么在涉过自我这片雷区时必须谨慎。契诃夫喜欢观看世界而不是自己，这不仅与个人气质有关，也与出身和经历有关。他几乎没有童年，青春期很艰苦，而且时时处在贫困中，笼罩在忧郁苦闷的气氛下。然而，这些却让他养成了一种阳光的心态。他很有趣，即使在最有失体面的情况下，也知道如何找些乐子。他基本上没有什么值得大笑的理由：父亲之前是一位虔诚的农奴，经常殴打他的妻子和六个孩子，却在有钱有势的人面前卑躬屈膝。他在塔甘罗格经营着一家杂货店，赚的钱甚至填不上生活必需的支出。拮据的家庭生活影响了契诃夫的一生。曾经有一位作家向他征求写作意见，他提议道："您写一个这样的故事吧，讲一个年轻人，他是农奴的儿子，做过商店店员、教堂歌手，读过高中和大学，被培养成了上等人；亲吻过教皇的手，屈服于别人的思想，感谢每一块面包，经常被殴打，不穿雨鞋就去上学……在人类面前不必要地伪装自己，只是出于自卑——您写写这个年轻人是怎样一滴一滴地把奴隶的血挤出自己的身体，当他在一个美好的早晨醒来时，怎样发现血管中不再流淌着奴隶的血液，而是真正的人类的热血……"

契诃夫原本可以自己写这个故事，但是那与他的自我离得太近了。他选择了陌生化的文学手法，在时间上与叙事保持距离，同时又保留了明显的特征，寥寥几笔便勾勒出自己童年所受的折磨，这不仅是回忆性质的作品，更包含了对他未来的影响。他在1895年出版的短篇小说《三年》中写道："我记得，父亲开始教育我，或者更直白地说，殴打我，那时我还不到五岁。他用棍棒抽打我，扯我的耳朵，敲我的头。每天早上醒来时，我想到的第一件事是：今天会被打吗？我被禁止玩耍和淘气。我们不得不去做早弥撒和中午礼拜，亲吻牧师和僧侣的手，在家读赞美诗……现在，当我走过教堂时，我会突然想起我的童年，那种惶惶不安如影随形。"

契诃夫摆脱了自己可怕童年的阴影，这一点着实令人惊讶。他很难被打倒，善于察言观色，会用兴致勃勃的欢快心情武装自己，这是他的面具和盔甲。在家庭中，他是其他人的精神支柱。即使是脾气暴躁的父亲，也总会在他三儿子的善良品格前心软。安东·契诃夫高中毕业后，开始在莫斯科学习医学。自从他的幽默才能和表达技巧为人所知以来，他以惊人的速度创作了许多简练的短篇小说和幽默作品。虽然每篇稿件的稿酬很少，但是被采用的稿件总量很大。于是，在搬到莫斯科去之前，契诃夫已经成了家里的顶梁柱。尽管父亲的非法伏特加酒馆运作良好，但位于塔甘罗格的杂货店却破产了，现在父亲明显变得不那么趾高气扬了。由于疾病缠身而且年纪渐长，他的脾气也变好了。契诃夫于1884年5月获得医学博士学位，尽管他总是用带着揶揄的语气谈起此事，但他的确为此感到自豪。医学对他来说意义重大，他不仅已经完成了医学的学业，而且将继续研究它；而文学也是如此。因此，毋庸置疑，他同时从事着两份主要工作，认为二者是相辅相成的："医学是我的合法妻子，文学是我的情人。当我厌烦了这一个，我便去找另一个过夜。这听起来有伤风化，但至少不会无聊。这就是我不会因为不忠而失去它们两者的原因。如果没有医学，我几乎不会在闲暇时把过剩的思想奉献给文学……"

契诃夫生命中真正的转折点发生在1886年3月，他收到了当时属于高雅文学一派的著名作家迪米特里·格里格洛维奇的来信。契诃夫轻描淡写地说自己充其量是一个有些小聪明的幽默作家，格里格洛维奇则有不同的看法。他相信契诃夫的天赋，并建议他最终做出明智的选择："您拥有真正的才华，这可以使您超越新一代作家的圈子……当我谈到您的才华时，是出于个人欣赏。我已经六十五岁了，但是我仍然热爱文学，并且满怀热情地留意着文学的发展，因此我很高兴发现令人兴奋的新事物。如您所见，我激动得无法自已，真想握住您的双手……但是请停止写这些小聪明的习作吧。我不清楚你的财务状况，如果不是那么乐观，那么请您就像我们当时那样，宁愿挨饿，也要将您的想法为成熟完美的作品保留起来，不要一蹴而就，要在灵感迸发的幸运时刻进行创作。这样的作品的价值将比在报纸上四处散布的一百个美丽的故事高一百倍……"

契诃夫因这封信备受鼓舞。他第一次感到自己得到了认可，这给了他勇气去考虑以前不敢想的事。这件不敢想象的事，就是成为一名作家，整天埋头写作，不再生产消耗品和廉价娱乐；但他是否能凭借他的描述能力触到人类生存的本质，迄今为止他还没有把握。他受到了极大的鼓舞，以至于忘记了自己清醒的现实感，被一封过分热情的回信迷住了："您的来信友好而热情，是快乐的使者，它像闪电一样击中了我。我几乎喜极而泣，现在我感到它已经在我的灵魂上留下了深刻的烙印。您可以以此衡量您的来信对我的自信产生了多大的影响。它的意义比任何学位证书都重要，对于一个崭露头角的作家来说，这是现在和未来的报酬……我无法判断我是否应该得到如此高的报酬……到目前为止，我在文学创作上一直表现得轻浮、漫不经心、不审慎。我不记得自己为任何一个故事埋头写作超过二十四小时……我就像记者报道火灾一样去写我的故事：机械地，半自觉地，从不考虑读者或我自己。"

这些都该画上句号了。契诃夫在一位受人尊敬的同事的鼓励下——今天几乎没有人知道他的名字了——决心成为一名严肃的、有思想的文学家。但这说起来容易做起来难。他以前以幽默作家和篇幅小、收效快作品的艺术家的身份从事写作，虽然他并不是自愿的，而是出于经济原因——他必须养活一大家子人。而且大概因为他们习惯了坐享其成，不想再失去他的赡养费，他不能也不会逃避这样的责任。他必须找到一个两全之计，既可以让他的文学创作更加严肃、工作更有保障，同时又不会耽误当前的赡养业务。他作为医生的收入也不高，因为他喜欢治疗穷人中最穷的人，而他的教养使他无法向对方开口要账。相反，契诃夫本人对疾病也未能免疫：尽管他没有经过诊断，但长期以来他一直怀疑自己有肺结核。万能药是不存在的，对此，唯一的办法是勇敢抵抗。契诃夫一生不得不与结核病纠缠斗争，他也知道自己终将屈服。如果有人询问他的病情，他会很乐意回答。但鉴于他习惯了自我封闭，这个话题对他来说是可疑的。不过，他的文学作品逐渐变得值钱了，他可以为自己和家人争取更合理的利益了。

来自外界的认可正在不断增加。1888年秋天，他获得了久负盛名的普希金奖。像往常一样，他谦虚地评论道："能获得这个奖当然很荣幸，如果我说我对此并不兴奋，那我就是在撒谎。我觉得自己毕业了……昨天和今天，我像一个陷入爱情的疯子一样跑来跑去，无心工作，只想着这一件事。当然，毫无疑问，我不能把这奖归功于我自己。有的年轻作家比我更优秀、更年少有为……"

现在，契诃夫成了俄罗斯最受尊敬的作家之一。从他身上，人们再也看不到文学小丑的影子，他将人类和超人类编织成精美的缩影，也认识到人之为人的其他特质。当然，不可否认的是，作为作家的契诃夫所传达出的信息实际上可以说是令人失望的：不存在毫无疑问的真理。人要为自己负责，他认识到的真理，即使似乎得到了更高的认可，也不会帮助他在尘世的生活中获得永久的尊严或可敬的地位。但是与火速蔓延且脆弱的真理性认识打交道，可能仅仅是俄罗斯一种特殊知识分子疾病的变体，人们可以称其为进步开明的厌倦和频频获奖的无聊。契诃夫在对1889年1月首演的剧作《伊万诺夫》的阐释中，对这位俄国情感艺术家的描述如下："他的过去像大多数俄国知识分子一样美好……现在总是比过去更糟。为什么？因为俄国式的兴奋具有特殊的性质：它很快就被疲惫所取代……他感到身体上的疲惫和无聊，但不了解他的病情……他在外界寻找，却找不到原因；他开始在内心寻找，发现了无限的内心感受。像伊万诺夫这样的人，因为缺乏解决问题的能力，反而会在这种负担下崩溃。他们感到困惑，张开双臂，神经紧张，怨天尤人，犯下愚蠢的错误，最后，他们放任自己脆弱无力的神经崩溃，失去了立足之处，进入'破碎'和'无解'的行列。"

那些破碎和无解的人为自己的身份沾沾自喜，最终组成了欧洲虚无主义雄辩的沉默大军。契诃夫虽然与此保持了距离，但自觉也属于他们。然而，他的职业道德禁止他被他们同化。他不去抱怨，宁愿被人抱怨；他认为作家不应将自己视为讨论中拥有话语权的主导者，而应将自己视为辩论开场的书记员。但是，这种疾病的病因在于人的内心，而不在于人的智力。它永恒的病理描述如下："我们没有短期或长期目标，我们的心是空的。我们没有政治，我们不相信革命，我们没有上帝，我们不怕鬼……甚至不怕死亡或失明……这是否是疾病——它与名字无关，而是关于对我们处境的承认……对我们来说，这个时代充斥着脆弱、酸涩、无聊……我们缺少'某种东西'……"

1904年7月15日，安东·契诃夫在德国温泉小镇巴登韦勒与世长辞。长期以来，他与抗结核斗争已经变得不平等了，最终以两次心脏病发作告终，他的自我还是关闭了。他之前说过："我只是我生命的管理者，而不是主人。"这适用于每个人，即使我们喜欢采取主人的态度。契诃夫是一位出色而节俭的语言作曲家，他不仅谱写出了一首包含各种变调的，关于冷漠的思想者的曲子，也描绘了笼罩在荒原和俄国乡村，尤其是笼罩在灵魂国度之上的忧郁情绪。这种忧郁仍在传播："太阳还没彻底落下，大地就已经笼罩在黑暗中了，白天的忧伤都被忘却和宽恕了，荒原随着呼吸渐渐涨满了胸膛。也许是因为草在黑暗中迫不及待地生长，它们发出了白天所未有的欢快和新鲜的窸窣声……黄昏时还能看到各种事物，只是它们的颜色和轮廓让人难以辨认。一切似乎都不同了。如果你驾车前行，忽然看到前方的路上站着一个影子，像僧侣，手里握着东西，一动不动，似乎在等待着什么……人影越来越近，越变越大，已经到了马车跟前，于是你发现，那影子不是人类，而是一丛灌木或一块大石头。这些呆呆等待的影子站在山丘上，躲在石冢后，或从灌木丛中向外窥视，它们都有和人类相似的特点，让人生疑。"

精神世界观

施泰纳：内心世界

　　关于人们所知甚少的逝者，有的悼词总是写得很草率，其中会提到，悼词的主人公是个局外人。这是指他有某种不合时宜的特质，但这种特质也为他的存在营造出了一种神秘感，这种特殊存在既难被其他人理解，也难被他自己理解。"生活中的局外人"并不是一个含有贬义的评价，它还包含着惊讶或固执的疑惑，而这种疑惑通常会与特定的哲学联系起来。这种哲学之所以存在，正是因为它无法毫无破绽地融入生活或者满足于被给予的一切。但成为局外人并不一定伴随着痛苦的孤独感，局外人也可以与驱动他的事物互动，就像在进行一场内心的问答游戏，或者将自己融入正常状态，这唯一的优势就是建立一种无法回避的现实。

　　哲学家鲁道夫·施泰纳很早就意识到了这种从内心产生的陌生感。这种感觉不但越来越强烈，而且完全与外部的社交活动联系在一起。鲁道夫·施泰纳于1861年出生在克拉列维察，这个小地方在当时属于匈牙利，现在属于克罗地亚。他的父亲本想做猎人和护林员，后来却成了奥地利铁路报务员。他虽然兢兢业业地履行自己的职责，却带着明显的不情愿，还不可避免地把这种情绪带到了家庭生活中，在原本就有些排斥新移民的地方安家就变得难上加难。母亲弗兰西斯卡·施泰纳对神秘现象有着浓厚的兴趣，心地善良但沉默寡言，没采取行动来打破家庭的封闭状态。当铁路公司将报务员约翰·施泰纳提升为车站站长并调往下奥地利黑谷的波茨查赫任职时，这种令人压抑的家庭关系才有所好转。波茨查赫田园风光浓郁，整个世界似乎都变得更友好和开放了，也适合让人渐渐产生家的感觉。

弗兰西斯卡·施泰纳后来又生了两个孩子：一个女孩和一个因为残疾时常烦恼的男孩。长子鲁道夫后来将这段在波茨查赫的日子看作一份礼物，因为这赠予了他真正的童年。在回忆中，这段依然鲜活的愉快记忆总是伴着如画的风景。这风景恰好是随时会失去的安全感的背景，于是它反过来也催生了陌生感："我的童年被优美的风景包围着，起伏的山峦将下奥地利和施蒂利亚州连在一起：施内山脉，拉克斯山脉，塞默林山脉。施内山脉那一路攀升的光秃秃的岩石，正对着太阳的方向。于是，当山岩将阳光反射到小小的火车站时，这就是美好夏日的第一句早安。这与威克斯山脉那灰暗的阴面形成了鲜明的对比。绿色的植物从各个方向对这片风景微笑着，让这片山脉显得与众不同。从远处，人们看到的是威严壮丽的巍峨山巅，而身处其中，看到的却是妩媚秀丽的自然风光。"

尽管风景优美，民风淳朴，施泰纳感受到的陌生感却没有消除。这种陌生感有着自己的原则，这是一种内向的个人烙印，在人群中会变得尤为坚定，就像在外部世界投下一个阴影般的存在。铁路员工约翰·施泰纳在1869年再次被调任，于是举家迁往布尔根兰州的新德尔夫。这次搬家是一次严重的倒退：在克拉列维察时，那种熟悉的被隔离似的生活方式又显现出来，他们自己过着自己的日子，既不引人注意，同时又招人怀疑。直到十一岁，鲁道夫·施泰纳才进了当地的乡村学校读书。在那里，他学到了一些基础知识。老师是一位年轻的助教，常常不得不代理校长一职，日理万机。这位助教的课却产生了意想不到的副作用，导致施泰纳习以为常的陌生感展现出了诱人的一面。这种陌生感来自知识本身，逐渐演变成了个人理解的抽象表现，将自我认识的发现与认识的对象混在一起，必须在每次学习开始时提出并阐明。对这孩子提出如此要求的科目是几何学："助教对我的生活产生了影响，其方式对我具有方向性的指导作用。在我进入新德尔夫学校后不久，我在他的房间发现了一本几何书。我和这位老师的关系很好，所以没费什么周折就拿走这本书去看了。那段时间，我如饥似渴地研究这本书。几个星期中，我满脑子都是三角形、四边形、多边形的全等性和相似性，对平行线在哪里相交百思不得其解，深深迷上了勾股定理。原来人可以让灵魂生活在教育中，而这种教育不必依赖于外部感官得到的印象，其形式纯粹是内部思维的演绎——这让我感到最大的满足。那些悬而未决的问题带给我的苦恼，都在这种满足中得到了安慰。有的东西完全可以在精神中把握，这使我有了一种内心的幸福感……"

年轻的施泰纳面前摆着一种他再也离不开的认识，而正是这种认识，让他的陌生感对生活产生了影响。他及时认识到，在精神上存在着一个完全个人的确定性领域，这种确定性产生于自我，与感官信息、事实和观点无关，人类的灵魂正是在这里找到了自己的家园。施泰纳认为灵魂与隐秘的意识通道或死后衡量善恶无关，而是精神发展真正的现场。精神发展会从自我出发，探入客观事件的世界。即使精神会表现出各种各样的形式，它们都属于同一个自然和人为因素统一作用的世界，这个世界的规律显示着思维的理解能力："在我和几何学的关系中，我显然看到了我心中一个观点的萌芽。在我的童年时代，它就或多或少毫无察觉地在我心中生长着，在二十年后成为一个确定的、有充分意识的形象。我对自己说：感官感知到的对象和活动都存在于空间中。但就像这个外在空间一样，人的内部还存在一种灵魂空间，这是精神本质和活动的发生现场。在这些思想中，我看不到人类作用于事物的画面，只看到了精神世界在灵魂现场的启示。在我看来，几何这门学问显然是由人类自己创造的，却拥有完全独立于人类的意义。——那时我还太小，当然说不清楚这种感受，但我觉得人的内在一定存在类似几何学的精神世界的知识，因为对我来说，精神世界的现实和感官世界的一样确定无疑……我想说的是，精神世界的经验和感官世界的一样，都是假象。关于几何，我对自己说，在这些问题上，灵魂可以了解经由它自身的力量所经历的一切。在这种感受下，我找到了像谈论感官世界一样来谈论我所经历的精神世界的正当理由。于是我就这样谈起了它。我有两个设想，它们虽然不成熟，却在我八岁以前在我的灵魂生活中扮演了极其重要的角色。我会将事物与本质，即'看得见的'和'看不见的'相互区分。"

几何书对精神生活的启示成了施泰纳的关键经历，为他提供了必要的线索，终于让他发现了自己那时即使处在朋友和熟人之中，也能感受到的陌生感。他明白了，自己的所感所想都异于常人：灵魂活动的自主性和精神现象无可辩驳的现实倾向相互联系，只能被视为难以理解的世界观模型，这种模型并不是尽人皆可适用的。施泰纳学着与这种情况打交道。他从小就努力纠正自己给人留下的那种乖巧孤僻的印象，后来成了一个乐于交流讨论的年轻人，尤其喜欢与持异见者交谈，从中获得对他个人哲学的重要建议。由此，他很早就将神秘经验的可能性纳入了自己的哲学中。

还有一次童年经历让他怀疑，在天地之间——尤其是在灵魂清醒敏锐的感觉中，存在着一些超出普通理性之外的东西："我母亲的姐姐死得很悲惨。她的住处离我们家很远，所以我的父母没有及时得到消息。当时，我坐在火车站的候车椅上，在幻象中目睹了整个过程。我当着父母的面暗示姨妈可能不在了，他们只是说：'别胡说八道。'几天后，我看到父亲拿着一封信陷入沉思。后来又过了几天，他背着我和母亲说了些什么，于是母亲哭了好几天。直到几年后，我才听说了这件悲惨的事件。"

施泰纳相信，精神世界拥有超越个人知识的自主权，为（哪怕只是一开始）不可解释的现象留下了空间。这种想法伴随了他整个学生时代，他在那时学到了可以学习的知识。1879年10月，他高中毕业后，在维也纳工业大学注册成为一名大学生，主修数学、物理学和生物学。施泰纳决定掌握更扎实的科学知识，因为他意识到，自己总是很难接受主流的认知模式，希望能在自然科学那种理性的世界观中，为自己的思想找到有效的补充。大多数人认为，知识的道路是宽阔的，科学知识的勘探队要想成功，必须加快脚步，毫不松懈，才能最终达到目标，并且似乎没有理由引起任何深层的怀疑。显然，施泰纳认为这种认知模式太过简单，他无法抑制自己的这种印象。尽管它已经通过实用性获得了广泛认可，但它同时也落后于人类已经达到的意识水平。以德国唯心主义哲学为例，此时它已成功证明了，主体和客体由知识自身确立，我们可以在其中追寻二者共同作用的痕迹："那时，物理的外部世界表现为物质的运动过程，而感官的感受仅仅是主体的经验……物质的运动过程发生在空间中，遇到了人类感知温暖的感官，于是人类就感到了温暖。除了人类之外，以太的波循环过程也是如此。当它们与视觉神经相遇，人们就会感知到光线和色彩。这样的观点无处不在，这使我自己的思想变得难以表达，因为这种观点把一切精神的因素都从客观的外部世界剔除了。我内心的想法是，如果对自然现象的观察也得出了同样的假说，那么人们就不可能从精神的角度得到这一结论。我看到，这些例外对于当时自然科学提出的思维方式有多么诱人……但这也带来了激烈的灵魂斗争。必须一再压制对这种思维方式的轻率批评，等待时间的检验，让更多的认识来源和认识方式提供更大的确定性。"

当施泰纳潜心研究德国唯心主义哲学时，这种确定性的时刻到来了。虽然他在学生时代就读过康德的《纯粹理性批判》——他承认，这是一部"令人印象深刻的作品"，却并没有给他带来任何直接的实用价值。于是，他研究了费希特、黑格尔和谢林，他们的学说从各自不同的角度深入挖掘或扩展了康德的认识体系。尤其是费希特，最初给施泰纳留下了深刻的印象。在他看来，以自我为中心的认同感的激进化，是一队旷日持久向知识顶峰攀爬的急行军，然而由于主观性自身固有的原因，必须在达到目标前停下。黑格尔在不久后发表了关于世界权力的构想，并将其强加给现实，但即使是他，对此也无法信服。直到研究谢林，施泰纳才发现了一条对自己有决定性作用的启示。1795 年出版的谢林的《关于教条主义与批判主义的哲学通信》，让施泰纳沉浸在短暂的激动情绪中，以至于他在读完后必须立即与一位朋友分享自己的感受："从（1881 年）1 月 10 日到 11 日的那一晚，我几乎整晚没有合眼。我直到凌晨一点半还在思考个体的哲学问题，然后我终于倒在了床上。去年，我努力研究，想弄清楚谢林说的话是不是真的。他说：'我们所有人都有一种隐秘的神奇力量，可以跳出时间的更替，剥离外界的一切，回到我们内心的自我，在不变的形式中看到我们内在的永恒。'我过去相信，现在也依然相信，我已经在自己身上清楚地认识到了这种内在的能力——我很早以前就发现了这一点；整个唯心主义哲学现在以一种发生了实质性改变的形态站在我面前。对于这样的发现来说，这真是一个不眠之夜！"

施泰纳发现自己被一种哲学思想启发、鼓舞了，尽管如此，他不想以模仿者的身份来研究它。在他真正意识到这一点之前，他所有的研究都是为了证实他已经成熟起来的世界观，他认为最终一定能找到证据，证明其可靠性。为此，他用更多的阅读经验加以佐证，除了歌德，还有席勒。席勒的美学思想给施泰纳留下了尤其深刻的印象，他在其中看到了一种感性和作品中无目的的精神观的综合，这对超越个人好恶的价值判定有着决定性的意义。与德国唯心主义思想根本性的不同在于，他极其重视内心和头脑的作用领域，这是向整个自然开放的。由此，他也遵循着谢林的名言，即自然在人类中睁开了眼睛，发现了自己。施泰纳想要消除这种以人为中心的思想中的诗意成分，于是加入了身体、心灵和头脑三者平等的共同作用，对他提出的认知的可能性划分了等级。而这种等级的划分依据，正是各个客体在与主体分离的知识中表现出的不同的重要性。

此时，施泰纳的哲学思想虽然尚未被他以书面形式完整确立下来，但其本质轮廓已经确定了；其余材料现在可以教给它的，更多的是来自生活，而不是来自科学法则——生活在思想面前敞开了自己，暗示在智慧与心灵经验之间存在某种亲密联系，包含着感官体验、认识和对自然法则的理解："如果进一步研究思维经验，我们就会发现，这种经验正符合思想的现实。人们会将内心的道路纳入思想领域，却从这条内在的心灵之路抵达了一种思想的现实，这种现实在自然内部也可以找到。当人们在鲜活的思考中看到思想的真相时，他们可以通过与自然面对面，获得对自然更深的认识。我越来越清楚地发现，人类是如何超越习以为常的抽象思维，进入保留着思想的审慎和光明的直觉思维的，由此融入某个自己已被普遍意识移除的现实……直觉思维就像自然的感官一样，感受到了思想；但正如普遍意识与感官体验的思维相距不远，直觉思维与精神感受的思维相距也并不遥远，它以体验思想的方式进行思考，以将人内心清醒的思想引入思考的方式进行体验。——一种直觉思维浮现在我的心中，它并非源于某种黑暗神秘的情感，更像是在思想的肯定中运行，完全可以与数学思维的清晰性相媲美。我逐渐相信，自己这一套关于内心精神世界的观点在自然科学思想的讨论中也具有合理性。——当我内心正在经历这番思考时，我只有二十二岁。"

施泰纳是一位非常顽强的年轻人，他后来从事了许多不同的活动，一方面开阔了眼界，另一方面实现了满足温饱的简单目标，为此，他始终过得很拮据。因此，他接到过出版歌德的社会结构学文章的任务，后来在一个富裕的维也纳家庭做过家庭教师。那家的孩子很令人担忧——那个男孩显然有行为和智力障碍。在施泰纳慷慨无私、循循善诱的教导下，这个男孩后来竟然能够基本正常地胜任一项工作了。1890 年，施泰纳成为魏玛歌德席勒档案馆的工作人员。在那里，他再次开始研究歌德的思想。总之，歌德早已成为他的精神导师，他时不时就会考虑对歌德的作品进行阐释。我们可以猜测，与那位诗歌王子可能的本意相比，这些阐释的来源更接近于施泰纳本人的世界观。在魏玛，他结识了哲学家尼采那备受争议的妹妹伊丽莎白·福斯特·尼采。她出于商业目的——当然也并非毫无爱意——像对待展览品一样盯着尼采，偶尔才赏赐被选中的人来瞻仰她的哥哥。施泰纳就属于被选中的人之一。经伊丽莎白允许，他走进了尼采的房间。在那里，访客很快就感受到了超越人力的悲剧情感。在渲染她那天才的被保护者从冥府泄露出的消息时，伊丽莎白·尼采尤其喜欢过分强调这种情感："那个精神错乱的人躺在躺椅中，额头美丽得无与伦比，既属于艺术家，又属于思想家。这是第一段午后时间。那双在逐渐黯淡的过程中，依然能够穿透灵魂的眼睛，如今只能映出周围的环境，再也无法通向心灵。你站在那里，而尼采对此一无所知。然而这充满灵性的面庞依然会使你相信，这是一颗心灵在说话。这颗心灵花了整个上午思考，现在只想小憩片刻。一阵内心的战栗揪住了我的心，这也许意味着，它化为了对这位天才的理解，他的目光盯着我，却看不到我。这长久凝视的消极状态引发了人对自己目光的理解——也许不需要目光接触，眼睛就可以发挥出表达心灵的力量。"

1897年夏天，施泰纳搬到了柏林。他接手了《文学杂志》的编辑工作，同时在职业培训学校开设了课程。一个令人印象深刻到甚至有些恐惧的活动让他出了名：施泰纳刊出了一篇又一篇文章，就好像他想对生活的所有领域都发表专业看法，然而最终，这些看法除了让他在反对意见的映照下，超越了不同呈现方式的干扰，对自己的世界观有了更清晰、更明确的认识之外，没有产生任何效果。施泰纳成了神智学协会的成员，然而该协会故弄玄虚的精英主义从一开始就让他感到喘不过气来。在神智学圈子里广为传播的不透明的思想毕竟十分流行，而对于笃信世界末日说的理论学家、历史悲观主义者和一切黑暗力量的神秘学学者而言，世纪之交的时间点本来充满了各种可能性。因此，施泰纳在那些窃窃私语者的圈子中更像是一位清醒的理性主义者，他穿越德国、瑞士、奥地利和荷兰，完成了一场场巡回报告，几乎每一场都座无虚席。1913年2月初，人智学协会成立，其成员主要由受到神智学协会开除威胁的人们组成。施泰纳通过一本又一本书，将一种新的哲学传递给人智学协会的成员们，这种哲学让人们能够理解世界，包括世界体现在人身上的，统一的形象化的时间结构。同时，它还满足了人对某种精神的追求。这种精神不仅难得，而且处于生命循环之中，在超越重生的道路上和与之相关的事件的进程中趋向永恒："在一段生活中，人类精神似乎是他自己和他从过去生活中积累的经验果实的重复……但是这可以为我们提供一个观察生活的契机，看看宿命性的事件是如何进入生活的。当一个人遭遇了某些事情，首先他也许会倾向于将这种遭遇看作闯入他生活的意外事件。只有他自己才能意识到，他本人正是一系列意外事件的结果。在不惑之年回顾自己人生的人，对自己心灵本质的思考不会仅仅停留在空洞而抽象的自我形象上，他会扪心自问：我无非是我所成为的人，是迄今为止，我命中注定要遭遇的一切……"

随着人智学协会的创立，施泰纳的工作越来越多。他变得不可或缺，成了激进运动的精神领袖，将自己的思想扩散至生活的方方面面。施泰纳主要以写文章和做报告的方式，提供了与之相关的意见；他身兼诗人、音乐理论家、编舞、教育家、雕塑家、医生、农民和建筑家等身份。第一次世界大战结束后，维也纳成了社会的中心，施泰纳在所谓的歌德纪念馆的建造中发挥了关键性的作用。这是一处专用作举办人智学会议和活动的场所，其独特的建筑结构很大一部分来自施泰纳的设计草图。人智学家们的活动，特别是其首席思想家异常活跃的反复无常，很快就招致了嘲讽，直到今天也仍未平息。但是其获得的成就也令人瞩目。在这些成就中，不仅有人智学教育机构沃尔多夫学校——这些学校在广泛的教育和社会幻想破灭后，比以往任何时候都更受欢迎。与一些继任者不同，施泰纳并不认同思想胁迫，尤其是对于年轻人和幼小的孩子来说，保证他们的自由发展才是教育的最高信条："沃尔多夫学校不应成为思想学校，我们不会使劲给孩子们灌输人智学教条……我们希望能将在人智学领域所获得的东西运用到现实的教学实践中去……我们必须兴致勃勃地面对当下发生的一切，否则对这所学校来说，我们就是糟糕的老师。我们不能仅仅满足于完成个人任务。"

1925年3月30日，鲁道夫·施泰纳在多纳什歌德纪念馆中他自己的工作室里去世。他的死和他在生命的最后几年愈加严重的过度劳累有关。他的工作量太大了，他日复一日地超负荷工作。施泰纳的批评家们讥讽他是哲学上的变形艺术家，因为他显然不知羞耻地从各种思想体系里摘取内容，为己所用。对此，施泰纳反驳说，自己的世界观很早就形成了，核心一直没有改变；他对表述所做出的调整，与人类从生活自身生长起来的认识进程有关：因为存在的秘密可以被背负着它的人解读出来："除了人类之外，整个世界都是一个谜，真正的世界之谜。而人类自身就是答案。然而，他的言语中所包含的答案，只能与他对自己生而为人的认识相当……对我而言，认识不仅属于人类，还属于世界上存在和即将成为的一切。仅有树根和树干，开不出花朵，这就不是一棵完整的树；同理，世界上存在和即将成为的一切，如果不能发展成为认识的内容，那么它们就不是真实的事物。基于这个观点，我在每个恰当的场合都会重申：人类不能为自己创造认识的内容，他们只是用心灵搭建一个舞台，好让世界可以有限地经历它存在和即将成为的一切。如果没有认识，世界就不会完整。"

纯粹时间的一小份

普鲁斯特：幸福的信号

人们通常对作家，尤其是有才华的作家寄予厚望：他应该能够观察、描述，认真倾听，至少在语言上要像对待爱人一样谨慎，并且最好不要被眼前所见的人、物和事件的正面世界困住，这样人们才会更加信任他。他谈起自己现实的语调可能恰恰是危险的，因为它透露了他更喜欢浮于表面还是潜入更深的地方。虽然作者对语言技能和敏感度的预期都体现在对司空见惯的东西进行描述上，因此可能接近陈词滥调；但从他对现象的洞察力中，可以推断出某种贯穿其整个工作的品质保证。因此，有一些作家会用第二种敏锐的目光将世界——这时的世界仿佛隔着一段距离被投射在作者内心——刻在动人的语言画面中，他们是名副其实的诗人。人们之所以会记住他们，是因为他们将短暂易逝的寻常人生与超越时代的艺术品中那不同寻常之处同时展现在我们面前。

马塞尔·普鲁斯特就是一位这样的诗人，他在自己伟大的文学作品中，以堪称典范和近乎传奇的方式实现了这一高标准。他的多卷本代表作《追忆逝水年华》已经变成了纲领性的作品，成了被插上翘膀的文字，其文学成就依然在继续发酵，由读者根据自己的生活经验加以重新思考和补充。作为文学作品，无法想象还会有比这更大的成功了。后世的评论界往往比当时的更有礼貌，普鲁斯特也必然经历过这一点：他从小就知道自己想当作家，即使有的想法只是对现实信号的简单感知，他也明白被看到的东西不仅要被看到，更要加以思考和描述："所以现在，尽管完全没有任何文学创作的意图，甚至根本没想到这一点，我还是发现自己的注意力被屋顶、石头反射的阳光和小路的气味所吸引，它们给了我特别的乐趣，这可能是因为似乎有什么东西躲藏在我所看到的东西背后，要求我进行搜索。尽管我付出了所有努力，我还是找不到。因为我确实感觉到它们里面有东西，所以我静静地看着它们，试图超越图像或气味来思考。然后，当我不得不赶上祖父的脚步并继续前进时，我试图闭上眼睛再次找到它。我完全专注于想象屋顶的线条和石头的确切颜色，而在我无法理解的情况下，它们似乎填满了某种东西并准备好要交给我，而它们本身只是包裹内容的那层外壳。"

闭上眼睛去看，可以更好地理解事物的核心，因为所有看事物的视角都掩盖了其本质：年轻的普鲁斯特接受了这种认识练习，对此充满热情，而他的同伴们倾向于将注意力投入到寻常的事情中去。然而，或者正因为此，他才喜欢这种认识练习。他怀疑，自己对世界的早期探索是对真理的追求。这种追求没有起点，也没有终点。

1871年7月10日，马塞尔·普鲁斯特于巴黎出生。父亲是卫生学教授，作为医疗服务的总检查员，他是一位公认的可能也是令人恐惧的专家。从他的专业角度出发，他认为儿子应该成为律师或银行家。对于儿子的文学抱负，他抱着不无合理性的怀疑态度。母亲珍妮·普鲁斯特是一位柔弱而极其敏感的女子，表现出与严谨而清醒的父亲完美对立的状态。小马塞尔在她的爱中生活了很长时间，以至于一直像没长大一样。他小时候生了一场大病。他在八岁那年，经历了第一次剧烈的哮喘发作，之后这种病伴随了他的一生。他喜欢把自己的疾病当作话题，但这弊大于利。他在一封信中写道："我经常说'我病得很重''我还在受苦'这样的话，但只是在表达一种几乎习以为常的状态。我因为无法和他人时常通信联系而痛苦，非常担心和他人的关系会褪色，无力挤进您习惯了道歉和原谅（我的意思不是指怀疑）的耳朵中去。但是事实是这样。我病得很厉害，几乎一直无法下床……"

实际上，普鲁斯特已经习惯了这种疾病，就像其他不认真对待他的抱怨的人习惯了这种疾病一样。这个富裕家庭的温柔男孩备受呵护，童年一直处在庇护中。他的监护人主要是母亲，父亲以冷漠的表情从事公务。普鲁斯特就读于巴黎著名的孔多塞中学。他对文学甚至哲学感兴趣，自然科学的语言也开始对他产生影响，他逐渐积累起对知识越来越高的要求。但这是一个难以察觉的过程，后来，只有在他的代表作的叙事艺术中，才体现出这一点。普鲁斯特的假期通常是在沙特尔附近的伊利埃度过的，那里是他父亲的老家。博斯和佩尔切这两处历史遗迹，在这里融合在一起，散布在风景优美的山丘上，森林、草地、城镇和宁静庄园汇集一处，后来被普鲁斯特提炼为康布雷的文学景观，虽是人造却并不显得矫揉造作，让人无法错开目光，在内心留下了比其原型更深刻的印记。这里还藏着一个信号，这是年轻的普鲁斯特写作所面临的挑战。马丁维尔的教堂塔楼是这个地区最醒目也最稳定的地标之一，它们矗立在我们这位未来的诗人探索真理和本质的视线中，他以柔和的方式试探着自己语言的潜力："拐过一个弯，我突然产生了一种特殊的愉悦感，就像看到落日的余晖返照在马丁维尔的两座教堂塔楼上，似乎在随着货车的移动和道路的蜿蜒改变位置；然后是维约维克，它与那两座建筑相隔一座小山和一个山谷，实际位置要远一些、高一些，但看起来仍然挨得很近。我目不转睛地看着，记下了那尖端的形状、线条的移动和太阳所在的表面，但我感到这种观察还没有结束，这些运动和明暗背后还有一些东西，我所观察到的一切似乎在同时包含和隐藏着这些东西。"

马塞尔·普鲁斯特属于受过教育的富裕资产阶级，他对沙龙世界和疲惫而高雅的贵族情有独钟，他们对过去的关注远大于对未来的关注，人们担心他们会变得更加麻木不仁、铁石心肠、不善思考，好像只在意充满希望的当下。但是他的出身也具有这样的优势：他几乎不必担心金钱，因而在选择职业时有很大的空间。他在索邦大学学习，在步兵中担任了一年的志愿者，后来做了巴黎马扎林图书馆的助理。他发表论文和短小的散文，没有经济压力，和自己的病做伴，这给了他大量的思考时间，因此，他称自己的病是他真正的伴侣。二十五岁那年，普鲁斯特出版了自己的第一本书《欢乐的日子》，这本书由于其丰富的功能而显得沉重，结果是一次惨败。然而，普鲁斯特没有因此陷入迷惘，他的艺术正处于基本的成长和成熟阶段。一位朋友的描述为我们勾勒出了这位诗人年轻时的肖像："他大大的黑眼睛炯炯有神，显得异常温柔，声音甚至更加柔和，带着些喘息。他的穿着非常讲究，丝绸袖口很宽大，常在工装外套的纽扣孔里戴一朵玫瑰或兰花。他还常戴一顶边缘扁平的礼帽，在拜访别人时会放到扶手椅旁边。随着疾病的加重，他得到了充分的允许和鼓励，可以不遵守着装的要求，于是他在沙龙中整晚穿着皮草大衣。由于总是冻得发抖，他一年四季都穿着这种皮大衣。"

普鲁斯特的父亲于1903年去世，两年后母亲去世。一直相信儿子的她无法见证此时才开始出现的转机：儿子的文学成就与他的整个作品一样，其独特之处都在于补充与融合。从1909年起，他开始创作自己那部巨著，并由此被迫形成了一种生活方式，正符合他那种不合常规的认识兴趣。他与外界隔绝，住在一个裱糊着软木板的房间里，这样就没有噪音和世俗的消息能打扰他了。窗户保持关闭，但是它们不再像往常一样，对"意识的工作"——他这样描述自己汪洋恣肆的写作风格——嘀嘀咕咕，而是持续渗透在形式和含义中。马丁维尔教堂塔楼的景色仍然浮现在他的眼前，他甚至可以越过它们，看到更多的风景，它们中出现了另一种现实："教堂塔楼看起来如此遥远，好像我们只向它们走了一点儿，所以当我们在马丁维尔的教堂前停下来时，我感到很惊讶。我不知道是什么让我一看到它出现在视野中就很高兴，寻找原因的冲动压迫着我，我迫切地想留下脑海中不断变幻的记忆线索……不久之后，仿佛镶着金边轮廓和铺满阳光的表面像果壳一样裂开了，隐藏在其中的东西如今暴露出来，我脑子里突然冒出一个想法，片刻前还没有出现在我的意识中，此时却在我的大脑中有了语言表现……"

普鲁斯特在他几乎不知疲倦的意识工作过程中不断形成的认识是，事情与表面上看起来有所不同。如果将它们转化为知识，它们将受到普遍的快节奏、时间流逝和突然变化的注意力的综合影响。意识成了一条奔流不息的河流，无法保留任何实质性的东西。然而，仔细观察，可以发现这河流中的岛屿，它们是真实和确定的地方，似乎不受风化、腐烂和时光流逝的影响，是不言而喻的记忆场所。普鲁斯特发现的实际上是一种记忆的特殊形式，它在其他主观的、知识性的记忆不再能提供任何东西的情况下启动。一段记忆的作用如果只是等待被调用和完整显示，一旦它与当前的感官印象融为一体，另一种非自愿的诗意记忆就会展开。这个过程相当于繁殖：从知识中会诞生超越时间限制的新生命，带来幸福的洞察力。普鲁斯特为说明他具有艺术性的记忆举过一个最著名的例子，其实这是一件很普通的事：叙述者尝了一块玛德琳蛋糕，这是他先前浸泡在茶中的一种小点心："在这茶味与蛋糕味混合的那一秒，我退缩了一下，舔了舔自己的上颚，被内心发生的不寻常的事情所吸引。一种闻所未闻的幸福独自存在着，而我所不知道的原因却在我心中流淌。一瞬间，生活的变迁对我来说都不重要了，其中的灾难成了无害的不幸，它的短暂成了我们感官的谎言，这些通过我所爱的一切在我心中涌现。但与此同时，我感到自己被一种美味的物质填满了：或者更确切地说，这种物质不在我里面，我就是它。我不再感到平庸、想到死亡。这种巨大的欢乐从何而来？我觉得这与茶和蛋糕的味道有关，但不仅如此，而且性质也截然不同。它来自哪里？意味着什么？我该去哪里捕捉它？"

回答这些问题，意味着重新找到普鲁斯特一直在仔细寻找的时间。事实证明，如果放弃了非自愿的记忆，时间可以停止。这时，过去的光辉比以往任何时候都更加清晰，而现在给了它确定性。所发生的事情会带来启发性的思想，它们在不可重来的时刻牢牢地抓住了头脑，它们的美好中容不得矛盾的存在，它们是纯洁的馈赠。如果愿意，普鲁斯特会将对柏拉图哲学的基本信仰转化为诗歌。按照这种哲学，我们的认识会在忧郁的记忆中找到永恒的原型。对我们而言，从记忆中摆脱出"纯净的时间的一小部分"，这些文字一旦被逐字逐句地理解，也可以被解读为幸福的信号，成为一种可以回归纯净自我的应许："这种生命只接近事物的本质，只在它们中发现自己的存在和安宁……一旦重新听到一种熟悉的声音，闻到一种熟悉的香气，即同时被视为现在和过去，一种不属于当下的现实，一种因此并不抽象的理念，那么所有事物一直存在却总被隐藏起来的本质都在这一刻获得了自由。我们真实的自我有时看起来早就已经僵死了，但还没有完全死去，还能被唤醒并获得新的生命……在时间的秩序中，有一分钟的暂停，它在我们心中重塑了从时间秩序中获得自由的人。然而，我们也可以理解，他此时的信仰已成了喜悦；

即使玛德琳的简单美味似乎不能在逻辑上为这种喜悦提供充分的理由，我们也可以理解，'死亡'这个词对他来说已经没有意义了；时间已经作废，他还会为未来担心什么呢？"

随着他的病情不断恶化，马塞尔·普鲁斯特离开了世界。他和世界之间绝不存在不可调和的矛盾，而且也没理由。他已经看到了世界真正的美丽。普鲁斯特于1922年11月18日去世，享年51岁。实际上，他对未来没有什么可担心的，死亡是一个毫无意义的词："只能说我们生活中的一切都发生了，就好像我们带着上一世传下来的义务，背负着这样的负担来到这一世……所有这些承诺，在目前的情况下还不足以兑现，它们似乎属于基于善良、尽责、甘于奉献的原则而建立的一个世界，而且与我们这里的世界完全不同。我们从那个世界而来，只为在这个世界上出生，然后大概才能回去，在未知法则的统治下继续生活。我们遵守着这些法则，因为我们自身携带着它们，尽管不知道是由谁签发的——所有深入研究这些法则的精神活动使我们更加接近它，也让这些法则变得不可见——也许甚至不止一次！——只有傻瓜才会留下。"

应该到来的声音

里尔克：一个夏天的幸运

我们知道，运气有时会蛮横地降临，这包括获得认识的运气，也包括自我要求极高的文学成就的运气。1906年夏天，诗人莱纳·玛利亚·里尔克就遭遇了这种事情。这件事发生在他身上显得愈加合适，因为他那时似乎还不是一个已经江郎才尽的诗人。他所遭受的打击，是一次普通的解雇：那是他第一次尝试从事基本规律的工作——担任雕塑家奥古斯特·罗丹的私人秘书。然而这位他崇敬不已的老板那几天一直心情不好，开除了他。事情的起因是里尔克过于任性，在一些事情上越权了。但他没有意识到自己的错误，还出言反驳，为自己辩解，这让罗丹变得更加不耐烦，最终将诗人扫地出门，"像赶走一位手脚不干净的侍从"。里尔克在愤怒之余，却也如释重负。他在被解雇的当晚写信给妻子克拉拉·韦斯特霍夫："至于事情的经过，没什么好讲的，而能讲的事，我也不想写了。这件事大概一定会发生，所以自然而然地发生了。我耐着性子静静承受着所有的一切，包括最近这段时间，而我本来也许还能再这样忍一两个月……如今就这样结束了……这就是我现在想要的……我想自我反省，有点儿想和内心的自我独处一段时间……别担心以后会发生什么，路有的是，我们一定会找到的……"

那时里尔克三十一岁，已经是小有名气的作家了。他出版了几部诗集，其中有《图像集》和《祈祷书》。1904年，一本薄薄的带有表现主义色彩的散文集首次出版，书名令人激动——《旗手克里斯托弗·里尔克的爱与死之歌》。这本书后来多次修订再版，最终在他生前幸运地创造了惊人的销量。里尔克一直想成为这样的诗人：他能从自己身上看到十分宝贵的自我，而这自我只为了随着世界的声音共振。虽然此时的里尔克还没有完全实现自己的理想，但无论如何，他隐约意识到了自己真正的可能性——它们还有待发掘、领会和考验。

他独自在卡赛特街的一家小旅馆里租了一个房间，开始了喧闹都市中的隐居生活。他觉得自己被抛回了自我之中，并将此看作重新开始的机会。同时，巴黎对他来说也是一个持续的挑战：这座城市是各种喧哗咆哮和匿名的胆人妄为的总和，不仅值得经历，更值得被书写。里尔克当时已经是一位天分极高且勤奋的作家了，为此做好了准备。1903年的夏天，是他在巴黎度过的第一个夏天。他告诉了女友露·安德里亚斯·莎乐美自己对巴黎夏天的印象："还没到秋天，这座城市的树就变黄了，炽热的小巷被热浪铺开，不愿结束，人们穿过各种气味，就像穿过许多充满悲伤的房间。我走进了长长的医院走廊，大门敞着，慈悲怜悯中透出贪婪和不耐烦。我第一次路过上帝旅馆时，刚好有一辆车门大开的出租车驶过，里面躺着一个人，他浑身颤抖着，像一个破碎的木偶。他弓着身子，脖子很长，已经成了灰色，吊在一边，上面有个严重的溃疡。后来我经常遇到这样的人，几乎每一天……他们是路人中的路人，对一切漠不关心，沉浸在自己的命运中。"

沉浸在自己的命运中，对其他一切漠不关心——里尔克也做到了这一点，那时他正陷于众所周知的经济困难的境地。至此，人们总是向他提供一些微薄、得体的捐赠，以支持他的艺术。来自各方面的赞助者和支持者都有，他们热切地想帮助诗人摆脱世俗财务的烦恼。诗人自己也乐于接受：纯粹而完整的诗人存在，相对普通的社会而言，缺少了一些东西，需要一种可以承受的经济基础和生活保证；不言而喻，诗人无法得到这些，就像他说的，他无法靠自己获得。

就在里尔克刚开始担心，自己的冬天该在哪里、该怎样度过时，他收到了一封期盼中的邀请函：什未林伯爵夫人的妹妹爱丽丝·范德里希请他前往卡普里岛。那里的天空总是万里无云，气候温暖舒适，他可以在那里不受打扰地工作，度过整个冬天。里尔克不需要对方发出第二次邀请。12月4日，他到达了卡普里岛。他住在所谓的"玫瑰园"里，那是范德里希家族的迪斯科波利别墅宽敞花园中的一座独立工作室。现在，他可以继续进行在巴黎开始的文学探索了。他暂时不再为自己的财务状况操心，投入为自己勾画的未来蓝图中，这在他看来是某种启示，而自己作为诗人的最佳意愿会决定它的实际效果。他在给妻子的信中写道："我感到，自己沉迷于这些该来的声音，不想遗漏丝毫。我想要听到它们每一个，我想掏出我的心，把它对准那些否定和谴责的话语，不让它有任何逃避或回避的可能。但是同时，我又不想在听到那最后、最外在的声音向我说出最终的话语前，放弃我那有风险而无须负责的岗位，来换取一个更合理的听天由命的职位。因为只有在这个位置，我才能接触到所有这些声音并保持开放的态度；只有在这个位置，我才能遇到命运、欢呼或权力意欲带给我的一切；只有在这里，我才能在某一天屈服，无条件地屈服，就像我现在无条件地反抗一样……"

在卡普里岛上，里尔克状态很好。他听到了该来的声音，而且即使没有什么可以听的，他诗人的特殊身份也让他听到了一些别的东西。他会走很远的路去散步。一位矮小不起眼，乍看上去甚至有些丑陋的男人，用那双大得出奇、炯炯有神的眼睛观察着一切，这让人不敢再想到"丑陋"二字。他偷偷听着世界上隐藏的美好，写下冗长而散漫的回忆录。这些回忆录被认为是谦虚的艺术品，是必不可少的练习，让人描述在获得满足的一瞬间产生的想法时，拥有了成为不朽的可能："夜晚是明亮而遥远的，似乎并不单单停留在土地上；人们会感到，它铺在海面上，盖住了整个空间，覆在自己身上，遮住了从无限的深处看向他们的星星。这一切都反映在夜幕上，又被它留在了地上……；就像天空在持续变幻……满月后的第一个晚上，月亮高高地挂在天空……城墙被映照得明晃晃的，橄榄树的叶子完全像是由夜幕做的，就像从天上、从更古老的被废弃的夜空中剪下来的一样。山坡看起来像月亮一样摇摇欲坠，像未解的难题一般，从房屋间耸起。"

　　1907年5月31日，里尔克途经那不勒斯和罗马，回到巴黎。他觉得自己像一位迟到的归乡人，虽然年轻，却根本没有时间可以浪费了。他制订了一份工作计划，而如果忽略它没有精确描绘未来这一点的话，这份工作计划也可以被看作一份生活计划。他预估了可能获得的经验，这种经验应该可以转化为诗学方面对知识和细节的关注：诗人应该来者不拒，不困倦、不疲惫，绝对不能执着于他那不可欺骗的自我，而应该安心地专注研究语言的可能性。更好形式的语句可以是保护，也可以是威胁，只有在语言的可能性中才能找到永久的居住权。说得更明白些，里尔克此时在语言中训练自己，这让他有了提高——他成了自己的导师。除了他一直坚持的信件来往之外，他还不惜一切代价地预订书籍阅读。他成了国家图书馆的常客，在那里研读百科全书、辞典、导游手册、历史杂记、逝去的日子里那些遥远而被人遗忘的事情。有时，当他从书籍的曙光重新回到城市的乌烟瘴气时，他的脑袋会轰鸣；那个他一直在等待的重要声音，已经变成了悄声耳语，帮助他完成工作。后来，里尔克毫不吝啬对这段并非清闲的、紧张但足够充实的读书和工作时间的怀念，也许正是因为他明白自己欠了太多时间；在他1910年出版的小说《马尔特·劳里茨·布里格手记》中，这听起来像是一种众所周知的珍贵的闲适："啊，命运是多么幸运啊！坐在继承来的房子中一间宁静的小房间里，一切都完全安静，而且固定不变，外面明亮的浅绿色花园中，第一只山雀试着啼了起来，远处传来村庄的钟声。静静坐着，看着正午的太阳在地上投下温暖……做一位诗人。思考着，如果我可以住在世界上任何地方，住在那无数无人问津的封闭村舍中的一间里，我会成为怎样的诗人。我会需要一间独特的房间（那是三角墙上的明亮房间）。我会带着我的老物件住进去，比如家族相片、书籍。我要有一把躺椅，还有花和狗，以及一根结实的拐杖用来走多石的小路。别的都不需要了。只有一本泛黄的象牙色皮面精装书，章首的词头必须是老式的花样：里面的内容是我写的。我写了许多东西，因为我有许多想法，还有许多关于很多人的回忆……"

诗人莱纳·玛利亚·里尔克制订的练习计划，把1907年的夏天变成了一个工作的盛会，这个夏天闪着值得纪念的光辉（其实早就开始了）。这个夏天远道而来，此前在巴黎就已经宣告了它的开始，当时脾气暴躁的罗丹开除了他的秘书；然后，这个夏天在卡普里岛涂上了斑斓的色彩与心情，甚至经过那儿冬天的洗礼，变得更强壮了；现在，夏天还在，他可以用工作为自己做证。里尔克是一位现实的漫游者，游走在物质世界和知识世界之间。当他把钉在图书馆里的目光再次移到明亮的日光下，他的眼睛会感到刺痛，理解了人类的存在所依附的东西：那是一张由各种关系和各种可能性编织成的无边的网，独立存在，同时也在不断更新，没有真正的开始，也没有结束。他认识到了一种更高的秩序，一种值得相信的理想状态，以真实的箴言为标准，但无须与它们完全一致。被说服的生命对诗人来说，是一次冒险，它很可能一成不变，但富有挑战性的是接受新的面具；如果这次冒险成功了——这并非万无一失——那么我们眼前就不再是幻象，而是艺术作品，只有超越了它的同类和艺术家内心的危机，它才能成为如今的样子。里尔克写道："艺术品永远是'走出危险'的结果，是'走到尽头'这种经验的结果……人们走得越远，经历就会越自我、越个人化、越独特，艺术品最终成了这种独特性必不可少的、不可打破的、最接近其本质的表达……艺术品为那些不得不做出它的人的生活带来了惊人的帮助——总结：念珠串中的珠子用一生在祈祷，它总会转回来，为它的整体性和真实性做证，然而只转向它自己，无声地对外界产生影响，没有名字，只是一种必要、一种现实、一种存在……"

与一些人认为的不同，创造艺术品并成为艺术家，这和普通生活的距离并不遥远。艺术家，尤其是诗人，并非飘浮在所谓的正常之上，而是和它待在一起，恰好无懈可击地与滑稽可笑的纠缠和反复尝试的解放捆绑在一起。基本上对于所有人来说——无论是艺术家，还是普通人——这都是对生命的肯定。审美上的（甚至可以说每一种）创造力都来源于此。对于世俗生活的断念、我们存在中的阴暗面恰好与此相悖，它不会甘于沉默，会试图引人注意，并且想继续发挥作用。里尔克现在明白了，所有这些都有自己的时限和秩序，他表示赞同："啊，我们计算年岁，在各处制造断裂，停下，再开始，在两者之间摇摆不定。但是我们遇到的事通常是一个整体；人与人之间是怎样的关系，出生、成长，被教育成自己的样子，我们基本上只是在场，谦逊恳切，就像尘土一样，随着季节或明或暗，完全散布在空间中，不要求停留在任何别的地方，除非是让星星感到安全的，用影响和力量编织成的网。"

里尔克的工作并不仅仅是燃烧自己，还带来了一个值得夸耀的结果。1907年7月14日，他合上了《新诗集》的手稿，筋疲力尽又如释重负。然而这伴随着他的好心情却崩溃了。他感到自己好像正遭受着损失，却无处申诉。物质世界还是那个他用插小三角旗来标记的世界，如今在他看来却正在朽败、衰老。他在给妻子的信中写道："人们在室内度过整个夏天，也许不是没有理由的……亲爱的上帝：我过去一年在忙些什么啊……现在，这里的冬天已经来临，阴郁的早晨和傍晚已经开始，太阳还在它以前所在的地方……这让我很忧伤。它带来了无可慰藉的回忆，我却不知道为什么；城市夏天里的音乐似乎还在不和谐地响着，所有音符都像在起义。也许只是因为，人们已经深刻地了解了一切，对一切都做出了解释，并且和自己建立了联系。"

夏天结束了，忧愁又回来了，但里尔克已经学会了如何利用这种糟糕的情况有所成就。他知道，尽管此刻精疲力竭，自己的可能性还远远没有穷尽。应里尔克的期望，一直有人帮他打理财务，而他自己也学会了理财。靠财产过活的里尔克几乎不受影响。人员关系密切的家族企业是市民阶层的幸福，但这对他来说是不可能的。他只有和妻儿分居异地才能和睦相处，因为这样他们对他来讲，才算重要和珍贵，而且不会给他带来不必要的打扰。里尔克理想中的存在是在留下痕迹的同时，又能冷酷地悄悄消失，他想要"像没有名字一样轻盈地"生活。这种理想说起来容易做起来难，里尔克在后来的日子里一次又一次地证明了这一点。他从中学到的知识并不比别的知识好，因为它虽然了解他个人确切的需求，但最终还是愿意在总体上保持简朴："有时，我会路过塞纳河路上的一些小商店。旧货商、小古董书商贩或者铜版画商人把他们的展示橱窗摆得满满的。从没有人走进过他们的店铺，他们显然也没做过几单生意。但你会朝里面看，他们坐在那里，读着书，不为明天担忧，也不在意收益；他们会养一条狗，狗就趴在脚前，或者养一只猫，猫会沿着书架巡视，就像在擦拭书脊上的名字，来渲染这种静谧的气氛……我有时希望，买下一个这样琳琅满目的橱窗，自己养一条狗，在里面坐上二十年。到了傍晚，只有后面的房间亮着灯，前面一片漆黑……从街上望去，这就像一次圣餐……在黑暗的空间中显得宏伟而庄严……就像我说的，我毫无怨言。这也很好，而且可以更好。"

几乎和其他任何人都不同，莱纳·玛利亚·里尔克是一位纯粹的诗人。他以时而带有预见性，时而超出常人理解的对于专一性的主张来实现自己的使命感，这让他受到了一些同事的嘲笑。但对他而言，这是一种崇高的存在形式，他已走入其中，至于其他事——如果一定要做，遗憾的是，通常必须做——只是谋生的手段。就算在生活艰难的时期，里尔克也没有考虑过放弃写诗去做别的事。作为诗人，他没有时间和精神上的限制，不仅仅用即兴诗和题献诗来酬谢朋友和支持者，还会用提高得越来越显著的诗艺来报答他们。从没有哪位诗人是以如此朴素的抒情开始自己的写作生涯，并通过自己的努力达到了几乎无法想象的纯熟地步的。可以肯定的是，里尔克是一位坚定不移的文字工作者，他从手工匠人成为艺术手工匠人，最终成了艺术家。他做的一切都服务于这个目标，他并不总是把它挂在嘴边，却水到渠成地成了现实；反过来说，其他一切都服务于他头脑中的艺术理念和写作中的艺术技巧，让它们日臻成熟。他穿越半个欧洲的旅行，为他积累了各种各样诗学上的视觉材料，他准备站在更高的角度来观察、梳理它们。1922年，在他去世前四年，里尔克创作完成了《致俄耳甫斯的十四行诗》和《杜伊诺哀歌》，最终达到了他艺术水平的巅峰。同时到达巅峰的还有诗人莱纳·玛利亚·里尔克，其中只保留了很少一部分他自己，绝大部分是另一个声音，来自一个更高的全能和存在。第一首哀歌的开篇就奠定了一种前所未闻的基调："在我呼号时，天使之列的哪一位/会听得到我？倘若/他突然将我置于心上：我会猝死于/他更强大的存在。因为美好即恐怖/的开端，这恐怖我们尚可忍受，/甚至还会崇拜它，因为它冷静得不屑于/将我们摧毁。每一位天使都是恐怖的。/因此我压抑着自己，忍住了/暗中抽噎的冲动。/啊，我们还能指望谁呢？不是天使，不是人类，/机敏的动物早已发觉，/我们并不能在这个被解释的世界中安心地栖居……"

不，我们不能在这个被解释的世界中栖居，而在那个未被解释的世界中，留下的空间可能也不多了。人类必须为此做好预算，他是两个世界之间的漫游者，他无处安放的家乡是可见的和不可见的，是此世中的彼世，是超出时间安排的秩序："此时此地的我们，在这时间的世界里没有一刻感到满足，却仍被它束缚着。我们一再追溯过去，追寻我们的起源，接近那些似乎会追随我们的人。在这个最大的'开放'世界中，所有人都是他们自己的样子——我们不能说'同时'，因为废除也是以时间为条件的，往昔坠入无处不在的存在深处。"由此，里尔克认为"我们的任务是"，"满怀痛苦和热情地深刻牢记这短暂脆弱的尘世，让它的生命在我们内部'不可见'地再次复活。我们是不可见物的蜜蜂……"如果有人理解了这些，他的一生就不会和蜜蜂或天使一样了：对他来说，"所有昔日的塔楼和宫殿都存在，虽然早已看不到了；而现存那些我们生命的塔楼和桥梁也看不到，虽然（对于我们来说）肉体依然永存……"

　　尽管有着这样的深刻认识，里尔克自己在尘世的终点并不庄严，疾病和死亡不允许他有所偏爱。里尔克的身体渐渐不支，不再希望"肉体永存"，但他仍然是一位优秀的朋友。1926年5月17日，里尔克在他去世前半年的这个日子，用这副躯体满怀忧郁地写道，自己的一生"如此完美的和谐"，"我本可以常常将它看作我内心的孩子：轻盈而无用，可以被携入精神世界深处，经常被高高举起，只赋予骑士风度的重量，变得可见，只为不吓到不可见的东西！我内心正是这样。它是我的朋友，我真正的捍卫者，我心灵的守卫，我一切欢乐的赠予者，从不会有所保留，把每一份都特别分配给我，刚好在我感官的交点将它们送给我……我感谢它在我天性的基础上，带我沉醉于某个果实，沉醉于风，沉醉于涉过草地，由此变得更坚强。它让我坚不可摧，不容侵犯，同时又能从内心涌出诗句。而且，它的沉重让我读懂了群星的启示。也就是说，我忧心于和它的分歧，而为了与它和解，我又产生了新的忧虑。医生无法理解我在这种折磨中经受着什么，尽管这种折磨迅速蔓延了全身，如此严重，如此糟糕……"

游戏也有尊严

托马斯·曼：世界的时间深度

诗人托马斯·曼为人处世颇有德国文学大师的风范，因此，如果有人想举出一个可以类比的人，歌德就是最合适的，他不可避免地也喜欢独处。谈起是什么促使他成了一位孜孜不倦、恪守着令人敬佩的工作纪律的作家，他讲述了一个发生在他小时候的故事："我知道自己将成为一名艺术家，我的艺术史正由此而起，我在童年的游戏中发现了最早的萌芽和冲动。这可能会让您感到惊讶，并且产生怀疑。您会说，孩子的游戏很普通，每个孩子都在玩，不需要任何艺术启蒙或准备。当然不是这么简单。在大多数情况下，婴儿式的嬉戏会被生命体的成熟过程超越。某种黯然的严肃情绪占了主导地位，于是人成了世故的市侩。然而，在其他个别情况下，成熟的生命也会保留婴儿的生命——这并不是指处于原始水平的智力低下的实际病理状态——而是被守护的童心，游戏的本能与智力的成熟相结合，的确具有最高的推动力。追求真理和善良的人们，追求完美的渴望，并以艺术和艺术性的名义受到尊敬。简言之，婴儿式的嬉闹和游戏也有尊严——但艺术家的举止并不表现在资产阶级的端庄举止或井然有序上，因为其本性的根本在于幼稚、原始和好玩，即所谓的'才华'。如果没有这种才华，他将拥有如此多的精神和道德，也就不会成为艺术家。"

儿童游戏需要想象力，如果儿童在没有其他玩伴的情况下独自一人玩耍，则更是如此。托马斯·曼大都独处。他会及时学习如何建立自己的世界，并为它添加有趣的人物，这些人物都是他从书本中召唤出来的。但是，其中没有印第安人。托马斯那时还是个小男孩，他还没有听说过他们。他更喜欢使用希腊神话。他的木马叫阿喀琉斯，他本人是神的使者赫尔墨斯和太阳神赫利俄斯，他以小宙斯的身份登上孩子们的桌子，作为天堂与尘世的主管，给他的人民讲故事。"这是其他人都知道的可见游戏。但是有一些看不见的东西，根本不需要这种器具，就能使我意识到自己的想象力的独立力量，我感到无比满足，甚至无所不能……例如，我早晨醒来，决定今天成为名叫卡尔的十八岁王子。我穿得很讲究，与我想象中的州长或副官进行了热烈的交谈，并在我尊贵身份的秘密下自豪而愉快地走来走去。我可以正常上课、四处闲逛或阅读童话故事，而无须停止游戏一会儿，这是这种游戏很实际的地方。"

尊严的秘密是：在儿童游戏中，它的样子不断变化，表明它的发展只有在特殊情况下才会停顿，然后在完成的瞬间熠熠生辉。想象力可以随意处理所有尊严，这证明它是尊严的承担者。然而，它一次又一次地重新处理的秘密适用于卓越的人，无论他的见解让自己多么印象深刻，想象力仍然是他内部受限的领域和个人要承担的风险。对于孩子的游戏来说，令人困惑的是或多或少无关紧要的，它遵循自己的规则，可以随时取消选择。托马斯·曼将其用于自己的目的。在儿童游戏中，他成功地进行了后来有意使用的诗歌的闲笔练习，从中可以衍生出具有示范效果的代表性生活方式。

最重要的是，因为最刺激和功能性最强的游戏是木偶剧院，它在其他诗人中也很受欢迎："奇怪的是，木偶剧院在有抱负的诗人——而且不只是完全从事戏剧创作的诗人——的生活中扮演了重要角色：想一想歌德在《威廉·迈斯特》中的自白和回忆，还有戈特弗里德·凯勒的《绿衣亨利》。我非常喜欢这个游戏，以至于无法超越它的想法。我很期待变声，用男低音为奇妙的音乐剧献唱。当我的兄弟告诉我，以首席男低音的身份在木偶剧院名声大噪这个想法听起来多么可笑时，我感到非常愤怒。而且，从某种意义上来说，我今天不就是这样的吗？在我的记忆中，孩子的游戏与艺术实践之间没有间断，也没有明确的界限。"

托马斯·曼于1875年6月6日出生在吕贝克，他是商人兼参议员托马斯·约翰·海因里希·曼的次子，母亲是来自巴西的"光彩照人"的茱莉亚·达·席尔瓦·布鲁恩斯。父亲于1891年去世后，由于他在遗嘱中写道，他认为儿子们无法胜任公司的事务，公司不得不解散。公司倒闭带来了财务收益：曼一家人的一生都过得不错，至少在经济生计方面。托马斯的哥哥海因里希在托马斯之前决定从事艺术，并与他建立了一种特殊的张力和竞争关系：起初，海因里希更加成功，然后才轮到弟弟。托马斯·曼在读十年级时离开了学校，没有获得适当的学位，却凭借首部小说《布登洛克一家》大放异彩，跻身著名作家之列。该书于1901年分两卷出版，并于1929年获得诺贝尔文学奖。

托马斯·曼在文学上的自我发现，是由儿童游戏启发的。这件事发生于1897年的意大利，更确切地说，是"在萨宾山脉的帕列斯特里那"。他写了一个故事《小弗里德曼先生》，主题涉及曼后来从未放弃的一个话题："这个忧郁小驼背的故事也是我个人历史上的一个里程碑，因为它第一次触碰了一个基本主题，该主题在整体作品中的作用与个人作品中的主题相同。主要人物是一个被自然界所忽视的人，他知道如何以笨拙、和平、哲学的方式去适应自己的命运，并且已经完全将自己的生活调整为安静、沉思与和平。一位美丽、冷酷又残酷的女人的出现，意味着在这种庇护生活中激情的爆发，这颠覆了整个建筑，毁灭了沉默的英雄。"

从长远来看，没有任何一个存在完全符合它对托马斯·曼年轻时成功信念所施加的秩序。这不是一种平静的态度，而是一种模棱两可的信念。我们可以从字面上进行研究，也可以基于它进行叙述，从而给人一种印象，即它是在安全距离内书写的，尽管实际上这种距离是不存在的；它只不过是伪造的，就像任何生活秩序都只有在人们忽略了它是基于任意协议（而且在有风险的情况下）才是伪造的一样。托马斯·曼亲身感受到了这种危险。他性格敏感，通过艺术来应对。家庭对他的帮助很大，而受到苛刻的职业道德和专业精神最终使他成就了自己的毕生事业，他以作家身份登场了，但不再是一位自封的向导，也并非不可或缺。人身边的危险被证明是必不可少的，否则他的生活将变得暗淡无光，在配给房发出自作聪明的窃窃私语，经常丢掉自己的根基，质疑先前的信念。在托马斯·曼的四卷本小说《约瑟夫和他的兄弟们》中，有相应的详尽的自白："与世界的时间深度相比，我们个人生命中的往昔岁月是多么微不足道！然而，我们的眼睛已经适应了个体和亲密的事物，在早期和远方的梦游中迷失了，就像在人类生活的伟大梦想中迷失了一般——被一种在其中重复的整体感觉所感动。我们再也无法穿透到我们生命的开始、出生的那一刻或者比人类本身更久远的时代——无论是从小的角度还是从大的角度来看，我们的出生在意识和记忆力第一次见到黎明之前，都处于黑暗中。但是我们的智力活动开始之初，由于我们像人类一样进入文化生活，塑造并捐赠了我们对它的第一笔微妙贡献，因此我们感受到了关心、偏爱，这让我们可以感知并认识到那种始终如一的整体性，为它欢欣鼓舞：这是关于灾难、入侵的想法，是具有破坏性和毁灭性的力量闯入一种有序的……生活。看似稳固的和平之歌，对忠实的人工建筑一笑而过；一开始就是纯熟的技艺和征服。在生命的洪流中，我们对人类的早年生活表示同情，由此发现自己成了整体的符号，同时也成了那种古老活动的一部分。"

托马斯·曼早就决定要成为他一直想成为的作家。他经常对照的榜样是歌德。在他看来，歌德不仅是一位作家，还是一位伟大的作家，而且有着一整套完备的艺术成就和无懈可击的道德权威。歌德在青年时期狂飙突进的思潮平息下来后，经过认真审慎的思考，才开始了相关的生活。这样的生活，其内在必要性不可否认，很难与它的表象和表象的外部形式区分开。它欢迎文学精神，不再对其放任不管。

紧跟歌德的脚步，托马斯·曼成了那样一位德国诗人。他可以声称自己具有独特性，但大多时候带着玩笑的口吻。他的文学生命影响范围很大，服务于人，但是据说主要着眼于具体的事件。与其他人的命运相比，他与妻子和五个孩子意外地没有受到政治动荡时期的影响，一家人依然完整。1936年，他成为捷克公民；1938年，他去了美国。他在那里也受到了尊敬，再次住进了重要人物的庄园，而不必搬到破旧的流放公寓，文学精神立即随他到了他的住处。如果歌德生前被迫去美国定居，即成为一个真正的"移民"，而不仅仅是写关于这样的作品，那么他的生活可能也差不多。

人无论在哪里定居都可以维持自己的生活方式，可以无视由自己的行为引起的嘲笑和批评。1944年，托马斯·曼成为美国公民。战争结束后，他抽出时间再次访问德国。他在自己的祖国留下的无法触及的情感创伤太深了。他定居在瑞士，买的最后一栋大房子位于苏黎世附近的基尔希贝格，宽敞而漂亮。当托马斯·曼搬到那里时，他已经取得了巨大的成就，这不仅证明了他令人难以置信的勤勉，更显示出了他作为艺术家的宁静淡泊。他有时让自己确信，伟大的故事也可以由很小的、几乎漫不经心的讲述开始，按照自己的规则发展，不去管执行它的人的力量如何："最伟大的作品并非总是怀着最伟大的意图写成的。相反，我认为伟大的作品是谦虚的结果。野心一定不能在开始时先于工作而存在。它必须与作品一起成长，而且比艺术家的自我更重要。相比于抽象的、审慎的野心本身，作品的独立性与自我的苍白野心毫无关系。"作品完成并且对应在"未来的作者、所有未来的作者独特的心灵状态中：关于力量的秘密知识，可能会花费一些时间才能获得，但它们毫不动摇地存在"。

有许多人与托马斯·曼发生过冲突。他的个子看上去似乎不难接近，但每一次靠近，人们都会发现他变得更高大了。同样，如果有人想嘲笑他，会发现他成了自己的执法官，擅长发现奇迹和思想的火花，按照规定服务于深刻以及看似肤浅的文学。而且，他可以等待。"我没有任何感觉。相反，我想说的是：我与生活印象的关系本质上是被动的、无意识的接收，在某种程度上，视觉和听觉信息渗入我的体内，形成了我的性格和特质。当我想要有所创造时，我从中受益的机会来了，我可以调用各种材料。"从人类的特质和特殊性中，托马斯·曼提出了一种观察方式，让他能够通过对存在的敏锐观察，从生活的总和中——其实只有纯粹的必要性中——发现整体和灾难："生活，包括艺术家和作家的生活，不是一套要执行的计划，而是要改进已定好的计划，考虑如何实施，以及这对他人来说意味着什么。一个人在年轻时只会抱着不信任，只有到了晚年才会想起这些。"

我们很高兴地认为，正是这种晚年的回顾，实际上已经自动吸收了我们传统上所尊重的时代智慧，从而消除了人们喜欢的幻想，其中还包括对个性的欣赏。由于每个人都是唯一的，所以他的独特性会被他人所取代。个体的生命被磨碎了："所有的生命都是重返和重复，个体的所谓'品格'是神话般的角色，发生在原创独特性的幻觉中，与他自己发现的东西相一致，玩家不是从他假定的首创和独创中，而是从更深刻的意识中创造出这种确定性，让某种已有的、已被证明的和有效的东西在自己手中再次为人所知，成为现实。我们在某些情况下的动作和行为方式，即我们表达自己的感受和想法的方式——这不是第一次即兴创作，而是或多或少有些黑暗的记忆，折回无尽的过往，进入时间的场景，目光却越来越退缩，无法'触到底部'。"

　　回顾过去，特别是对沉思而言，时间的因素仍然很明显，必须当作重点加以考虑。我们仍受制于时间的约束，即使我们试图守住某个坚定的立场——这毫无疑问是自由的高光时刻。人类可以从思想中逃脱，这比我们想象得要容易。然而，当他不得不意识到自己正在衰老时，他只能不情愿地离开脑海中沉思的绿洲，满怀痛苦地回到时间的荒漠中。至少目前为止，衰老是既无法拿掉也无法交换的时间面具，它在第一层皮肤上形成了第二层皮肤。我们可以对此抱怨或发疯，但这无济于事，不过也不会让事情变得更糟，因为短暂易逝的特性并不打算吓到我们，它只是需要被接受：托马斯·曼将其视为必要的挑战，他认为这是可以加以利用的。"你必须有时间，"他让自己小说中的歌德说道，"时间就是恩典，没有英雄主义和仁慈，只要您尊重并勤奋地完成它；它会在沉默中完成，带来恶魔般的干预……"他在自白中补充道："短暂是……存在的灵魂，是赋予生命、价值、尊严和利益的灵魂，因为它创造了时间——而时间就是，至少在潜在意义上是最高、最有用的礼物，从本质上来讲，与创造力、积极性，所有活动、所有欲望和奋斗，所有完美的、朝着更高和更好的进步的一切相同。在没有短暂性、没有起点和终点、没有生与死的地方，也没有时间——永恒意味着存在的虚无，像这样的好与坏，绝对没有意思。"

但是，按照德国唯心主义的一个重要思想观点，虚无可以被认为是它模糊而又可行的反面，即存在。这就让托马斯·曼的"存在的虚无"变得复杂了，难以实现它的永恒性。这样，我们再次拥有了充实的时刻。如此看来，"永恒"不再是"绝对无趣"，而是绝对有趣。没有了时而诱人、时而造成威胁的，甚至不知道如何通过各种方式拆解自身的时间性，艺术的生产力会把时间浪费在无关紧要的东西上。因此，这是一门无常的艺术，应该善于利用它："使人与自然相互区分的最重要的特征之一是对无常、开始和结束，以及对时间的馈赠的了解——这种主观而特殊的要素根据其实用的特性，完全受制于道德因素，以少可以成多。有一些遥远的天体，它们单位质量的密度大到令人难以置信，一立方英寸就可重达二十担[1]。富有创造力的人也是如此。与大多数人松散交织的思维逻辑和轻率表达相比，他们拥有不同的结构、不同的密封性、不同的生产率……

1 担，重量单位。按德国计量，50千克为一担；按奥地利和瑞士计量，100千克为一担；按美国计量，100磅为一担，约合45千克。——译者注瞬息间的深情在人类中达到了完美。"

这也是歌德的基本思想。也就是说，歌德追上了世界，在短暂的瞬息万变的背景下占领了它；只有这样，他才能在所给予和接受的光中找到并确认自己。歌德知道我们不愿屈服，因此他直到最后也没有屈服。托马斯·曼做了同样的事情，他对自己的榜样非常熟悉，以至于再次将游戏带到了他的尊严中：通过取材于歌德的《绿蒂在魏玛》进行创作，他在文学中得到了乐趣。这位绿蒂已经成了一位聪明的老妇人，不再对过去提出任何问题，她可能会宣布一个座右铭，也许立即就会对两位先生——枢密顾问歌德和她的丈夫——悄声说："活在记忆中是年龄渐长和劳累一天下班后的事情。从青春期就开始回忆，那是死亡。"也许在美国，歌德会有与他的继任者托马斯·曼类似的想法。托马斯·曼在1938年第一次来到"超级明亮的"加利福尼亚州时，在他的日记里写道："与往常一样。一张桌子，一把带阅读灯的扶手椅，控制台上有一排书——我一个人。我'远离'了是什么意思？远离什么？远离我自己吗？我们的中心在我们内部。我经历了短暂的外部定居生活。无论我们在哪里，我们都与我们同在。什么是无家可归？我的工作就是我的家。沉浸其中，我体验了在家的所有私密性。它们是语言，德意志的语言和思想形式，是我的祖国和人民亲自传承的遗产。我所在的地方，就是德国。"

更多的欲望就是满足

黑塞：生命的阶段

他是世界上最成功的德国作家之一，他的作品在美国、萨尔瓦多、乌兹别克斯坦、新西兰和中国均有人阅读。此外，他几乎是在不经意间为整整几代人提供了文学上的宣言，尤其是二十世纪六七十年代的嬉皮士，他们专门研究了他的小说《荒原狼》（1927年），这个书名在当时被一个成功的摇滚乐队用作自己的队名，还以此命名了一首歌，反映了离群索居者的生活方式（"生而狂野"）。当地温和的黑塞纯粹主义研究者认为这是一种误解，但事实并非如此：他们的诗人知道如何摆脱困境，他尝试了自我发现，这种自我发现有无数种变化，但并没有达到一个确定无疑的目标。黑塞对"艺术家不可复制的孤独文人气质"并没有多加考虑：尽管他称赞"固执"，但他也知道有必要"将个人生活和行为纳入一个超个人的整体，一个理念，一个共同体"。

赫尔曼·黑塞出身于中产阶级家庭。父母很虔诚，想让儿子接受神学家的教育。但是从一开始，他就根本不想离开童年生活的地方：他很快宣布家乡卡尔夫是"那不勒斯、维也纳和新加坡之间最美丽的城市"，后来他在作品中给卡尔夫起了一个新名字：格伯绍。

他对那里了如指掌，为后来的创作提供了源源不断的素材："我了解我们的家乡，熟悉养鸡场、树林、果园和工匠的作坊，认识那些树木、鸟类和蝴蝶，可以在牙齿间吹口哨、唱歌，还知道许多其他对生活有价值的事物……"

这是黑塞为自己创造的永恒的家乡的一部分。即使相关的印象随着年龄的增长而蒙了尘，并且难以根据最近的印象来确认，但在他的记忆中仍然鲜活生动。再次见到家乡时，他已经四十一岁了，他写道："我曾坐在桥栏上，成千上万次垂下我的钓线。如果我能再次在那里坐上一刻钟，那么，我会深深感动，令我震惊的是这种经历多么美好和奇特：曾经有一个家！曾经认识大大的地球上这个小地方所有的房屋和窗户后的所有人！曾经与这地球上的某个地方紧紧联系在一起，就像树通过根和生命与它所在的土地紧紧相连一样。"这种感觉还会持续下去，并且如果他足够健康，到老年时还会再次加深。对时空的惊叹已经不算什么了，距离缩小为一种让人沉入思念的思维方式："年龄把我裹得越紧，我再次看到童年和青年的故乡的可能性就越小，我对卡尔夫和施瓦本的印象就越坚定、越生动、越新鲜。当我谈到森林河流、草地山谷，谈起栗树或冷杉的气味时，它是卡尔夫的森林，是卡尔夫的纳戈尔德河，是卡尔夫的冷杉林和栗树林，还有市场、桥梁和教堂，主教街和皮具巷，布吕尔和希尔绍的小径，这些在我的书中随处可见，即使在那些并非表现施瓦本特色的书中也是如此，因为所有这些和其他数百个印象曾经给那个男孩提供了原型，不仅是'祖国'的概念，而且我一生都对这些印象保持忠诚和感激，它们帮助我成长起来，建立我的世界观，并且在今天比以往的青年时代更加亲切和美丽。"

黑塞这个小男孩很早就提出了一个明确的计划："从我十三岁起就很清楚……我要么成为一名诗人，要么一事无成。"这时，他受到了一件事的鼓舞。这件事和其他平淡无奇的启发一样一闪而过，但产生了持续的影响："在我们还是十二岁的拉丁学生时，学校课本中普通的诗歌和故事、腓特烈大帝和埃伯哈德的逸事都被掩盖了起来，我喜欢阅读一切，但是在这些东西中，还有其他东西，那是一种美妙的、令人完全着迷的东西，是我生命中遇到的最美好的东西。这就是荷尔德林的诗，断章《夜晚》。啊，短短几节诗句，那时我读过多少遍，这种感觉多么美妙又暗暗地引起了炽热的向往和焦虑：这是诗歌！那是一位诗人！"让黑塞频频回顾的诗只有四句，暗示着每一个生命都在讲述的伟大秘密："……夜幕降临,/满天繁星，对我们几乎没有什么关系,/令人神魂颠倒的女子在那里闪耀着光芒，这位人群中的陌生人/满怀忧伤，庄重地登上这座山。"当魔力渐退但还没有完全消失时，黑塞写道："我再也没有像年轻时那样如饥似渴地阅读过，诗人的语句完全迷住了我，就像当时那个小男孩一样。"

1891年秋天，黑塞被毛尔布龙修道院研讨班录取，一开始他非常高兴。然而，随着最初的兴奋逐渐减弱，他逃跑了，流浪"在符腾堡、巴登和黑森大约二十三个小时"，"在零下七摄氏度的旷野里睡觉"，直到村里的猎人把他抱起来带回去。老师对他的处理相对温和，"由于未经授权离开学校"，他只被罚了八个小时的监禁。之后，他感到"疲惫，虚弱，没有精神……我的脚总是冰冷，而我的头顶却在燃烧……我想追着落日离开"。这个念头是藏不住的，黑塞的情况越来越糟，得了抑郁症。接下来的日子像是一次奇怪的旅行：他离开毛尔布龙，被送到巴德波尔接受一位祷告治疗师的照顾，但最终没有实现。不久后，他发现自己陷入了不幸的爱情之中，这份爱情使他负担沉重，以至于他试图自杀。1892年5月，他被移交给施泰滕精神病医院，但没得到多少帮助。随后，他又尝试上了两次学，在埃斯林根做过书店的学徒，但是这些都没有持续多久。在那之后，就在一切似乎变得无望时，他的情况好了起来。1894年初夏，他成了卡尔夫塔钟作坊的实习生。他喜欢这份工作，正在慢慢找到自己的归途，这也得益于他的阅读狂热。只要时间允许，他会阅读任何能拿到的书。1895年5月，黑塞公开了自己遭遇的精神危机。后来，他将这一危机写入了自己的第二本书《在轮下》。"充满愤怒、仇恨和自杀念头的糟糕时刻已经过去，毕竟这已经锻炼了充满诗意的自我。最狂热的狂飙突进时期已经被愉快地克服了。"

从1895年到1903年，他在图宾根和巴塞尔担任书店店员，同时出版了诗歌集和散文集。他的第一本小说《彼得·卡门青特》于1904年出版，他因此而闻名。这本书所传达出的信息既年轻又有上了年纪的智慧。回想起来，黑塞写道："我……希望以一首更宏大的诗歌拉近自然中伟大而沉默的生命和当今人们的距离，使他们变得可爱。我想教他们聆听地球的心跳，参与整个世界的生活，在冲动中也不要忘记自己小小的命运。我们不是神，我们是由自己创造的，我们是孩子，是地球以及宇宙整体的一部分。"很多人直到今天仍然认同这一点。事实上，黑塞早就致力于建立人与自然之间永恒的交流，文学在这方面所能做的有限。在这样的交流中，诗人应该作为一个警示者，用诗歌来回忆碌碌的存在中不应忘记的事情："我想提醒你，就像诗人的歌声和我们夜晚的梦境一样，河流、海洋和漂浮的云，是向往在天地之间张开翅膀的渴望的象征和载体，其目标毫无疑问，是争取市民权利的确定性和所有生命的永生。"年轻的黑塞开始探求人人可以坚持的真理，即使过程不顺利，让他的希望一次又一次地落空。老年的黑塞知道，对真理的追求永远不会终结，因此，他比年轻时聪明得多。然而，一个人可以学习，甚至可以从经验中得到快乐，这也可以总结为一条信息："我想……教人们在对自然的兄弟般的热爱中寻找快乐的源泉和生活的潮流；我想宣讲观察、漫游和享受时光的艺术。我想让山、海和绿色的岛屿以一种诱人的语言与你们交谈，迫使你们看到在房屋和城市之外，生命是多么丰富多彩、自由轻盈，每天都在尽情绽放、肆意流淌……我想告诉你们，我在这个世界上找到了令人难忘的乐趣，那是一条孤独和艰苦铸成的金锁链。我希望你们——可能比我更快乐和更幸福——带着更大的喜悦来发现这个世界。"黑塞本人证实，他已经在自己的第一部长篇小说《彼得·卡门青特》中整理讨论了这些主题，这些在以后的作品中也可以找到："我认为我们已经找到贯穿我整个作品的共同思路的开端了。尽管我没有坚持卡门青特那种古怪的隐士态度，但我在发展过程中并没有回避时间问题，也从未……住在象牙塔中。我遇到的第一个也是最严重的问题从来不是关于国家、社会或教会的，而是关于个人的——个性的、独特的、非标准化的个人。"

尽管他在文学上的成功令人惊讶，但这正是黑塞暗中的预期。他现在完全可以成为一名作家。他与摄影师玛丽亚·伯努利结婚，并搬到了博登湖上的盖恩霍芬。尽管他有一种"定居的感觉"，并且依附于"能够……创造出像家一样的东西……"的"美梦"，但他内心充满了一种奇怪的不安感："作为一个年轻人，我对自己在这个年龄的生活完全是另一种想象。现在又是一种等待、疑问和躁动，欲望比满足更多。菩提树上的花香浓郁、徒步旅行者、聚在一起的妇女、儿童和恋人们似乎都按部就班，知道该怎么做。只有我无所适从……"

黑塞曾于1904年和1911年分别去过意大利和印度，那里居民的精神世界给他留下了深刻的印象。然而，他仍然是一个孤独者，尽管他有家庭关系。他有三个孩子，结过三次婚，但他会在感到束手无策时不断撕裂自己："在我的生活中，我总是经历着高压升华的时期，精神修行与对幼稚、天真、愚蠢、疯狂甚至危险的投入交替。每个人都有这样的想法。"他的书还喜欢讲述独来独往的优点和危险。"我写的所有散文作品几乎都是心灵传记，它们不是跌宕起伏、扣人心弦的故事，基本上是独白，作品中的个体——例如彼得·卡门青特、克努尔普、德米安、悉达多、哈里·哈勒（《荒原狼》主角）——会被置于他们与世界以及他们与自己的关系中进行观察。"黑塞的小说主人公彼得·卡门青特走向成功的道路，在一定程度上也适用于他自己："他试图挣脱世俗和社会的束缚，努力回归自然，重现了卢梭的一半英勇、一半敏感的反抗，因此他成了诗人。"第一次世界大战开始时，黑塞自愿参军。但人们不想接收他，因为他的近视太严重了。诗人黑塞正在变得越来越和平。他从事关押战俘的工作，并用令人生畏的文字惹恼了他的同胞，这些文字大多给他带来了严重的后果。黑塞的感觉就像是"流浪者"，当时也发表了同名诗歌："得不到祝福的岁月，/来自四方的风暴，/无家可归，/只有歧途和错误！/我沉重的灵魂/担着上帝的手。"

1919年5月，黑塞搬到提契诺州的蒙塔格诺拉，这是一个"葡萄园和栗树林之间的小村庄"，这成了他真正的家。五月后的夏天炎热而令人陶醉，这使他有了新的生活勇气："……我没有死。所以大地和太阳再次向我转来……很长一段时间以来，蓝天和云彩、湖泊和森林都从我生动的凝视中反映出来，这个世界再次属于我，它再次在我的心上弹奏着带有魔力的和弦。"这个夏天后来被他称为"一生中最圆满、最充实、最勤奋、最热情的时期"。他把这些感受赋予了一位新主角——画家克林格，这对他来说却根本不够："只要天气炎热，它们就会燃烧起来，像燃烧的旗帜一样消失，短暂而闷热的月夜，接着又是短暂而闷热的雨夜，如梦一样迅速，到处都是图像，闪闪发光的几周就消失了……下面，旧的露台花园阴沉而令人眩晕，浓密的树顶阴影压着人群……上面，夏季木兰的大片黑色细小叶子在树的黑色中闪烁着淡淡的反光，在树叶之间有巨大的雪白花朵，半闭着的，像人的头一样大，像月亮和象牙一样苍白，散发出刺鼻的活泼的柠檬味。"黑塞现在开始自己作画："我漫步在闪着光的日子里，穿过村庄和栗树林，坐在折叠椅上，试图用水彩留下些许这种四溢的魔力。我一直坐在这温暖的夜里，直到深夜。克林格那城堡的门窗开着，他比我使用画笔的经验更丰富，头脑也更冷静。他在尝试用文字唱出这首闻所未闻的夏日之歌。"

1923年，黑塞被授予瑞士国籍。在两次世界大战之间，他利用自己的名声发挥了政治影响力。他以自己的方式向无数德国年轻人写了无数封信，以良知与他们交谈。这本身就是一项艰苦的工作。此外，他还出版了许多书籍，其中包括《德米安》（1919年）、印度小说《悉达多》（1922年）、《辛克莱的笔记本》（1923年）、《温泉疗养客》（1925年）、《荒原狼》（1927年）、《观察》《危机》（1928年）、《纳尔齐斯与歌尔德蒙》（1930年）。

1942年，黑塞在战争中结束了他的小说《玻璃球游戏》，这也许是他内容最丰富的作品，"希望表达精神对野蛮力量的抵抗"。但令人惊讶的是，因为与这些野蛮力量的斗争仍在继续，坦白说，他没有赢得"快乐"，"无非就是在世界的恐怖和烈焰中欢快地笑着，大步跳舞……"黑塞所主张的人的崇高之快乐并没有在日常政治中得到证实，甚至在他的个人危机处理中也没有，而是在普通人类的思想中得到了证实："这种快乐既不是自嘲也不是自满，它是最高的知识和爱心，是对所有现实的肯定，是清醒地站在所有深渊和深渊的边缘，它是圣徒和骑士的美德，坚不可摧，只会随着年龄的增长和接近死亡而增加。这是每一种艺术的美丽和真实实质的秘密。即使整个民族和语言都试图探索世界的深处，在神话、宇宙和宗教中，他们最终可以达到的巅峰就是这种快乐。"

然而，只有到了老年，人们才可能获得这种心态，而这时距离结局也不远了。黑塞看到了，他那令人敬畏的现实远没有理想主义令人愉悦，为他提供了认知过程的跳板，这一过程永远无法得出确定的结论，总是在刷新自己。导师卢迪·约瑟夫·克内希特在小说《玻璃球游戏》中说："我的生命……应该超越，从一个层次到另一个层次，应该在穿行中留下空间，像音乐中一个接一个的主题，一段接一段的节奏，完成、演奏、臻于完美，放下、从不疲倦、从不睡觉，总是清醒着、总是完美地存在着。"为了长期受到保护和保障，我们可以在一种确定性中安定下来，但它不是现成的："真理是存在的，亲爱的！但是，你所渴望的、绝对的、完美的和授人智慧的'学说'并不存在。你也不应寄希望于某个完美的学说，朋友。你应该完善自己，神性就存在于你的内心，而不是概念和书籍中。真理是需要在生活中体悟的，而不是被教授的。"黑塞的众多仰慕者正希望将他奉为人生导师，向他讨教至理名言，而黑塞拒绝给出这种万能药。他是真理的追求者，而不是真理的布道者："我无法回答您的任何问题，我甚至无法回答自己的问题。和您一样，我对生活的残酷也感到困惑和沮丧。不过，我相信，坚持厘清自己的生活可以克服无意识。我相信，我对生活的意义或无意义无须承担任何责任，但我要对自己独有的生活负责。"

第二次世界大战之后，黑塞获得了很高的荣誉：他在1946年同时获得了歌德奖和诺贝尔文学奖。这使他的名声升至前所未有的高度，以至于不断受到骚扰；在房屋入口处，他的留言"请不要访问"并没有太大帮助。另外，他那诗意的精练要求不能打动那些受人尊敬的同时代的人："孟子说过，当某人变老并完成了自己的职责时，他有权与死者保持沉默。他不需要其他人。他了解其他人，他对其他人的了解已经足够。他需要的是沉默。找一个这样的人来对付他，不停地折磨他，是不合适的。对于他来说，走过自己的住所大门，就像没有人住的屋子，是很合适的。"

黑塞不再出版大部头的散文作品，他的视力急剧下降，患了白血病。他坚持写的，是最重要的诗，这些诗讲述了仍然存在的、确定的、充满希望的生命对死亡的答案。他最著名的诗是《阶梯》，黑塞忠实的崇拜者们可以眼含热泪，一个字一个字地大声朗读这首诗。诗中写道："……我们应该昂首走过一间又一间房间，／不要对其中任何一间产生家一般的留恋，／世界精神不想束缚我们、逼迫我们，／它想一级一级地把我们举得更高、更远。／当我们回到家中，还未过完一生／就习惯了安逸栖居，有了走下坡路的风险；／只有准备离开和旅行的人／才能免于瘫痪／——也许死亡的时光／也会给我们献上年轻的新房间，／生命对我们的呼唤将永远不会停止……／那么，心灵啊，就此告别吧，保持健康！"

黑塞是"反对市民阶层勇气"（语出阿尔弗雷德·沃芬斯坦）的诗人，他对"适当、克制、和谐的东西以及……事物的内在联系有一种精妙的感觉"（语出安德烈·纪德）。他的读者更加能欣赏这一点，他们喜欢一个对他们诚实，并甘于接受自满的批评家惩罚的作家。

漂浮

卡夫卡：未活过的生活

我们不必担心通常的认知过程，也不必担心所谓的常识，借助它，我们可以为期望找到合适的方式。这非常有用，因为它的日常方向，提问与回答、坚持与放弃之间的交替，对工作来说足够了。不必质疑，除非你是一位哲学家，对寻常的事物也感到特别惊奇。现在，哲学家比我们想象的要多得多。对于高度复杂的角色，简单的周到并不是特权，这表明基本上所有事物都可以成为好奇和关注的主题。这样，仅有普通的答案、普通的怀疑是不够的。你会想要更多，实际上你想了解一切。诗人弗朗兹·卡夫卡就是这样一个人，他无法得到满足：对自己不满，对世界不满，更严重的是，他甚至对普遍的认识过程不满，尽管这种认识过程以现实为前提，所获得的知识也竭尽所能地为这一现实服务。卡夫卡一定很早就有了无法找到正常理解现实的方法的体验。与其他人不同，他没有从收到的答案中获得任何明显的确定性，所有的充其量只是新问题。在他早期的一篇短文《对一次战斗的描述》中，他第一次尝试指出，当一切似乎都井井有条时，对方如何开始躲避他："我希望向您请教，事物实际是怎样运行的。一切像雪一样在我周围降下，而别人面前却立着一个小玻璃杯，像纪念碑一样站在桌子上……您不相信其他人是这样吗？真的不行吗？啊，听着！当我还是个小孩时，小睡片刻后睁开眼睛，我听到母亲以自然的语气在阳台上问：'亲爱的，您在做什么，这天可太热了！'花园里的一个女人回答：'我在户外吃茶点。'她们讲话时没有重点，也不是很清楚，就好像那个女人等着我妈妈的问题，而我妈妈正等着这个答案……"

这个对自己生活充满不安的小孩一直存在于卡夫卡的内心。他年纪渐长，在按部就班生活的同时，尽职地履行了分配给他的任务，但内心变得越来越不安。他周围的"一切"确实"像雪一样降下了"，而另一个压倒性的多数——他宁愿指望他那位行为粗暴的父亲面前，也"立着一个小玻璃杯，像纪念碑一样站在桌子上"。对卡夫卡来说，一切都还未定，但他已无法逃脱——这不是一个令人欣慰的前景："我的前路并不光明，我一定会——我已经能预见到这一点了——像狗一样死去。我也想避免这种情况，但是由于这不可能，所以我很高兴自己对自己没有怜悯，终于变得如此自我。"

当卡夫卡开始明白，自己不被允许以通常的方式对待现实及其他人时，他被迫接受了自己。《对一场战斗的描述》中的那一小段情节实际上就发生在他身上。在给朋友麦克斯·布罗德的一封信中，他也提到了这一点。卡夫卡指出，他"对这种坚定"惊讶不已，"人们知道怎样用它来忍受生命"。

他那时大约二十岁，是一个听话的年轻人，尽管他知道自己将无法成就可以使自己安心的事业，但他丝毫没有违背父母对他的职业期待。他只能在虚空的梦想中实现这一目标，而梦想无法在任何时间或任何工作守则中存在。在一本日记中，他写道："很多年前，我坐在佩特任山的斜坡上，这确实可悲。我检查了自己对生活的愿望。最重要或最吸引人的，是渴望获得生活观（并且最重要的是，能够以书面形式说服他人相信自己这种生活观）。在这种生活中，生命保留了其自然而艰难的兴衰，但同时清晰无比，虚无、梦想、飘浮。如果我许愿的方式没错，这也许是一个美好的愿望。例如，希望将桌子以细致有序的工艺用锤子钉在一起，同时又不做任何事情；不是'锤子什么都不是'，而是'锤子是一个真正的锤子，但什么也不做'，这会使锤子变得更大胆、更坚定、更真实，并且只要愿意，还会更加疯狂。但是他根本不希望这样，因为他的愿望不是一个真正的愿望，他只是防御，是将虚无世俗化，是活力的气息。他想将这愿望献给虚无，虽然从未向虚无有意识地踏出过一步，但已经将其当作自己的基本要素了。那是他从虚幻的青年世界中出走时的告别，顺便说一句，那个世界从来没有直接欺骗过他，只是让周围所有当权者的谈话欺骗了他……"

卡夫卡认识到，自己既没有选择现实的正面走廊，也没有选择建立在幻想之上的看似存在的虚无；他所期望的真理存在于一部要求烦琐到近乎过分的文献中，尽管其严格性主要针对的是其作者。他必须是一名作家，这一点不容置疑。自相矛盾的是，当他面对这样的确定性，即他再也找不到任何借口逃避时，他已经融入了自己的职业生涯。在学习完法律、获得博士学位并在布拉格的一家律师事务所实习之后，他从1908年8月开始，在"波希米亚王国工人事故保险机构"

工作，直到1922年夏提前离职，始终勤勤恳恳。卡夫卡是一位非常可靠的雇员，他于1910年被提拔为干部，并由当局定期晋升。起初，他还想轻描淡写地解决本职工作与不容退让的文学兴趣之间的冲突。他在1907年至1909年发表的《乡村婚礼筹备》中写道："即使一个人超负荷工作，累到无法享受假期，但是所有这些工作并不能保证他得到了所有人的敬爱。更有可能的情况是，他始终孤零零的，完全是个陌生人，只是他人好奇的对象……所有想要折磨我的人现在已经占据了我周围的整个空间，这些天屡试不爽的借口正逐渐将他们推回去，而我不必提供丝毫帮助。事实证明，我可以保持软弱和安静，任由一切自然发生，但一切都必须好起来，只有通过飞逝的日子……"

　　这就是令卡夫卡恐惧的事物：飞逝的日子。它们占据了他的职责，他花了很少的时间进行充满疑虑的写作，就像一个溺水的人抓着救命稻草。日子一天天扫过，碰到了他，但不属于他通过文学开启的秘密世界。这个世界不是一个已沦为私有财产失效的荒凉国家，而是一个分散而疏远的存在，因为它只在第二种具有洞察力的审视下展示自己，这种审视对修饰、过度增长和功能的实用性不再感兴趣。卡夫卡的世界就像一间玻璃屋，里面充满了紧张的寂静，朝这里扔石头都没什么意思了。在此四处求索的人会经历给他准备的一切，被熏蒸到窒息，同时变得更加紧张。人类面对世界的一面很脆弱，像卡夫卡这样的诗人，没有厚厚的皮毛，一定更加脆弱。对他来说，没有禁猎期，没有保护储备，然而，也有一些超出通常满意度期望的东西给他带来了好处："一层层堆叠起来的生活密不透风，越堆越高，甚至用望远镜也无法看清。如果忽视了这些，就会良心不安。但是，良心若受重伤，那是一件好事，因为它使人对每一下刺痛都更加敏感。我认为人应该只阅读那些会让自己感受到刺痛的书。如果我们正在阅读的书没有给我们的脑袋一记重锤敲醒我们，那我们为什么要读这本书？这样让我们开心吗？我的天哪，如果我们没有书，我们会很开心；如果有必要，我们可以写那些使我们开心的书。但是，我们需要那些让我们痛苦的书，它要像突然降临的不幸，比如挚爱之人的亡故，比如被丢进与世隔绝的森林，比如一场自杀；一本书必须是能够劈开我们内心冰冻海洋的斧头。"

实际上，卡夫卡写了他"需要"的书，他之所以写作，是出于他自己的需要，而不是其他原因。写作使他不得不说的事情成为可能，而使他的读者更容易理解他不过是顺便。他所描述的恐惧，时而荒谬、时而在命名世界的过程中充满无法补足的遗憾，即使通常的意识是统一和一致的，也永远无法否认它在主观和客观时刻的瓦解，造成了永久的陌生感。这种陌生感并不作用于个人，而是削弱了存在秩序的安全性。从卡夫卡那里，我们连必需的信息也无法获得，作家本人仍然是他毕生秘密的承担者，他基本上是一个和蔼可亲的人，但在公开场合仍然会有所隐藏。卡夫卡的同学记得："他总是干净整洁，不显眼又结实，但从不打扮得高雅入时……我们都很喜欢他，也很欣赏他，但永远不能和他走得很近，他周围总是有一道玻璃墙。他以安静可亲的笑容打开了世界，却使自己与世隔绝……我记忆中的印象是，他是一个又瘦又高的男孩，看上去安静善良、和善可亲，他坦率地面对其他所有人，却始终保持某种距离感和陌生感。"

卡夫卡已经拥有了这种陌生感，但没有将这种负担带给别人。他在小范围的社交中很有礼貌。他的雇主，保险公司只能对他感到满意。他会尽自己的知识和信念来完成分配给他的任务。他的实际生活与他在办公时间内工作的约定背道而驰，只有在晚上才开始。写作对他来说从来都不是一件容易的事，哪怕是丝毫也没有。卡夫卡看到这位作家正在进行一场绝望而又充满生机的斗争，偶尔会闪现出令人难以置信的真理，但除此之外，这仍然是一件毫无娱乐价值的事件。卡夫卡讲述了他的一生，他一生都在颤抖，其他人几乎注意不到。他平淡无奇地参与的正常生活为他提供了一种保护性监护，最终他不再希望被释放。他的生活不能被替代。这是一项持续不断的考验，超出了可容忍的水平。卡夫卡在给他的朋友布罗德的一封信中写道："当我在不眠之夜让所有事物在痛苦的太阳穴之间来回走动时，我再次意识到……我脚下的根基太虚了，甚至不存在；生活在黑暗中，黑暗暴力是按照它的意愿而来的，它没有攻击我的结巴，而是直接摧毁了我的生活。写作使我不断前进，但更正确的说法是，正是它让这种生活继续下去。当然，我的意思不是说如果我不写，我的生活就会更好。相反，它会更糟，更难以忍受，必须以错误的思维来结束……但是，自己当作家呢？写作是一种甜蜜而美妙的报酬，但那又是为了什么呢？在夜间，我对孩子气般清晰的指示很清楚，这是魔鬼的服务。潜入黑暗力量中，释放出自然界捆缚的幽灵，可疑的拥抱以及那里可能发生的事情，当在阳光下书写故事时，人们已经不知道了。也许还有一封信，我只知道这个……"

　　像卡夫卡这样的作家所挖掘的力量，普通人最好不要触及。他看着灵魂的深渊，这些深渊对"天真男人"是有用的隐藏。作为惩罚，他上瘾，使人想起痛苦的透视。他受到的惩罚是对此欲罢不能，这让人想起那种苦不堪言的预见力。他所预见的不幸比他实际看到的要多，但他不愿让这些悲观的预见溜走，因为它们似乎有充分的根据。作者无法摆脱他所呼唤的精神，他必须忍受它，他也想要忍受它，因为他知道自己体会不到日常生活的乐趣。取而代之的是，他陷入了一种富有生产力的痴迷之中，这种迷恋引起了他自己的恐惧："天真的人有时会希望：'我想死，看看我是如何哭泣的。'这样的作家不断地意识到他死了（或者他不再活着），并不断哭泣。这就是为什么人们对死亡有一种极大的恐惧，这种恐惧不一定指对死亡的恐惧，也可以是对改变的恐惧。"

　　卡夫卡的恐惧日夜相随，他对改变的恐惧是众所周知的。他勇敢地面对改变，但不是很成功。除了少数时候，他几乎一直住在布拉格，尽管他诅咒这座城市。他还想改变自己的单身状态，找到幸福，因为比他更糟的人已经为他做了示范。他订过两次婚，但都解除了婚约。爱情、妻子和孩子、和谐的家庭生活，像他这样的人做不到，因此他似乎别无选择，只能相信自己的恐惧并在有机会真正获得快乐之前坚持向不幸屈服。十三岁的米莱娜·耶森斯卡-波拉克一定也经历了这些。卡夫卡于1920年春季在他去梅拉诺的一次旅行中遇见了她。如果他更加果断，两人的爱情本可以成为一段佳话。

但他以行之有效的方式躲避了她。尽管如此，米莱娜仍然非常理解他。关于她的朋友卡夫卡，她写道："他没有丝毫的庇护，也没有庇护所。因此，他完全暴露在我们所畏惧的一切中。他就像穿着衣服的裸体男人一样……这是如此坚决，没有任何可能帮助他列出生活的因素——无论是美好还是痛苦。而且他的禁欲主义很不讨人喜欢……这个人由于他的洞察力、纯真和无能为力而被迫苦修……我知道他不是在为反对生活本身而战，而是在为反对这种生活而战。"

从一开始，卡夫卡的灵感就必须排除启蒙和确定性的光辉。它是建立在否定的基础上的，在概念与客体、内在与外在真理之间缺乏一致性。作家强迫二者进行比赛的唯一场合是在写字桌上。卡夫卡向他的避难所解释说："作家的存在……依赖于桌子，如果想避免疯狂，他就永远都不要离开桌子，他必须咬牙坚守。"

卡夫卡在为自己的桌子而战，即使看不到攻击来自何处。在这样做的过程中，他错过了许多对其他人来说有价值的东西，这些东西比较轻。但是他不必走进外面的世界就能看到更多的东西。最终，一小片家园并不能改变这样一个事实，那就是如果一个人像卡夫卡那样，就无法找到一个完整的家。他在任何地方都无依无靠。"他感到被困在这个世界上，局促不安、悲伤、软弱、疾病、囚犯的妄想与他一起爆发，没有任何话语可以安慰他，因为这只是对大人的安慰，可以抚慰温和的头痛，却无法抚慰被囚禁的事实。但是，如果你问他，他到底想要什么，他将无法回答，因为他——这是他最有力的证据之一——不懂自由。"

困难、黑暗、破碎的冰

布洛赫：尚未知晓

哲学家恩斯特·布洛赫，1885年生于路德维希港。他之所以走上哲学的道路，是因为他对世界感兴趣。据一份文件记载，布洛赫还是个小学生时，他就有一种"狂妄骄傲、自命不凡的派头，和他知识的深度毫不相称"，吸收着生活提供给他的知识。而他所吸收的，是路德维希港剑拔弩张的紧张气氛。路德维希港是一座工人阶级城市，显示出一种粗糙的特质；而与它隔着莱茵河相望的曼海姆则有着优雅得多的氛围，似乎打开了另一个世界的大门。1959年，布洛赫出版了一部自传式随笔，他为这部作品取了一个很典型的名字：《关于属于我的自己》。在书中，他写道："所有这些都被迅速（甚至过于迅速）地吸收了，而这正符合人在青年时代的特点。这就是纯粹的工业城市路德维希港，丑陋、浅薄，由化学建立，却像杰克·伦敦作品中所描绘的，遍地是小酒馆，里面挤满了毛头小伙和水手。而莱茵河上游是古老优雅的曼海姆剧院、巴洛克风格的天文台、城堡图书馆，这是哲学的绿洲。图书馆海纳百川，从斯宾诺莎到黑格尔的作品都能找到。他接纳吸收的，是一位比他早诞生一百年的年轻人的东西。施维茨城堡花园中有阿波罗神庙，也有清真寺，那种庄严静谧的气氛既像纯粹的莫扎特，又有几分阿拉伯风情。施普雷河汇入莱茵河，乌尔姆斯大教堂面对着莱茵河，而不远处就是内卡河畔的海德堡。也许正是这种工业风和缤纷气场的结合，促使他去寻找一种理性与神性密不可分的哲学思想。"

1905年到1906年，布洛赫在慕尼黑读大学。他很喜欢这座城市：生活家布洛赫需要生活，这样才能有心情思考，从寻常中发现不平凡的东西。他从上小学起就培养了旺盛的求知欲，而且知道如何恰当表达而不招人厌烦，这让他的大学学业很顺利。在这段自我意识觉醒和寻找自我的时期，他有了关于哲学的关键经历，这让他在没有任何警告的情况下如醍醐灌顶一般，产生了他所说的自己的"唯一和最初的想法"，他到了晚年依然清晰地记得这一点："二十二岁时，我的脑海里仿佛划过了一道闪电：我发现了尚未知晓这一概念，以及其内容与隐含意义的实际关系。尤其是在富有创造力的工作中，令人印象深刻的极限被跨越了，我将这种极限称为通往尚未知晓的过渡点。它的周围有困难、黑暗和破碎的冰，也有平静的海面和快乐的航程。只要有一次成功的突破，这个从未有人涉足过的领域就能被推向新的高度。这就需要漫游者、指南针，同时有人深入其中。当时的这份记录记下了一个关键内容，其中包括刚刚开始形成的家庭概念。"对于面向未来的布洛赫，尚未知晓的想法是世界的关键，因为它提供了两种被展开的存在可能：众所周知的规则和尚未为人所知的法律所统治的伟大的全面现实被视为世界。但世界也是碎片化的自我认识，它发生在每个自我中，并成为一种通常难以理解的身份认同，使人陷入如何认清自己的老问题中。布洛赫明白，在每个实现的时刻，时间已经拥有成为未来的一切："真正的未来，等待着我们的发展，必须由我们推动。因此，有必要摆脱经历的那一刻的黑暗，这鼓励我们去探索，并带出了我们内在的和我们面前的事物。在黑暗中，我只能稍后再感知，并且可能只能以扭曲的方式感知……或者我等待着，想象一下尚不存在的东西。如果这描绘出的是真实的未来，那么这种描绘（对于以前的梦想而言可能就足够了）就可以生成所需的图像，乌托邦思想或来自乌托邦的思想……这种哲学并不认为这是关于从我们有限的主观思维中产生的某种东西，而这种东西本身被完全展现出来，并在经验上作为反映的术语出现。不，正相反，它基于以下基本论点：世界本身是一个问题，而我们对世界的影响既是哲学上的，也是科学上的，这种影响即惊奇——惊奇是问题的根本源头。"

与弗洛伊德备受争议的无意识相比，后者更像是一个奸诈的宝藏，也被布洛赫称为"不再知晓"。相比之下，尚未知晓被证明是对世界和世界事件特征的动态解释模型。由此可以对哲学进行分类，以质疑其未兑现的承诺的历史，并输入来自未来的长期潜力和保密性的未来形象。布洛赫的关键经历，即对尚未知晓的发现，使他可以自由工作。在他看来，从现在开始，他将不得不以一个热情的推动者的身份面对世界，他必须在这个被遗忘已久的地方窃窃私语，以使其成为对未来白日梦的纪念。整个过程都非常重要，它既是对尚未实现的幸福的观照，同时又让人带着热爱沉浸在细节中："最初，只有少数人有了新的语调，几乎没有什么不同。这样的开始可能会持续很长时间，但是瞬间就会停止……开放的目光是必要的，这通常出于本能；事物根本上的整体性和简单性，对哲学家来说是必不可少的。一旦意识到这一点，人会把所有精力都集中于此……"

在修建柏林墙之后，布洛赫留在了联邦共和国，在那里他很快成了受人敬重和令人恐惧的自由精神象征，受到学生和学者们的崇敬，并试图以冷漠的态度惩罚主流哲学。哲学家布洛赫年纪越大，他的哲学就显得越年轻。学生运动爆发时，激动的老人布洛赫身体状况良好：他已经剔除了自己的狭隘心思，现在，他一次又一次地以伟大的诗人风格报道了社会主义思想，这是他保留至今的童年梦想，因此还从未在艺术中有所体现，只在每个时代前都有所增加。布洛赫怀着年轻的反抗，布洛赫怀着一腔热血，反对那些虚伪的认识，坚持认为乌托邦思想的力量可以改变世界。布洛赫在他的主要著作《希望的原理》中，记述了他在哲学上的关键经历，即发现尚未知晓。这是一部真正意义深远的思想史诗，来自奇迹的世界和梦的投影，像一部文字和图片丰富的冒险小说。这部光彩夺目的作品的命运有些可笑：几乎没有人读完过这本书——这可能与它的篇幅超过1600页有关，但是直到今天，每个人都听说过这本书的名字，即使只有少数人知道这个书名背后是一部哲学巨著。"希望的原则"已经沦为通俗的用语，被那些一知半解又想舞文弄墨的人用来形容即使一切奋斗的结果未能如愿，仍要固执地相信好事多磨。在哲学家的一生中，布洛赫只要公开露面，就会成为一个传奇。在他出现的地方，老人高大的身材、与众不同的面庞、童子军的眼镜和令人印象深刻的浓密头发，这些都让人难忘。记者海因茨·勃兰特描述了布洛赫在主席台上的样子："当他站在那儿时，满头白发，目光深邃，双臂伸向天空，高高地抬起皱着眉头的宽宽的额头，看起来和米开朗基罗的轮廓重叠。"当一个人坐在布洛赫对面时，这种不寻常的印象增加了。"你很少看过或看到这一幕，"作家让·阿梅里写道，"这种如此伟大，几乎令人震惊的精神活动。嘴唇低垂，没有嘲笑，更没有鄙视，只有最精简的精神努力。长长的皱纹，如同刻刀刻出来的。深邃的目光穿透厚得可怕的近视眼镜射出来。此外，他还有一个不寻常的额头，讽刺了'高高的思想家额头'这种文字和图片的陈词滥调。恩斯特·布洛赫的前额非常低，是一个弧度很低的半圆，长着浓密而坚硬的白发。整个面孔都令人不安，没有人能很快习惯站在他面前。"

我们目前缺乏像布洛赫这样的哲学家。也许像我们一样，他一方面经历着令人难忘的快速发展，另一方面也面对着后现代的冷漠，因此会遇到困难。这更会使他想起他的信念，即今天别人显然很难表达自己的信念。布洛赫的"希望的原理"是基于对记忆的研究而产生的，它是在发现尚未知晓的布洛赫式关键经历之后发现的，尚待阅读。"希望的原则"捍卫着过去、现在、将来，以及即将来临的幸福的诺言。最终，在希望的地平线上，将有一个全方位的家园来提供支持和安全，因为经过漫长的旅程，人会发现自己身在其中：

"明天生活在今天，它永远在追问。朝着乌托邦方向转过的脸总是在变化，就像他们认为在每种情况下看到的一样。另一方面，方向无处不在，即使在它仍然隐藏的目标中，也是如此。它似乎是历史上唯一不变的。幸福、自由、非异化、黄金时代、流淌着牛奶和蜂蜜的土地、永恒的女性气息、费德里奥的喇叭声，以及后来复活的基督样貌：虽然有如此多的证人和形象，但都围绕着一个问题，它依然用沉默为自己说话。"

解释总有尽头

维特根斯坦：语言的边界

1889年4月26日，一个名叫路德维希·约瑟夫·约翰·维特根斯坦的男婴在维也纳第一次睁开眼睛，看到了这个世界。他是家里七个孩子中最小的一个，出生时家里条件很好。维特根斯坦一家生活优渥，父亲卡尔·维特根斯坦是布拉格钢铁工业的总负责人，地位相当于德国传奇人物阿尔弗雷德·克虏伯。老维特根斯坦是当时进步的大工业家之一，他提倡审美艺术，与知识分子、音乐家和诗人都有来往。他致力于革新生产方式，却是奥匈帝国残酷君主制坚定而忠实的拥护者。卡尔·维特根斯坦成为奥地利工业巨头的崛起之路充满传奇色彩，甚至可以拍成一部电影：1864年，他因为一篇叛逆的文章触怒了高中的老师，被勒令退学。于是，他离家出走了，凭借一本假护照到了美国。他在那里艰难谋生，当过服务员、乐手、代客停车服务生和酒吧侍者。此外，他还做过希腊语教员和数学教员，并试着做过教小提琴和圆号的音乐老师。1867年，他回到了维也纳，开始读机械制造专业的课程，最终还是没有毕业。

卡尔·维特根斯坦从美国带回来的，是一种敏锐的现实眼光，

251

这让他能够对计划的可行性和已经发生改变的环境做出精确判断。而他生活中的另一面是属于非生产性的艺术的，对此他有着独特的嗜好。对他的孩子们来说，他同样也是一位严格的父亲——他们学习的东西，都必须经过他的认可。在他看来，只有技术员和商人才是有前途的职业。路德维希的母亲莱奥博迪内·维特根斯坦是一位沉静温柔的女性，总是站在丈夫身后支持他。这种家庭背景对路德维希·维特根斯坦的个人发展产生的影响，比他自己想要承认的还要深远得多。这促使他有了一段关键经历，并转向了哲学研究。接下来，我们就会谈到这些。

当时的维也纳是忧郁的大本营。忧郁思想主导着讨论：普通人既没有时间，也没有闲情沉溺于所谓存在的忧伤中，而富裕阶层却乐此不疲。这也许和人们对阴暗面的热衷有关，他们可以安稳地坐在家中，尽情地用敏锐纤细的感官去捕捉尘世间一切努力终是徒劳的绝望感。维特根斯坦一家也没能摆脱这种忧郁情绪，父亲本人就一直很脆弱，五个儿子中的三个选择了自杀，路德维希·维特根斯坦一生都在与反复发作的抑郁症做斗争。维特根斯坦家的孩子们很难满足父亲的高要求，而路德维希作为最小的孩子，却相对轻松地完成了：他表现出了明显的技术天赋，这让父亲很高兴。要不是这一点，小路德维希是很难在家中受到关注的，因为他的哥哥姐姐们似乎天分更高。尤其是路德维希的哥哥保罗，他是一位著名的钢琴家，尽管失去了一条胳膊也未曾中断自己的演奏生涯。路德维希一开始接受的是家庭教师的教育。1903年，他进入林茨的国立中学学习，而就在不久前，一位名叫阿道夫·希特勒的同龄学生刚刚离开了这里。路德维希·维特根斯坦在学校成绩中等，在同学中显得格格不入，总是试图通过彬彬有礼的行为举止来掩盖内心的不安。与同学们不同，路德维希说着一口近乎矫揉造作的标准德语，而且很在意别人对他以"您"相称，结果这成了所有人的笑料。卡尔·维特根斯坦这时已经失去了两个儿子了——因自杀而死，他很担心自己这个最小的儿子。于是，他将路德维希接回了维也纳。路德维希在熟悉的环境中，果然好了一些，他读了许多书，其中，克莱斯特、歌德、默里克、莱辛对他影响很大，而叔本华哲学所宣扬的残酷的世界观，给他留下了深刻印象。1906年7月14日，维特根斯坦读完了中学七年级，通过了毕业考试，学校给出的成绩甚至有些超出其想象。同年10月，他入读了柏林夏洛腾堡高等技术学校。他依然最喜欢处理技术问题，然而在柏林，他第一次对哲学展现出了持久的兴趣。他的姐姐赫尔米娜在她的《家庭回忆录》中写道："在那时，或者就在不久后，他突然迷上了哲学，完全沉浸在对哲学问题的思考中，甚至违背了他的意志，以至于他承受着内心相互矛盾的双重呼唤，像被撕裂一样痛苦不堪。这样的变化，他在之后的生活中还会多次经历，这些动摇了他的整个心灵……在那些天里，路德维希处于一种难以形容、几乎是病态的兴奋中。"

维特根斯坦很快就意识到，哲学是一种无比严肃的问答游戏，同样的问题以一种精明的迟钝状态，一再清晰地被重新提出，以便能得到同样的答案——人们对此几乎无能为力，这些答案由于知识水平的明显进步，同样无法提供任何实在的论据来保证其正确。维特根斯坦在1910年参加路德维希·安岑格鲁伯的戏剧《测绘员》演出时，领悟到了这种确定性，当时他刚满二十一岁。这部作品的中心人物是斯坦克洛普福汉斯，他是女仆的私生子，由于受到神灵的"启示"，成了农民中的思想家和乡村的哲学家。一场重病让他远离了所有人。在独处中，他突然领悟到了自己命运的确定性：天地之间，再也不会有任何事发生在他身上。维特根斯坦的传记作家布莱恩·麦古尼斯也在书中提到了这件事，但没有指明斯坦克洛普福汉斯这个名字，只把他叫作经历了"启示"的"人物"："毫无疑问，维特根斯坦的宗教觉醒与这一场景有关，其中描述了一个经历了'额外启示'或称'神灵感召'的人物。此前，这个人都生活在可怕的悲惨境遇之中。然而有一天，阳光洒在他身上，他扑进草丛，想到自己总有一天会去世。当他晚上醒来时，他感到'内心充实，就好像不久前那明亮的阳光还留在我的体内……接着，它溢出了我的身体，就像一个人在对另一个人说：你不会发生任何事！就算是最大的痛苦，一旦忍过去，也不算什么了！无论你现在是躺在六英尺深的草丛中，还是已经目睹了上千次——你不会发生任何事！——你属于世间万物，而世间万物都属于你！你不会发生任何事！'"

维特根斯坦将这种确定性吸收为自己思想的一部分。这不仅成了他宗教思想的主导，还为他研究的哲学问题提供了一种非程序化的保证，试图在普遍的语言能力背景下，重新确定可说的边界。每次交流达成一致前，这种跨越边界的过程中自然包含了所有失败的可能。维特根斯坦认识到的不仅于此，他还想起了自己受到的感召，那是一种不可动摇的被他自己称作"无言的信仰"的力量。尽管现实中有着各种失败，这种信仰一定会超越生活本身造成的崩溃。虽然他作为生活在乱世中的人，不免被现实裹挟，但外部环境已经无法对他造成影响了。维特根斯坦想好了自己的理由。他确信，自己"完全受到庇护"，因此可以将自己的哲学研究项目公之于众，它涉及在可言说的边界确立认识的可能性，如为存在而做出的努力所揭示的——从最真切的字面意义上理解——不被失败所困，一定要继续前进。在回忆往事时，他记下了自己这段关键经历的意义："它迫使我冲破语言的边界，我相信，所有当时试图书写或谈论道德和宗教的人都被它驱使着。而这种冲破我们的牢笼边界的努力完全是没有任何希望的。"

1911年，维特根斯坦进入剑桥大学学习。当时的剑桥大学，是欧洲哲学和自然科学基础研究的中心。哲学家伯特兰·罗素是剑桥的明星，他思维敏锐、谈吐幽默，一生都喜欢与他所认定的专家们来往。我们那位来自维也纳的默默无闻的大学生，在这位大师面前丝毫没有表现出敬畏的态度，而是追着他问一些刁钻的问题。罗素在给他当时的女友奥托琳娜女士的一封信中写道："我的德国朋友原来是个讨厌鬼。下课后，他陪我走回家，然后一直和我争论到吃夜宵的时间，观点固执而荒谬，但我并不认为他愚蠢……他认为，人是无法凭经验了解任何事的。我要求他承认房间里没有犀牛，但他拒绝了。"维特根斯坦此时虽然一无职位，二无声望，却成了罗素平等的谈话对象。一开始罗素只是觉得有趣，后来他才发现，他的这位学生拥有过人的天分，甚至可以说一定是个天才："他也许是我遇到过的传统意义上的天才中最完美的例子：热情，深刻，专注，而且自信。他有一种纯粹，这是我除了 G. E. 摩尔之外，再也没有在任何人身上见到过的……他每晚的午夜时分都会来拜访我，就像一只野生动物一样，在我的房间里来回踱步，可以一连踱三个小时，沉浸在兴奋的沉默中。有一次，我对他说：'您是在思考逻辑学，还是在思考自己的罪过？''两者都是。'他一边回答，一边继续踱步。我不想提醒他，已经到了上床睡觉的时间了，因为他和我似乎都认为，一旦离开我，他很可能会自杀。"

维特根斯坦被天才的力量驱使，踏上了哲学的道路。这位聪明的学生很快出了名，当然，也有一部分是因为他的外表——身形清瘦却健壮，衣着尤其不遵循传统。大学里的交往风气极其自由，各种脾气古怪的人都很常见：许多扇大门都为有天赋的学生敞开。只有这样，维特根斯坦才得以在入学不久后，就能和剑桥哲学圈子里的大人物或多或少相互熟悉了。1912年11月29日，他在当地负有盛名的"道德科学俱乐部"做了自己的第一次报告，题目是"什么是哲学"。

两个月后，维特根斯坦收到了父亲的死讯。卡尔·维特根斯坦于1913年1月20日去世，为他的孩子们留下了一大笔财产，主要是美国证券。路德维希·维特根斯坦如今每年可以拿到超过三十万克朗的收入。但这笔财富对他来说，与其说是可喜的好事，不如说是沉重的负担。于是，他在一封写给著名文化杂志《放火者》出版人的非正式信件中表达了他典型的态度："请原谅，我用这个重大的请求来麻烦您。我想给您转一笔十万克朗的款，并请您自行将这笔钱分给奥地利贫穷的艺术家们。"这个不同寻常的要求得到了满足。本来就神经紧张的诗人格奥尔格·特拉克听说有人要给他两万克朗时，恐慌发作，迅速逃走并藏了起来。但除此之外，维特根斯坦的捐赠做了不少好事。西奥多·海克、艾尔西·拉斯科-许勒、奥斯卡·科柯施卡和勒内·玛利亚·里尔克都从这笔巨款中受益颇多。里尔克还在一首"献给外面某个未知朋友"的诗中表达了感谢，而维特根斯坦在收到这首诗的副本后，表示自己被这种"令人目眩的语气""别扭地感动了"。

　　第一次世界大战爆发后，维特根斯坦自愿报名参军，加入了第二堡垒炮兵团，被派往克拉科夫。他服完了兵役，但并不是以一个脱离现实或懦弱胆怯的知识分子的姿态，所有当时的证据都表明，他有"很强的责任感"，拥有熟练的"技术技巧"。这样看来，维特根斯坦似乎是个"爱国者"。他甚至还为奥地利军队提供了一百万克朗，用于改良迫击炮。他在激进的反战论者中（其中也包括他的老师罗素）看到了一群空想者，他们根本没有意识到自己在自欺欺人。维特根斯坦的一位朋友说："在这方面，我一再……从他那里听到关于罗素的……极其轻蔑的评价。罗素在二十年代建立'和平与自由联盟'之类的组织时，维特根斯坦就这样骂过他。于是，罗素说：'好吧，您也可以成立战争与被奴役联盟啊。'维特根斯坦热情地回应道：'很可能，很可能。'"

1916年6月，维特根斯坦在阅读了托尔斯泰的文章《福音书简述》后，将自己的思想写了下来。这些思想遵循着他那段关键经历的启示，与他对于语言和逻辑的基本思考无关，因此更像是一次关于哲学的信仰声明："上帝以及生命的目的？——我知道这就是世界，我知道我身处世间，就像我的眼睛处于眼睛的视界中一样。世界的问题在于，我们为它赋予了意义。这种意义并不存在于它本身之中，而是在它之外；世界就是生活，而我的意愿穿过了世界；我的意愿也许是好的，也许是坏的；一切好的或坏的都以某种方式与世界的意义联系在一起。生活的意义，即世界的意义，我们会把它称为上帝，并且将它与父亲的比喻联系起来。祈祷就是对生活意义的思考。我无法按照自己的意愿操控世界上的事情，对此我完全无能为力。只有这样，放弃对这些发生的事产生影响，我才能让自己独立于世界而存在——而且在某种意义上，这也实现了对世界的控制。"

维特根斯坦在前线的最后一个假期，是在他叔叔保罗的庄园里度过的。他正是在那里写下了《逻辑哲学论》，英译本名为《逻辑哲学导论》（*Tractatus logico-philosophicus*），这本书最终让他名声大噪。他将这本书的手稿给了卡尔·克劳斯的出版商雅荷达，然而稿件被拒绝了。维特根斯坦直到战争结束前几天才得知了这个消息。1917年11月3日，他在意大利的特伦托被俘。在卡西诺山脚下的俘虏营里，他被强迫保持安静，这重新引发了他内心早已熟悉的抑郁。他感到空虚和无力。这场战争值得它所造成的痛苦吗？此外，他的悲伤和愤怒还有个人原因：就在维特根斯坦收到雅荷达的退稿信的两天前，他听说了哥哥库尔特在前线饮弹自尽的消息——这是卡尔·维特根斯坦第三个自杀身亡的儿子。

《逻辑哲学论》的第一版于1921年出版问世，书中印刷错误百出，维特根斯坦对此很生气。一年后，备受好评的伦敦罗德里奇和凯根·保罗出版社出版了这部作品的双语版。公众对这本书持保留态度，维特根斯坦的论文并没有激起人们的热情。其原因也许是作品的整体结构过于严密。然而，维特根斯坦一开始所遭受的不理解，与《逻辑哲学论》中结论的含糊其辞几乎无关，因为他的作品试图解释的，正是这种哲学的严谨清晰、不可误解。哲学中的"明确可说"应该被一劳永逸地确定下来："关键……是那些可说的，即通过语言可以被表达的理论（说出的正是所想的）；而不可说的，只能被展示——这就是我认为的哲学的根本问题。"

《逻辑哲学论》为哲学归纳出了一套激进的、基于语言逻辑的精简程序，尤其让那些习惯了陈旧的形而上学中繁复华丽辞藻的哲学家们很不舒服。对于西方思想的传统主题来说，一旦按照维特根斯坦的方法加以严格限制，那么真正可说的就所剩无几了："世界就是所发生的一切。——所发生的即事实，就是诸事态的存在。事态就是对象（东西/事物）的结合。——对象很简单；而组合方式是可变的、不定的。对象的组合构成了事态。——我们会为自己造出事实的图像。——在图像中，图像的要素与对象相对应。——图像与被反映物在反映的逻辑形式上是统一的。——图像所呈现的东西，就是图像的意义；事实的逻辑图像即思想。——思想会在命题中得到可被感性认知的表达。——在命题中使用的简单符号被称为名称；名称意指对象。对象就是名称的指谓。——只有命题才有意义；只有在命题的联系中，名称才有指谓。——思想就是有意义的命题。"

最终，这种刺激的哲学只着眼于讨论（仍然）可行的事："凡是可思考的东西，都能被清晰地思考。凡是可言说的东西，都能被清晰地言说……虽然在可言说的一切中，都含有不可言说的东西，但可被展示的东西，是不可被言说的……对不可言说的东西，我们应该保持沉默。"在《逻辑哲学论》出版后，维特根斯坦一开始认为，认识依据的"问题"已经被"解决"了，而且在知识合理性范围内实现了永久性的止损。但这种乐观的想法并没有持续多久，他很快就发现，自己的作品并没有提及哲学这个寿命比所有子孙都长的顽强老太太的结局。

重新回到"平民生活"中的维特根斯坦，试图有一个全新的开始。他放弃了自己的财富，把它们分给了其他家庭成员，这让接受者不知所措。从1920年9月到1926年5月，他在奥地利担任省里的小学教师，而且干得还不错。他回到维也纳，受姐姐赫尔米娜的委托，亲自设计建造了一座三层小别墅，这后来被称为"已经变成家的逻辑"。1929年初，他回到剑桥，在那里获得了一项用于研究的补助金，于是迅速投入了工作。此时，《逻辑哲学论》已经是一本著名但仍有争议的书，而维特根斯坦本人已经准备好成为一位著名哲学家了。他仍然笃定，自己身上什么也不会发生，相信自己在那段关键经历中认识到的这种确定性。几乎所有人都没注意到，他已经开始进一步发展自己的哲学思想了。而他此时兴趣的焦点不再是对《逻辑哲学论》进行精简描述，而是语言的实际使用和与之相关的应用场合。

在《哲学研究》这部维特根斯坦后期哲学的真正代表作中，他致力于研究自然语言的丰富性。他认为，自然语言所具有的作用，远远超过了自然科学的狭隘思想所能理解的。维特根斯坦后期哲学将这种新的咒语称为"语言游戏"："一旦看到语言游戏的多样性……命令和按照命令做出反应——描述一个对象——创造和阅读故事——表演戏剧——猜谜——讲笑话；叙述——把一种语言翻译成另一种语言——请求，感谢，诅咒，问候，祈祷。"语言游戏揭示了语言的含义："一个词的意思就是它在语言中的使用……'语言游戏'这个词就在强调，语言的言说就是其活动——或称其生活形式——的一部分。——而想象一种语言，就意味着想象一种生活方式……语言游戏并非源于思考。思考是语言游戏的一部分。因此，这个概念在语言游戏中很普遍。你必须明白，语言游戏在某种程度上是不可预见的。我是说，它没有依据可循，非理性（或说不合理）。它就那样存在了——正如我们的生活。"

维特根斯坦后期哲学的意义在于，它提供了一种从日常语言的丰富性中推导出人类生活形式多样性的思路，这就为更深刻的理解开辟了道路。哲学家成了训练有素的记录者，富于技巧性地记录着纷乱复杂的日常活动。他透过生活的表面结构，抓住生活的真实状态。

1938年，维特根斯坦取得了英国国籍。1939年，他接替摩尔，接受了在剑桥的光荣教职。于是，维特根斯坦成了一名哲学教授，这对他来说却有些"荒唐"，"就好像被活埋了"。第二次世界大战期间，他在伦敦的一家医院里提供志愿服务。1947年，他放弃了教授职位和相关的工作事务，因为他的健康状况恶化了。他想寻求孤独。有长达一年的时间，他住在爱尔兰——正如他所说的，"远离""所有文明"。1949年夏天，经多位医生诊断，他患了癌症。这对他来说，似乎是种解脱："当我得知自己得了癌症时，我一点儿也不害怕。但当我听说人们想做些什么来对付它时，我真的吓坏了。因为我不愿意再继续活下去了……"

维特根斯坦知道，自己的生命时钟已经快要走完了，死亡正在等着他。他觉得这很公平——他凭什么应该比别人走得更远呢？自己身上最终什么也不会发生——这个信念伴随了他的一生，而且终于在他去世时得到了验证。尽管被病痛折磨得很痛苦，维特根斯坦在逝世前两天仍然以录音的方式坚持工作，这些录音在他去世后被收录在文集《论确定性》中。1951年4月29日，维特根斯坦离世了。据说，他的遗言是："请您告诉他们，我活过了美好的一生！"对他的朋友们来说，这句问候一定像一个苦涩的玩笑，因为维特根斯坦经常流露出渴望终结一生的愿望，如今终于实现了。维特根斯坦为哲学赋予了谦逊的品质，这也正是贯穿他一生的个人特征。他知道——我们也很乐意记得这一点："怀疑只存在于有问题的地方，而这一定是在有所言说的情况下才会发生。我们会发现，即使所有可能的科学问题都得到了解答，我们的生活问题还根本未被触及。"

梦想家希望如此

本雅明：乌托邦的日常

　　哲学家和作家瓦尔特·本雅明在1929年乘坐柏林城市火车的经历，赋予了他特别的洞察力。本雅明情绪高昂：他除了为通常的金钱忧虑和为生存而烦恼外，还发现自己心中潜藏着一股奇妙而敏锐的注意力，正集中在寻找对精心挑选的事物的研究上。外面，城市风光从火车窗前滑过，以其微妙的顺序使图像的结构看起来正在等待重新被发现。根据本雅明当天的结论，人们只需要使用由潜在的注意力准备的另一种外观，就可以将表面现象与寻求潜移默化的潜意识进行对比，而潜意识一旦被人意识到，就可以帮助人们揭示真相。只有当凝视的目光被所选择的物体吸引，并且等待的意识始于其考虑因素时，它才会开始出现。

　　最终引起哲学家注意的，是一张简单的广告海报，它触发了一段记忆，这段记忆呈现为对尚待确定的事物的一种闪烁的期待。在本雅明写了超过十三年但仍未完成的不朽断章的无数笔记中，他写道："许多年前，我在轻轨火车上看到过一张海报，如果世界在做正确的事情，它的仰慕者、历史学家、专家和抄写员几乎会在上面发现各种伟大的诗歌或绘画。事实上，这张海报上两者都有。但是，有时会产生非常深刻的、意想不到的印象：这张海报对我的冲击力太猛烈了（如果我可以这么说的话），猛地击中了我，打破了意识的底线，并且在过去的几年中，我都无法追踪这种阴暗面在什么地方。我只知道那与'小苏打'有关，我最初是在弗洛特维尔街的一个小酒馆里看到的。好几年过去了，我常常会来这个小酒馆，试着询问那张海报的事情。后来，我在一个惨淡的星期天下午到达了北部（？）莫阿比特……这次已经在途中的信号表明那一定是一个有意义的下午……"

本雅明提出了一种在日常对象世界中可能会发生的启示。对他好奇的对象的记忆，使这种对象比实际更神奇和神秘了。除了小苏打不是香料，而是经过试验和测试的胃镇静剂这个事实之外，本雅明对整体的认识是正确的：一个实施方案已经有了轮廓的事件正在酝酿中。关于这件事的片段被保留在了记忆中，由此可以拼出全貌；谜语的答案是从一张图片中产生的，这张图片仍然令人困惑，超出了所描绘的内容，使他不得不进行新的解读："和两位漂亮的同伴一起，（我站在）一个不错的小酒馆前，里面提供的自助餐通过一系列标志的展示而变得生动起来。其中之一就是小苏打。它只包含单词，但是突然间，毫不费力地，第一张海报的沙漠风景围绕这些字体形成了。我又看到它了。它看起来是这样的：在沙漠的前景中，一辆货运汽车在马的牵引下向前行驶。车上堆着麻袋，麻袋上写着'小苏打'。其中的一个麻袋有一个孔，小苏打就从这个孔洒到了地面上，留下了一段痕迹。在沙漠景观的背景下，两个柱子上撑着一个大标语，上面写着'最好的'。但是"盐径"在穿越沙漠的路上做了什么？它形成了字母，然后形成一个词，即'小苏打'。莱布尼兹式的儿童游戏与沙漠中这种锋利的预定目标，组成了预先设定的和声，不是吗？在这张海报中，难道没有对人世间未曾经历过的事情的比喻吗？对乌托邦的日常的比喻？"

因此，可以从不起眼的图像中联想到一个投影——一种未出现的东西的归宿，它决定了每个关注真实世界中隐藏事物的人的期望范围。本雅明不仅保持了这样的洞察力，而且实际上再没有别的了。他在现象中寻找本质，而在图像中本质和现象都无法解决的地方，他提出了第三点：尚未给出的意图，明显的独立性的证明可以归因于人和事物，而不仅仅是概念上的存在。本雅明称这种微妙的力量为"光晕"，它在无形中的作用大于在有形中的作用：它与时间无关，可以理解为一种超人的魅力。作为一种必须被感知到的唯一性（如果存在的话）——这不是每个人的事情，因为原始的"可复制时代"被推向了一项置换竞赛，在这种竞赛中，这种独特性最终显得如此怀旧，以至于几乎没有更多记录："什么是光晕？一个特别的时空网：可能很远，也可能很近。在一个夏天的下午，休息时，沿着地平线上的山脉或在其休息处投下阴影的树枝——也就是说，这些山脉的气息，就是这种分支的呼吸。有了这个定义，就很容易看到当前光晕衰减的特殊社会状况。它基于两种情况，这两种情况都与群众运动的扩散和强度增加密切相关。靠近事物就像对当前群众充满热情，就像他们倾向于通过再现性来克服任何给定情况的独特性一样。每天都存在无可辩驳的需要，即在复制中而不是在图像中紧紧抓住对象。如图所示，报纸和新闻纸的复制品也准备就绪，与图片无异。独特性和持续时间与其中的波动性和可重复性紧密地交织在一起。物体从其外壳上被剥落，光晕的破裂，是一种感知的标志，这种感知在世界上的意义已经增长，因此可以从独特的事物中复制出来。"

本雅明是一位博学多才的哲学家和作家，用语录限制了自己受保护的权利，尽管如此，他还是设法引出了很多不同的记录，有能力通过暗示来发表不加掩饰的演讲。他本人是一个聆听者和观察者，清楚地看到了景深，使看到的东西更加明亮，从而出现了新的联系。本雅明的主要经验，即对图像的解释，在其确定之前，准备在合适的环境中再次调用，可以在认知过程中重用，从而打破了现实与梦想、外部需求与内部需求之间的常规划分。检查将不再适用，知识本身停滞不前，将其消除。它试着沉浸，距离在缩小，近距离突然变得永恒："难道不是因为对知识的黑暗反抗而滋养了图像世界吗？我看着风景：海湾里的海面像镜面一样光滑；森林沿着山坡向山顶蔓延，成为静止不动的无声的一片；几个世纪前屹立在那里的城堡废墟；天空闪耀着无云的永恒蓝色。所以梦想家想要这样！……他一定忘了留下照片。在这一切里，他体会到了和平和永恒。掠过他的每只鸟的翅膀，掠过他的每阵风，触到他的每一次亲近都掩盖了他。但是每一段距离都重塑了他的梦想，他倚在每朵云上，在每一个照亮的窗户上再次闪耀……"

瓦尔特·本雅明通常是在日常业务中显得倒霉的人之一。就中产阶级的地位而言，他的生活类似于一系列中小型的崩溃：他很少想要成功，而且因为他的写作，他不想提及外部职业成就。本雅明于1892年7月15日在柏林出生，是一个富有的犹太商人的儿子。他确实度过了一个优渥的童年，并享有相应的特权教育。之后，困难开始了。他的大学经历甚至也很简单，先后在柏林、弗莱堡、慕尼黑和伯尔尼大学读哲学和文学，课题都是关于德国浪漫主义的艺术批评概念的。他于1919年拿到了博士学位。

正如夏洛特·沃尔夫医生曾经指出的那样，本雅明是一个不寻常且永远未完成的学生。就真理而言，他视自己为旅行者，研究获得知识的可能——他自信地无视必须从事某种职业的限制。本雅明在他的研究期间，已经准备好了后来成为私人学者和自由作家的经济基础。本雅明很早就意识到自己的生活不会成功。他确信自己的成功只是巧合，而不是个人努力的结果："根深蒂固的偏见是，意志是成功的关键。是的，如果成功仅在个人存在的范围内，那也不会表示这种存在如何干预世界结构。这种表达当然有所保留。因此，成功是这个世界各大洲最神秘的表达。成功是世界事务的怪癖，所以它与追逐它的意志联系最少。总的来说，成功与否不取决于它真正的本性，而在于它所决定的人物形象。只有在它的所爱身上，它才能认识自己，它受宠的孩子们和它不受宠的孩子们。"本雅明就是那个不受成功宠爱的孩子。他追求学术生涯的尝试失败了，他本人也比较冷静地接受了这一点。然而，他的父亲是商人和股东，他遭受了魏玛共和国的经济危机，威胁要停止财政捐助，最终失败了。此后，本雅明独自一人。1930年，他与妻子多拉·波拉克离婚后，完全陷入了贫困，雪上加霜，他必须偿还共计四万马克的嫁妆。他别无选择，只能用自己的遗产来履行财务义务。他只从自己的杂文著作和书籍中获得收入，这些作品在专业界受到了赞扬，因此有时甚至被其作者誉为"德国领先的文学评论家"，但这对他一贯收取的微薄费用没有影响。1933年3月，他流亡巴黎。他必须生存（即字面意义的生存），不应再有决定性的改变。本雅明在生活中仍然是一个没有安全感的州议员，他似乎注定要在关键时刻迟到。在他的编年史作品《1900年前后在柏林的童年时代》中，他自嘲地承认了这种情况："我知道……当我在格奥尔格·舍雷尔的《德国儿童读本》中找到那个地方时，我正在做什么：'我想去酒馆，/挖我的牙垢；/有一个顽皮的小矮人，/扔给我一个水罐。'我知道那热衷于伤害和恶作剧的一家人，而且我觉得他们在酒窖里安家并不奇怪……他们的报复是驼背。但是他没有靠近。直到今天我才知道他叫什么名字。我妈妈无意中告诉了我。'笨拙的问候。'当我摔倒时，她总是这么说。现在我明白了她在说什么。她谈到了看着我的驼背小矮人。看到这个家伙的人都会一不留神，自己没留神，也没留意那个家伙。他站在一堆碎玻璃的前面：'我想进水坑里吗？我可以煮汤吗？/那儿有一个顽强的小矮人吗？/打破了我的便盆。'只要他出现的地方，我都不得不抬头看。于是，事情就不可避免地失败了。这个小男人到处都领先于我。他是个阻碍……但这个人，我从未见过。总是只有他看到我，而且我越看不见，就会越尖刻。"

　　哲学家、评论家、文学学者、作家和书籍爱好者瓦尔特·本雅明是无法用金钱来衡量其重要性的人物之一。他的想法有些神秘。在他的著作中，包括著名的《论歌德的〈亲和力〉》、散文集《单向街》和已经提到的断章，其中有结构性的诡辩、烦琐的论述、广泛的讨论，尤其是反思、警句、思考，极其冗杂。在成功的日子里，散文家本雅明也得到了诗人本雅明的支持。一个有才华但又害羞又不为人所知的私人人物，他知道用另一只眼睛观察的艺术。有时，本雅明甚至可能变得具体而有预见性——比如，他当时写的关于那个小矮人的情绪的东西，可悲的是，小矮人被高估了，认为自己比他的实际情况更重要，今天仍然有效："有一个奇怪的悖论：人们在行动时只考虑到狭隘的私人利益。然而，与此同时，他们的行为比以往任何时候都更受群众的直觉影响。生活条件，尤其是金钱，是当今每场社会对话中不可避免的主题。温度从事物中消失了。日常使用的物品会温和而持久地将人们推离自己……所有人类的冲动正在展开……宣布了对环境的抵抗……房屋短缺成为欧洲自由的基本标志，加上行动自由被彻底摧毁……一旦社会因需要而退化，并且贪婪到只能通过抢劫获得大自然的礼物的程度，地球将变得极为贫穷。"

　　糟糕的过去已经沉没，完全不同的新事物尚未出现。历史已成为全球性的大事，但现在似乎不得不暂停。公众理解的尝试主要是由于缺乏视角。人们努力摆脱已经成为麻烦的过去，以便从当前阴暗的状况中消除灰色区域，并使可疑的未来显得不那么可疑。在这种大规模的呆滞情况下，本雅明的哲学具有复活的话题性。它可以清楚地说明历史的强迫性镇定是如何引起震惊的，只有当快乐地改变生活的轮廓，变得明显并且有进步时，这种治疗才有效。进步是必要的废墟建造者，可以用视觉再次洞察分配给他的东西："思考不仅包括思想的运动，还包括思想的静止。当思想突然停在一个充满张力的星座中，星座给了它一个冲击，它就会结晶成一个单子……在这种结构中，显现出拯救一切的静止的迹象，换句话说，是为被压迫的过去而斗争的革命机会……其过程的好处在于，用作品保护毕生事业，用毕生事业保护欧洲，用欧洲保护整个历史进程。"

有限的可能性

布莱希特：文学的使用价值

　　法国作家安托万·德·圣埃克苏佩里说："真理不是证据，而是追溯到极致的朴素。"他的德国同事贝尔托·布莱希特也效仿了这一观点。他是简单的大师，与其他人不同，他知道如何用惊人的洞察力总结复杂的关系。这惹恼了敏感的追随者，例如彼得·汉德克，他被布莱希特的一些理论所烦恼，发现"自己变得清醒"更为重要。

　　贝尔托·布莱希特实际生于1898年，他出身于一个中产阶级家庭。父亲从一名商业雇员升为奥格斯堡造纸厂的董事。如果一个人在富裕的环境中成长，他不会自动变得保守，相反：他会发现时间和休闲很重要，并以特权的方式为自己的特权感到羞耻。回想起来，布莱希特总结了他的青年时代如下："我是有钱人家 / 的儿子。我的父母给我 / 戴上项圈并抚养我 / 以服侍的方式，/ 教给我命令的艺术。但是 / 当我长大后环顾四周，/ 我不喜欢我这个阶层的人，/ 不喜欢命令和被服侍。/ 我离开了中产阶级，加入了 / 普通百姓中。"

　　布莱希特的青年时期基本上无忧无虑，但并非完全没有忧虑：他发现疾病困扰着他。他年轻时被诊断出患有心脏神经官能症，表现为疼痛性绞痛和惊恐发作。刚满十二岁的贝尔托·布莱希特被规定要接受温泉疗养，但这并没有带来任何明显的改善。当他明白自己必须忍受这种疾病时，他就把这种病当成了鼓舞人心的知己，尤其是因为他注意到，作为一个病人，他认为自己"一直处于死亡危险中"，这对其他人来说似乎更有趣。谈论疾病很容易，而且不仅适用于老年人。布莱希特十五岁时在日记中写道："再次感到心痛，但今天我很坚强，我还去看了妈妈。"后来研究布莱希特的专家发现，出于某种原因，这不足为奇，尤其是心身原因，包括与母亲的关系可能太亲密，母亲保护了他，也抑制了男孩布莱希特的发展。他不再想成为母亲的儿子，而是表现出自己是一个自信的年轻人。布莱希特以战士的身份出现，他利用已经变得熟悉的疾病来达到自己的目的，而这一姿态挑战了后来的批评：他被指责"有力的幻想""典型的成瘾"和"艺术掩盖的自私"。布莱希特不必为此担心，他认为自己处在正确的轨道上。他说："现在我越来越健康了。""风暴仍在继续，但我不会让自己失望。我命令我的心。我对自己施加了围困的状态。"他对自己的看法始终如一。"我有点变态、狂野、艰辛和霸气，"他愉快地颤抖着说道，"如果一个人正确地生活，他的生活就像在暴风雨中一样，他的头在云层中，摇曳的膝盖在黑暗、坚强和虚弱中，他经常被打败，再也不受约束。"后来他的心肌有所增厚，不久之后他被要求停止思考，非常痛苦。他的心脏在反抗："今晚，我进行了一场心脏的搏斗，这让我很惊讶。"他在日记中写道："今晚魔鬼立了头等功。"

布莱希特说，如果想了解男人，就必须求助于女人。因此他很早就开始了，直到不再可行时才停止。他在女士们中广受好评，他那单调乏味的作品，以及他不了解世界就能解释世界的事实也被证明是很好的。但是，妇女应被谨慎对待：她们遭受着"繁殖成瘾"的困扰，这是不利的，因为布莱希特知道，"最坚强的男人""害怕小孩"。因此，不应该让彼此之间过于亲密，而且一定要将这种关系的线索握在手中："自愿离开的人，是不会有被抛弃的感觉的。"

　　布莱希特从学校毕业后（"我在奥格斯堡体育馆里醒了九年"），进入了慕尼黑大学，开始学习医学。在战争的最后一年，当局只能"向十七岁的孩子和老人征兵"，他以军医身份参加了战争。1918年，他写了自己的第一部作品《巴尔》。一年后，他写出了《夜半鼓声》，因此获得了克莱斯特奖。一位热情的评论家写道："贝尔托·布莱希特改变了德国诗歌的面貌。"

　　1920年春天，布莱希特的母亲死于癌症。她的死亡无法挽回，而令他难过的是，他还有很多话要对她说："现在，我的母亲于5月1日，昨天晚上去世了！我不能再用指甲触碰它们了……但是我们没有说重要的事情……"他想和母亲说的话，是无法对父亲说的，此时的他正在考虑文学创作。老布莱希特觉得自己的儿子相当可疑："他想知道我会为大众做些什么，一点儿也没有……他想现在和我一起认真做一份工作。他个人认为我为文学所做的一切都不值一提。我必须证明自己。"布莱希特的幻想破灭了，但时间并不长；他知道自己的价值，知道自己有很多期望。毕竟，他不能让任何事情发生；毕竟，就像其他所有人一样，他是独一无二的："虽然我只有二十二岁，在莱希旁的奥格斯堡小城长大，但我仍然渴望走遍世界。我希望将所有事物以及对动物的暴力移交给我，我以我只存在一次这一事实来证明我的要求。"如果一个人是独一无二的，但是世界是无限多变的，那么灵活多变，让自己对事物的看法适应不断变化的情况，这似乎才更合适。这种行为对布莱希特来说不是机会主义，而是有益于他富有成效的自我保护："只有一个理论的人会迷失。他必须多准备几个，四个，甚至更多！他必须将它们放在口袋里，就像报纸一样，不断更新，让它们和谐相处，这样他才能在这些理论间游刃有余。"

1924年，布莱希特移居柏林，经过最初的奋斗，他在这里过得很好。在他的自传《来自贫穷的B. B.》中说："我在沥青城里安家。从一开始/为每一次死亡圣事提供了：/报纸、烟草和白兰地。/……早晨在我空荡荡的摇椅上/有时我和几个女人坐下来，/我心不在焉地看着她们，并告诉她们：/我的内心是你们不能依靠的。"

众所周知，布莱希特不仅让女人们坐在摇椅上——二十六岁的时候，他已经和三个不同女人有了三个孩子。他的座右铭是："让他们成长吧，小布莱希特们。"1926年，他经历了重新诠释他世界观的决定性事件：他读了马克思，马克思客观地向他解释了资产阶级社会的矛盾，而他此前曾以此为己任。他从马克思那里学到，资本主义注定灭亡，只是他还不知道。为了使消亡的进程更快一点，作家们必须提供帮助。他们不得不告别对自己的自我意识有时费劲、有时过度沉迷的沉思。艺术和文学基于这样的规定：世界可以变得更加美好："必须通过文学形式来质疑现实，而不是美学。"现实是可疑的和至关重要的，任何"写实"的人都有义务"在理所当然的废墟下挖掘真理，以惊人的方式将个人与集体联系起来，并在整体中坚持特殊"。但是，作者不应从他的分析技巧中获得太多期望："作家们！用书来向生活复仇吧。生活的复仇在于与众不同。"由此，布莱希特的自我意味减少了，他越来越像里尔克、维尔菲尔和格奥尔格这样的诗人。"这些沉默寡言、善良而梦幻的人，是疲惫的资产阶级的敏感部分，与我无关。"他特别不喜欢托马斯·曼，他认为他是"人造的、虚荣的和无用的书的制造商"，他"（发明了我们的汗水）发明了各种他可以讥笑的东西"。但同时，托马斯·曼又是一位颇受赞誉的作家，这继续困扰着布莱希特，并最终引起了他的叹息，他甚至可以想象做出"金钱牺牲""以防止某些书籍问世"。

布莱希特在1928年也很成功。他的《三分钱歌剧》将资本主义展示为有钱人的游乐场，这是一堂相当有娱乐价值的课，在公众中比在批评界中更受欢迎，而批评界通常颇有品位。戏剧的道德观念是，实际上已经没有道德了。生意是第一位的。作曲家库尔特·威尔与布莱希特经常合作，用音乐为作品的成功做出贡献。他最喜欢的敌人——戏剧评论家阿尔弗雷德·克尔对他剽窃的指控无法撼动他，他解释说自己'在知识产权问题上有原则性的懈怠'，因此人们只能接受这一点。总的来说，"当今个人创作的浪漫观念是一个错误"："现代的分工已经在许多重要领域改变了创意。创造行为已成为创造的集体过程，是辩证性质的连续体，因此孤立的原始发明已失去其意义。"敏感的诗人是不连续的模型：文学"必定……要……对其效用价值进行考察"。这也适用于剧院，布莱希特宣布剧院是一种交流机构：应该分解熟悉的观点，包括观众；被人为疏远的现实（"陌生化效果"）成为测试新事物的范围。建议不要以给定的方式放弃："即使是最小的动作，看似简单/也容易被怀疑！检查是否有必要/特别是习以为常的事物！/我们坚决请求，不要认为/一再发生的事情就是正常的！"

布莱希特的工作方式也是集体塑造的，他雇用别人为他工作，但由他最终决定。他的作家同事阿诺尔特·布龙宁报告说："他漫步在房间里，舒适地吸着雪茄，听取了数十个人的论点和反驳，开着玩笑，眨着眼睛，但坚定不移。他乘着思绪飞扬，直到把它们彻底想清楚，然后他便当着那一小群人的面，向永远围绕在他身边的服务者口述出来，并随着触手伸展不断吸收新物质。"

纳粹的接管对于布莱希特来说不足为奇，他惧怕纳粹，但预见到了他们的到来。于是他移居国外，经由布拉格、维也纳和巴黎到达丹麦，与他的家人住在一起。现在，他在芬恩的斯文堡的一个小农场里住着。敌对的世界很遥远。布莱希特发现自己违背了自己的意愿，陷入了田园诗般的境地，这使他产生渴望："屋顶上有一只桨。中等风速/不会把稻草带走/在院子里为孩子们摆秋千/锤子砸了柱子/信件来了两次/欢迎来信的地方/渡轮传下来声音/房子有四个门。"从1933年到1938年，他写了许多重要的戏剧（《伽利略的生活》《大胆妈妈和她的孩子们》《四川好人》），散文（《现实主义写作的宽度与多样性》）；在他的斯文堡诗歌中，尖锐的不足进一步加剧了："在墙上用粉笔写着：/你想打仗。/谁写的？/已经倒下的。"布莱希特与反法西斯者保持着联系，而反法西斯者内部分崩离析。他隔着相当的距离呼吁武装抵抗："文化长久地、可以说是太久地在遭到物质武器的攻击时，仅由精神武器捍卫着；但文化本身并非只关乎精神，而是——甚至可以说特别是一种物质层面的东西，因此必须由物质武器来捍卫。"他反驳了批评者卡尔·克劳斯，他抱怨语言在过度发展的时代的衰落："对那些哽咽的人来说，这个词卡在了嗓子里。"不过："什么时候/关于树木的谈话几乎是犯罪/因为其中包括对许多罪行的沉默。"他试图用已证实的讽刺来应对自己日益增长的绝望。他写了有关希特勒的豪华车厢的文章："官方火车/是汽车制造的杰作。乘客/有自己的房间。透过宽大的窗户/您可以看到在田间工作的德国农民/如果因看到此情此景而大汗淋漓/他们可以进入瓷砖柜子/快速洗澡。"

1941年夏天，布莱希特定居在电影大都会好莱坞。他尽力成为一名编剧，但他的情况并不比他的同事海因里希·曼更好。他的所有建议都几乎被拒绝了。尽管经济拮据，布莱希特的生活仍然依赖已被证明的常量。电影导演约瑟夫·洛西写道："他吃得少，喝得少，性生活很多。"1948年，布莱希特经由苏黎世返回德国。他选择了民主德国，居住在东柏林。在那里，他有自己的舞台，即慷慨资助的船坝剧院。现在，布莱希特成了他一直想要成为的人物：不修边幅的名人。在工人和农民的状态下，他有能力对规定的统一表示怀疑："无害的人永远不会怀疑。/他们的消化能力极佳，他们的判断是绝对可靠的。/他们不相信事实，他们只是相信自己。在紧急情况下/必须相信事实。一个人对自己的耐心/是无限的。在论据上/用间谍的耳朵倾听。"而且他对可疑的文化官员也没有留太多余地："尽管热心思考/他们却记不起某些错误/但是/他们仍然狂暴地坚持/犯错——这就是习俗。"

布莱希特可能会怀疑很多事情，但他不会怀疑社会主义的胜利。对他来说，资本主义已经"腐朽、堕落、没有主意"了。1953年，民主德国似乎已准备好在6月17日的起义中进行破坏。他写了一首诗——《解决方案》，这首诗也因其几乎适用于所有政府关系而声名鹊起："在6月17日的起义之后，/作家工会的秘书/在斯大林林荫道散发传单，/据悉，人民/已经失去了对政府的信任，/这只能通过加倍工作/来弥补。会在那里吗？/不容易，人民/解散了政府/选择了另一个？"

三年后，谈到死亡时，布莱希特表现得极其平静。死亡伤害不了他，因为他把一个不再注意到任何事情的人带走了："当我在夏里特医院的白色房间里醒来/听到黑鹂的叫声，我更清楚了。在相当长一段时间里/我不再害怕死亡："因为只要我失去了自己，什么都不会失去。"现在/我可以高兴了……"最后，布莱希特对失去亲人的人说了一句很好的话："写下了我很不舒服，并且打算在我死后依然如此。但还是有一定的可能性"。

他身边的墓穴

弗洛姆：人类的市场导向

哲学与惊讶有关，甚至常常始于惊讶，这可以说是众所周知的事实。一切东西都可以是惊讶的对象：对通常早已确定了死亡终点的生命本身，对人们从逐渐自知的存在中努力探索一个奇迹——有限与无限、主体与客体到底是如何相互联结的。惊讶最终会产生疑问，人们要么像莱布尼茨那样，对普遍的常态发问，想要知道究竟为何某物会存在而不是不在；要么将注意力转向足以引起进一步思考的特定事件。后一种情况发生在后来的心理分析学家和哲学家艾瑞克·弗洛姆的早年岁月。在弗洛姆的青少年时期，曾发生过一件令他匪夷所思的事，让他再也不愿忘记。他在《幻想的彼岸》一书的自传式前言中写道："对于人类为何恰好这样做而不那样做，我有着浓厚的兴趣。而之所以如此，这个提示也许有所帮助：我是谨小慎微又喜怒无常的父亲和有抑郁倾向的母亲的独生子。因而，我开始对人类为什么有这样的反应（而不是那样的反应）感兴趣。有一件事我至今记得很清楚。事情发生时，我大概十二岁，而这件事比之前经历的任何事情都让我想得更多……这件事是这样的：我认识了一位年轻的女士，她大约二十五岁，是我们家的一位朋友。她很美，很有魅力，而且还是位画家——她是我遇到的第一位画家。我记得她订了婚，但不久后又退了婚；我也记得，她几乎总是由她鳏居的父亲陪着。在我的印象中，她父亲是个上了年纪的男人，谈吐无趣，外表也不吸引人（至少我当时是这么认为的，不过也许我的判断是出于嫉妒）。有一天，我听说了一个令人震惊的消息：她的父亲去世了，而她也直接自尽了，还留下了遗嘱，要求和父亲葬在一起。我那时还从未听说过俄狄浦斯情结或者父女间会有的这种乱伦的关系。我被那位年轻的女士强烈吸引着，同时厌恶那个不讨人喜欢的父亲。在那之前，我认识的人中还从没有自杀的。'这怎么可能呢？一位年轻美丽的女子，怎么可能会爱上自己的父亲，以至于宁愿放弃生命和绘画的欢愉，选择躺在他身边的墓穴中呢？'我当然没能找到这个问题的答案，但'这怎么可能呢'顽固地留在了我的思想中……"

正如弗洛姆自己所描述的，他这个"谨小慎微又喜怒无常的父亲和有抑郁倾向的母亲的独生子"很早就明白了，世界的复杂性与每个人都无法摆脱的神秘灵魂生活有关。如果一个人不满足于只看到特定经历的表象，还想了解更多，那么他必须努力接近这些经历潜在的动机。但这些动机并不是现成可得的，而需要加以阐释。凡是说出来的东西，人们必定在背后下了极大的功夫去理解它；因为它们不能或不愿开口讲话，所以发问者只能靠自己寻找答案。

小弗洛姆崇拜的那位女子永远地离开了，而她自杀的原因令活着的人们不断猜测。起初，这件事让小弗洛姆深受震动，孤单无助。弗洛姆的父母信仰犹太正教，对别人的灵魂归属问题兴趣寥寥。因此，父母给不了弗洛姆任何帮助，他们的心思仅限于用忠实于传统犹太教的教义来教养儿子。就在弗洛姆还在思考人际关系这一对他来说尚无答案的问题时，另一些令人心情沉重的事件爆发了，提出了新的问题："也许……假如没有发生那件决定了我人生道路的事情。那就是第一次世界大战，这些个人经历不会对我产生那么深远的影响。1914年夏天，一战爆发时，我是个十四岁的少年。被战争激起的热血、对胜利的庆祝、与我相熟的士兵们的个人死亡悲剧，这些给我留下的印象，比其他任何事情都要深刻。但那时，我对诸如此类的战争问题并不感兴趣，因为我还没有认识到战争那毫无意义的非人性。然而不久后，一切都变了，有一些与我的老师们有关的经历改变了我的看法。在战争爆发前的两年时间里，我的拉丁语老师都将韦格蒂乌斯·雷纳图斯的这句箴言——'如果想要和平，就要做好战争的准备'（Si vis pacem para bellum）——当作座右铭，在课堂上一再重复。因此，当战争爆发时，他很兴奋。而我现在意识到，他声称的对维护和平的担忧，只是一种表面姿态，实际上他并没有当真。如果一个人对维护和平如此上心，那他如今怎么可能为战争欢呼呢？从那时起，我很难再相信，发展军备是为了维护和平，即使说这句话的人与我当时那位拉丁语老师相比，怀着更多的美好意愿、展现出了更加坦率的态度。"

弗洛姆所看到的，是狭隘民族主义思想的爆发。他不得不假设，如果没有一种先天的隐秘力量在暗中起作用，致使理性的辩论终究被反弹回集体狂欢的本能，那么后者是不可能存在的。让这个男孩感到最为惊讶的是，就算是那些清醒的同时代人，也被战争的狂热裹挟着。他怀疑，西方文明中历史悠久的理性传统也许并不是最好的，而这种怀疑显然得到了证实。例外似乎只是证实了规则的存在，有时却恰好值得一提。后来，弗洛姆回忆起他的一位老师。这位老师对在学生中也盛行一时的军事化的夸夸其谈很反感，他有一句话至少让一部分学生有所思考："当时，英国人遍布德国，我也曾震惊于人们对他们咬牙切齿的恨意。但突然，这些境遇悲惨、心肠歹毒又肆无忌惮的雇佣兵开始疯狂屠戮我们无辜而善良轻信的德国英雄们。在这种全国性的歇斯底里中，有意见决定性的事件一直留在我的记忆中。我们在英文课上得到了背诵英国国歌的任务。这项作业是在暑假开始前布置的，那时气氛还一派和平。再次开学后，我们这些孩子和老师说——一部分是出于调皮，一部分是被'对英国的仇恨'所感染——我们拒绝背诵我们最卑鄙的敌人的国歌。我看着他站在全班面前，面对我们的抗议，带着嘲讽的微笑平静地说：'不要自欺欺人了。到现在为止，英国还从没输过一场战争。'这是那一片荒唐的仇恨中理性和现实的声音，是一位令人尊敬和钦佩的老师的声音！正是这个句子以及那种平静理智的表达方式，给了我启示。它打破了疯狂的仇恨浪潮和民族偶像崇拜，于是我开始思考并扪心自问：'怎么可能发生这样的事？'"

和他的同僚阿多诺相似——顺便说一下，弗洛姆与阿多诺相处得并不十分愉快——艾瑞克·弗洛姆也是在两次关键经历的影响下走上了哲学的道路。一次是他所仰慕的年轻姑娘的自杀，另一次是那场疯狂战争的爆发，二者引出了许多问题，促使他去寻找答案。他很早就意识到，这些问题并没有现成的答案，而是必须为之努力。弗洛姆认为，人类的问题在于人类自身；仅凭社会的变迁、现存统治结构的变革并不能带来一种新思想。人类和之前一样，仍然是神秘的"意识动物"，改变只能源于他自身，从他的灵魂和精神的结构出发，这首先就意味着，一种新思想只能以激进的重新思考为基础。弗洛姆自己完全是一个狂热的求知者，他对生活的一切都感到好奇，他用自己的努力做出了表率：1918年他从法兰克福高中毕业后，在海德堡先后读了法学、社会学、心理学和哲学，此外，他还集中学习了《塔木德》经文，这让他的父母非常高兴。1922年，他取得了阿尔弗雷德·韦伯的博士学位，论文题目是《论犹太法律》。传统犹太教的出身和教育塑造了弗洛姆的生活态度。他深知这些对自己产生的影响，而且即使这位举世闻名的心理分析学家和哲学家早已与犹太正教断绝了联系，这种影响依然保留了下来："我的生活体验……绝不属于现代人，而属于前现代人。这一点更是通过学习《塔木德》经文、充分阅读《圣经》和了解我祖先的历史得到了强化。我的祖辈都生活在市民阶层出现之前的世界。我记得……有个我很喜欢的故事：我的一位曾祖父是一名伟大的《塔木德》经文学者，但并不是经师。他在巴伐利亚经营着一家小商店，赚的钱并不多。有一天，他得到一个好机会，如果他愿意出去跑跑，就能赚到一大笔钱。他家当然有不少孩子，生活很拮据。于是，他的妻子对他说：'那么，你真的不考虑抓住这个机会吗？一个月只需要出去三天，我们就能赚得更多。'他反问道：'所以你认为我应该这么做，即使要付出每个月失去三天研读经典的时间的代价吗？'他妻子答：'天哪，当然不是，你在想什么呢！这是不可能的。'因此，他每天坐在自己的小商店里，研读《塔木德》经文。有顾客来时，他甚至会有些气恼地说：'难道没有别的商店了吗？'对我来说这就是真实的世界。现代世界让我感到疑惑……直到今天。"

前现代世界的故事伴随了弗洛姆的一生。他本人对于现代性，尤其是对人类科学的参与，与他的好奇心有关。他无论如何也不愿满足于事物最新的状态，利用对往昔优点的记忆，发展一种包含方法意识的前现代的全新确定性。1930年，弗洛姆在接受了一次额外心理分析培训后——这段时间，他还是弗洛伊德学说的追随者——他在柏林开了自己的第一家心理诊所。

尽管弗洛姆很喜欢这份与患者打交道的工作，而且从对他人的心理分析中，他对自己也有了更多认识，但不久后，他还是产生了怀疑的念头。他倒不是怀疑心理学的兴趣在于了解人类这一崇高目标，而是质疑弗洛伊德世界观的特定前提："我在柏林的学院中接受的是严格的弗洛伊德学说教育，因此一开始也笃信弗洛伊德关于性以及其他方面的理论。在这方面，我是个好学生，一开始相信老师是正确的，直到我本人对此有了更多的了解。在我知道这件事之前，我并没有鲁莽抗议……但几年之后，我开始怀疑了。关键的一点是，我越来越清楚地发现，我并没有在病人的材料中找到我应该找到的东西，我只是在套用它们进行阐释。我还进一步发现，弗洛伊德的理论并没有触及病人真正的问题……它只是一再地把病人的问题归结为俄狄浦斯情结、阉割恐惧、与性有关的一切，还有随之而来的恐惧。我觉得，这些理论通常与站在我面前的病人无关。而且让我很不舒服的事情发生了——我觉得无聊……我问自己：你到底为什么这么困倦，你为什么会感到无聊？随着时间的流逝，我发现原因很简单，就是因为我没有回到生活本身，而是在处理抽象的问题，尽管它们是以一种发生在儿童时期的相对原始的经验呈现出来的。"

1933年，弗洛姆移居到了美国。他曾在迁往纽约的法兰克福社会研究学院工作过一段时间，但很快就和那里闹翻了。这件事的原因在于双方客观存在的分歧，但弗洛姆个人的厌恶情绪也起了推动作用。科研机构中的工作将人从日常生活中剥离出来，其中原本就存在的气氛更是加剧了这种厌恶情绪。霍克海姆和阿多诺是学院的两位领军人物，他们也注意到，弗洛姆的思路正在远离正统的社会哲学。他被指责只想将社会分析的问题简单地心理学化——弗洛姆认为这种批评十分荒唐，因为他早已和弗洛伊德的理论分道扬镳了，而且他此时正在实践另一种心理分析模型，这种模型将马克思主义的基本范畴——虽然他对此的阐释十分自由——纳入其中，这当然让那些自封的纯粹学说的守护者非常不安："尤其吸引我的，是他的（指马克思，O.A.B）哲学和关于社会主义的蓝图，它用世俗的形式表达了人类自我实现的理念，是人类真正的人性化。对这样的人来说，享乐、死亡和财富都不是生命的目标，只有生动的自我表达才是。马克思从1844年开始发表的哲学文章都在阐释这一点。实际上，如果您读了这些哲学文章，但不知道它们的作者是马克思，如果您对马克思了解得太少，那么您几乎无法猜出作者。不是因为文字不够典型，而是因为有人扭曲了马克思的形象，就好像马克思只会盯着经济上的变化。其实经济上的变化只是实现目的的一种手段：这是马克思实现人类在人文主义意义上的解放的关键……"

弗洛姆有勇气离开已开辟好的思维道路，去发展自己的想法。就像对自己的学习成绩一样，他对于这些想法的态度也很轻松。知识对他来说是一个开放的过程，其构成与其说是庞大的学术体系，不如说是对自古以来人类行为神秘驱动力的好奇心——人类有着种种不足，而这些不足正是那些最令人印象深刻的社会学研究中最宝贵的发现。1940年，弗洛姆获得了美国国籍。1949年，他迁居到了墨西哥城。他在自治大学教授心理分析学，开了一门培训课程，这在不久后就为他赢得了一定的名声。弗洛姆的学生们很快发现，他们的老师与其他治疗师不同，他没有任何教条的治疗概念，不会将患者硬套入某些概念中去，而是选择一种自由的分析方法，认为意料外的结果是可能的，而且允许修正曾经确定的结论。弗洛姆在他的一系列文章中发展出的论断很新颖，具有启发性，其中之一便是关于人类所谓的"市场特征"的证明，这种人格特征来源于社会消费行为，是按照资本主义标准组织的举止规范。人所谓的意义来自他在市场上的自信，这也会对他的自我评价产生影响：状态符号取代了人格价值，形象丰富的关系网调节了权力手段的利润和收益。在一个变得越来越不讲情面而讲究效益的社会中，这样的权力手段在实现进步的过程中不可或缺。"市场导向……让人类把自己的力量当作一种新的商品，他站在了自己力量的对立面。它不再是他的一部分，更像是在他面前扮演了某种角色。因为此时，重要的不再是人通过力量的使用来实现自我，而是人通过售卖力量获得成功。力量和它所带来的东西，都不再属于他自己，而成了可以由他人评价和使用的商品。因此，自我认同变得像自尊心一样脆弱，它取决于一个人可以扮演的角色的总和：'我就是你们希望我成为的样子。'"

如果说市场导向在很大程度上还是由马克思主义思想模型确定的，因此在其论证模型上至少是部分为人所知的，那么弗洛姆提出的"恋尸癖"概念就是他独创的心理分析术语了。这个概念为不同性格的分析尝试提供了更多的认识。弗洛伊德此前已经提出了与人类的生存本能拥有同等地位的死亡本能的概念，他认为，这一本能属于精神活动的基本功能。尽管如此，弗洛姆提出的"恋尸癖"——与对活物产生自然喜悦的"恋生癖"相对——被认为是一种后果严重的精神异常，其作用会决定，存在的可能性是被有效且有意义地利用了，还是仅仅退化为精神的下层基础："从特征上来讲，恋尸癖可以定义为强烈地被死亡、腐朽、腐烂或病态的一切所吸引；它是一种将鲜活的生命投入无生命物的热情，为了毁灭而毁灭，它唯一的兴趣在于纯粹机械化的一切。它是用暴力将活生生的联系撕裂开的激情……恋尸癖作为一种心理病理现象……是没有真正生活过的生命特有的结果，这种生命所能到达的层次只有自恋和冷漠……随着恋尸癖日益高涨，恋生癖的发展被阻碍了。从生物学的角度来看，恋生癖是人类与生俱来的能力，但从心理学的角度来看，人类也有可能选择另一种替代性的解决方式，即恋尸癖。"

　　弗洛姆在他的后半生中，成了一名成功的作家，尽管他本人并没有预料到这一点。他有了一大批读者，他们几乎对他的每一本书都充满期待，而且似乎只是在等着他的书问世。他的读者群体恰好懂得珍视被他的一些心理分析学家同事们越来越厌恶的东西：弗洛姆敢于提出朴素的观点，热衷于实事求是地呈现事物原本的样子，而且仍然保持着求知欲，他声明自己相信存在某些事实和问题领域——对精神世界的检查在遇到这些情况时——不得不屈服于被束缚的方法论。这些问题需要在更大的联系中加以研究，于是弗洛姆悄悄改变了职业：心理学家弗洛姆成了哲学家弗洛姆，在不放弃经过检验的信念的前提下，获得了更多的认识。哲学家弗洛姆发表出版的书，如《爱的艺术》《健全的社会》《逃避自由》《占有还是存在》，这些朴实无华、朗朗上口的书名就暗示了，这位科学家懂得如何让纯粹的写作这门艺术变得完美，直到写出来的文字通俗易懂。弗洛姆仍然忠实于恋尸癖这个观点，甚至还将其扩展到了必要的政治监管和社会学范畴中，最终产生了具有时代精神的论断，在今天仍然具有重要的现实意义："理性化、量化、抽象化、官僚化和物化，是当今工业社会的标志。即使被应用于人而不是物，它们也不属于生命本身的原则，而是机械所遵循的准则。生活在这种体系中的人，对生命会变得漠不关心，反而被死亡所吸引……充满生命的世界成了'非生者'的世界：人成了'非人'——这是死者的世界。死者的标志不再是散发着恶臭的排泄物或尸体，如今变成了一尘不染、闪闪发光的机器；人们不再被臭气熏天的厕所，而是被铝材和玻璃组成的结构所吸引。但藏在这些抗菌防腐表面背后的真相，正在变得越来越清晰可见。人类以进步的名义将世界变成了一个难闻的、有毒的地方（这并不是象征意义上的表述）。人类给空气、水源、土地、动物——也包括他们自己——都下了毒。"

弗洛姆生命中的最后六年，是和第三任妻子安妮丝·弗里曼在提契诺州一起度过的。在去世前，他还期待着能够参加各种活动：他加入了不计其数的协会，其中包括他加入后不久就离开了的美国社会党；他加入过民主党总统候选人麦卡锡[1]的竞选团队，还在一定程度上参与了公共良心的建立，这在不久后促使知识分子中的某几个嘲讽者采取了行动。弗洛姆被认为是一切的专家：他敢于在自己的书中讨论那些别人认为早有定论的话题，这甚至有些好笑。他的读者们一定不会对此感到惊讶：一如既往地，他们觉得自己完全清楚，作者的写作技巧是怎样将简单的东西简单呈现，将复杂的东西尽可能地去复杂化。弗洛姆的文章获得了引人注目的成功，他的论文《爱的艺术》也是如此。在这篇文章中，他呼吁在强烈情感的力场中保持个人的独立性："只有当两个人脱离他们存在的中心相互结

---

[1] 此处的麦卡锡指的是 1968 年以坚定的反越战立场参加美国总统选举的民主党人尤金·麦卡锡。——译者注

合，即他们脱离各自存在的中心而感知到自己时，爱才是可能的。只有这种'脱离中心的生活'才是人类的现实，只有在这里，才有生命力，只有在这里，才有爱的基础。这种成熟的爱是一种持续的挑战；它不是某个休息的场所，而是意味着运动、成长与合作。是和谐还是冲突，是欢愉还是悲伤，其意义都是次要的；因为关于爱的基本真相是，两个人经历了他们存在的本质，他们合二为一，而不是逃离自我。"

最终，哲学家艾瑞克·弗洛姆在其作品《占有还是存在》中提供了一个适用于整个社会的解释模型，这个模型以看似简单的方式显示出了一种回归的态度，即对不可捉摸的命令和约束机制感到厌烦的个人，他也许已经有了自己的思考，因此可以认为他们是充满希望的：回归个人的确定性，回归每个人都是下一个的自我。但这并不意味着产生了一种新的利己主义。这只是一种新的社会理解，允许人们对日益严重的占有思想表示拒绝，试着去体验生命的另一种真理，即存在可以从自身创造幸福和满足感。最后，弗洛姆的哲学尝试以一种回归世俗的救赎学说来寻求对自身的肯定，而丝毫不畏惧与宗教信仰的内容相重叠——这样的信息称，人可以学习做人，而他在内心显露出的确定性，可以为他建立一个令人惊叹的世界："一个人会第一次感到自己是虚荣的，会惊恐万分、恨意满满，而他此前还认为自己谦逊、勇敢和善良。新的认识也许会让他感到痛苦，但这为他打开了一扇门，让他向他人投射自己内心压抑的情感，为这一切画上句号。他会继续前进；他在内心经历了婴儿、孩童、青少年、罪犯、疯子、圣人、艺术家、男人和女人；他接触到了人性以及普遍的人类；他压抑的东西减少了，他更加自由，投射和思索的需求变得更少了；然后他大概会第一次体会到，自己是怎样看到色彩的，怎样看到球滚动，怎样突然为此前只是匆匆过耳的音乐竖起耳朵的。当他感受到自己与他人合二为一时，他也许会第一次看到，将自己那孤僻、个性的自我当作某种该坚持、维护和守护的东西，不过是一种幻觉；他会感到，在拥有自我而不是做自我、成为自我中寻找生命的答案，是多么徒劳。"

夜晚的精神

齐奥朗：腐朽的真理

　　当一个人有了意识，主就会让这位臣民陷入沉睡；而当睡眠变得稀少，逐渐变为清明理智的失眠，被要求以准确无误的洞察力关注痛苦。哲学家埃米尔·米歇尔·齐奥朗证明了这一点。他原本不愿成为哲学家，却在一次夜晚的失眠难安中，生发出一种完全令人费解的怀疑主义精神。齐奥朗生于1911年罗马尼亚锡比乌附近的拉尼纳里。在他的基本思想成形时，他还只是一个刚满二十一岁的年轻人："那时，我学习了哲学，非常认真。对于年轻人来说，哲学很危险，会让人变得自负傲慢、夸夸其谈，自恋到令人难以置信。哲学系的学生其实都令人难以忍受，他们骄傲自大、爱慕虚荣……后来，我的生活中发生了一些事，崩溃了一次。我无法入睡。我所有的夜晚都成了不眠之夜，我不分昼夜地醒着。那时，我住在一座非常美丽的城市里，几乎和图宾根一样美丽：位于特兰西瓦尼亚的锡比乌。因此，我就在夜色中散步，像个幽灵，以至于这座小城的人们认为我精神错乱了。于是，我对自己说：你必须写一本书！我的第一本书就是这样诞生的。那本书的书名浮夸而庸俗——《在绝望之巅》，出自当时'杂论'专栏常见的新闻用语。当某人自杀了，报纸上会说他'在绝望之巅'做出了这样的事。我当时想了好多个书名，但无法决定用哪个。于是，我这么试了好几次：我走进咖啡馆，问侍者：这三四个书名，您会选择哪一个？我前两本书的书名都是这样确定的。在我写完这第一本观点激烈的书后，我完全相信，我要么会自杀，要么一定会发生些事情。"

齐奥朗的第一部作品，是一个过度疲劳的年轻人的天才之作，作者被迫挨过自己作为流浪者的每一个夜晚。这本书让人烦躁不安，是一本关于世界隐秘的痛苦的备忘录；某位编年史作者会亲自感受这类痛苦，他们不再试图减轻这痛苦，而只想窥见由文学提炼出的堕落；而只有懂得将自己置于无处不在的恐惧之中的人，才能逃出这堕落。这本书的书名，如前所述，是由一位天才的侍者想出来的，惊人地恰如其分：实际上，此时的齐奥朗确实到达了自己的绝望之巅，一块相对荒芜的高地，而正是在这里，他看到了自己一直以来想看到的东西。翻越绝望之峰的旅程是一场没有安全保障的攀登冒险，其困难系数依然很高，结果却一无所获；绝望之人就算在低地，也会是同样的表现，他会盯着那一串山巅，那由遮天蔽日的阴沉山峰串成的花环。齐奥朗用一种奇特的庄重方式，描述了自己在绝望之巅的见闻。他的报告里没有惊声尖叫，态度极其主观，甚至略带嘲讽，这和他坦白自己深陷其中的痛苦状态的狂热真诚，形成了相互抵消的思维实验，就像殡仪馆馆长在死者家中吊唁一样："我活着的事实证明世界没有意义。因为对一位过度兴奋的不幸之人来说，一切都会受到限制，最终变得一无所有，痛苦作为世界法则统治着这一切，我又如何能在这样的烦躁不安中找到某种意义呢？如果人类是可以被创造出来的，这只能证明，所谓的生命之日的斑点过于巨大，渐渐遮蔽了它的光亮。生命的兽性践踏了我，强迫我对轻盈飘浮的翅膀表示惊讶，夺走了我有权享有的一切乐趣。所有过分的热心，所有我为了在此世光彩夺目而付出的疯狂矛盾的激情，所有我为了获得未来的声望而滥用的魔鬼的魔法，还有我为有机体重生或燃起内心曙光而挥霍的全部干劲，都证明了，它们根本无法与这个世界的兽性和原始性相提并论。这个世界已经将它所有的腐朽和毒液灌入了我的体内。生命无法承受这样的高温煎熬。"

这许多个不眠之夜为存在准备的预热过程，被证实是一种后果严重的长期状态。不过据齐奥朗所说，在思想的炭火中得到温暖的，并非精神世界的普通朋友，而是先知，是焦躁不安的流浪者，培育痛苦是他的生存之道，这样才能让痛苦保持适度，成为不懈思考这门艺术的对象。在齐奥朗的第一部作品中，对无意义的、也许只是出于无心而诞生的东西不厌其烦地进行修正，和"坚持不懈"这个口号别无二致。曾经看到的真相是可怕的，但还不够可怕，因此人们不愿燃起更多火柴，抗拒火焰疗法，尽管它至少能消除普遍的平庸和遍布全球的平庸之辈："只要我可以，我就会拼尽最后一丝气力，只为从根本上净化生命的根，用可爱的白色焰火去点燃它。这不是为了毁掉它，而是为了用新鲜的活力和充沛的热情使它振奋起来。我想要点燃的世界之火，不仅不会留下满目疮痍，还会让宇宙从本质上焕发出生机。生命也会因此而适应更高的温度，不再成为平庸的温床。也许，在这样的美梦中，死亡也不再是生命固有的属性——（写于1933年4月8日，今天是我二十二岁生日。一想到我已经成了死亡方面的专家，我就感到怪怪的）。"

召唤宇宙级别的世界之火，将此作为献给毫无察觉的尘世过客的热情馈赠——这就是由一位刚满二十二岁的作者呈现出来的剧本。作者在摆弄概念的键盘时，不惮于只弹奏那些高昂到有时甚至稍显尖厉的音——人们对此的反应不仅仅是惊讶，更确切地说，这招致了讥笑、嘲讽和一些明显的怀疑。齐奥朗能够应付这些，他用表面平静实则坚定的幽默来对付那些批评家。这种幽默感绝没有意欲将它的主人小心翼翼地保护起来，他还是那个年岁渐长但依然狂热、依然充满激情的青年作家："这第一本书真诚到了极点，因而显出几分挑衅的意味。有个熟人对我说：'我的妻子把您的书扔进了火堆里，她说这书看得她太压抑了，她再也无法忍受了。'我的母亲尤为担心：'你以后到底会怎么样呢？写下这些的人，一定受到了诅咒。我要给医生打电话。'医生来了，问了我几个问题，然后和我母亲说：'您的儿子很有可能患了梅毒。'梅毒在当时可是一种象征着社会地位的疾病。一旦有人显出哪怕是最轻微的奢华作风，这马上意味着：他得了梅毒。我读过一本书，作者是一位南斯拉夫人，书名叫作《天才和梅毒》……他想要证明，对那些不幸没有得过梅毒的人抱有期待是没有意义的。接下来，他列举了一连串得了梅毒的天才。我深受震撼。我想染上梅毒。我母亲强迫我去做血液检查。

我找到了一位专家，他说：'您几天后来拿结果吧。'我的心情很矛盾，一方面，我希望自己还有机会，而另一方面，我又不想。很快，我又去见了那位医生，他带着胜利的语气宣布：'您的血液没有被感染。您不高兴吗？''并不高兴。'这是我的回答。"

齐奥朗的思想——是在由夜间涌现的灵感所驱使的想象中逐步发展起来的——并没有停留在那令人生疑的高度的禁区"绝望之巅"中。接下来有必要插叙几句作者实际生活状态的变化：1937年年末，齐奥朗去了巴黎。在那里，他冒着以所谓自由作家身份生活的风险，此外还面对着用法语写作的挑战。齐奥朗此时还不承认自己是一位哲学家，他更倾向于将自己看作一位"失败的佛教徒"，他后来在文章中也曾这样写道。齐奥朗所厌恶的，是哲学中那种明显的秩序感。这种秩序感几乎是以一种官方姿态，不遗余力地要为圆滑世故带来的混乱披上政策法规的外衣，而这些政策法规并不比那时可能正遭受意外的，这些规则的制定者的肉体的生命力更强。齐奥朗之所以写作，是为了生存。奇特的是，这位在自命不凡的绝望征兆下开始文学创作的作家，似乎对"自杀"这一主题尤其熟悉——当然，这只是猜测，齐奥朗本人已经无法告诉我们了："如果不吃药，那么写作就是唯一的治疗手段了。因此，必须写下去。就连写作这个动作本身都是一种康复的表现……表达就是治愈，即使写下的都是胡说八道，即使没有才华……"而"关于自杀"，他写道："人们经常为我打上自杀的辩护律师的烙印。但我其实不是。在此，我必须引述我自己的例子来证明这一点：如果没有产生自杀的想法，那我在很久以前就自杀了。由此，我想说的是，这个想法是一种令人难以置信的帮助，生命会因此变得可以忍受。因为人会对自己说，只要我想，我随时可以杀死自己。带着这样的希望，人们几乎可以忍受任何事情。"

随着年龄的增长，齐奥朗的心态日趋平和，或者也可以说是冷漠，尤其是一切似乎都表明，变化只能在幻想中实现。从理论上来说，宏伟的蓝图、大胆的构想、激进的革新仍然有可能实现。对想要造福人类的狂热分子而言，实践正是实现这些想法的必由之路和活动范围，而他们的失败与新思想家的崛起有关。历史上不存在进步，所谓的进步充其量不过是在人与人之间包藏祸心的交往中迈出了一步。而在淡化恐惧和压制惊恐方面，人类社会一代比一代更胜一筹。齐奥朗以警句家的身份注意到了这一特征，因而有权长期在现代宽敞的怀疑论庇护所中要求拥有一席之地。他放弃了绝望，转而走向怀疑，将其扩展为一种知识体系，对悲剧和轻率的观点负责，但不需考虑道德的确定性或可能产生的责任主张。怀疑论者尽可以忽略历史的进程，因为即使人们带着仁慈的目光进行观看，想要发现将各个历史阶段区别开来的蛛丝马迹，历史上的一切无论如何也都（几乎）保持不变："犯罪的钟声并不会为所有民族同时敲响。这就解释了历史的持续性……历史不会为自己辩护。你必须对犬儒主义者顽固的麻木不仁做出反应，否则你将不得不汇入普遍秩序，或者与造反者、谋杀犯和信徒组成的乌合之众为伍……只要暴行得到满足，暴君也会变得和蔼可亲；而如果奴隶感到不满，却没有提出要求，一切又都会回到它的旧秩序上去。羔羊努力成为狼，正是大多数事件的起因。这些没有獠牙的家伙，梦想着拥有一对獠牙；他们也梦想着能吞噬他人，多亏他们中的大多数还保留着原始的力量，他们成功了。——这就是历史，由牺牲者身份的变化驱动。"

　　运用精湛的技巧，人可以冷静地让怀疑完美地发挥作用，同时也不会忽略痛苦本身，尤其是它的绝对性和永恒性。齐奥朗选择的观察者身份和幻想完全破灭的编年史学家一样，对日常琐事再也不置一词，只提供回顾，那是对一个熙熙攘攘的世界经过人工处理的动态回忆；而这个世界在哪里定格，则要由那位最高法官决定。感知的能力终归是有局限性的，它被限制在最重要的方面。这些方面的重要性取决于与之相伴的怀疑论的认识方法，而这种怀疑一如既往，在晚上才能真正发挥作用。整个白天，它似乎在休息，被日常琐事的平静状态麻痹；一到晚上，它就和失眠组成了利益联盟。对此，齐奥朗在作家生涯开始之初，就以一种近乎真挚的方式习惯了："两种精神：白天的和夜晚的。它们方式不同，寓意也不同。人在明亮的白天观察自己，在黑暗中畅所欲言。对于在别人睡觉时叩问自己的人来说，他思考的结果是卓有成效，还是令人心烦，并不重要。他也会转而思考出生的麻烦，不关心他可能会为他人或自己带来的不快。午夜过后，对腐朽的真理的陶醉开始了。"

　　由失眠提供的认识在两个方面被证明是腐朽的：一方面，这些认识是即时消耗品，第二天的拂晓便会宣告它们保质期的结束；另一方面，它们缓慢散发出一种苦涩，一种在无数白日梦中建立的糟糕心情，而且可以在必要时转换立场，变为一种毫无根据的、轻松欢快的心情，在特定时间内成为经验智慧。多年来，齐奥朗习惯了不眠之夜，夜晚不再能为他提供大的冒险了。失眠在细致的照顾下也可以被当作一种可疑的礼物，当作敏锐洞察力的保障，可以告知存在的威胁，也是进行确认的仪式，是暗中进行的生存策略的仪式："这种午夜的释放，是和自己、和基本元素进行最后辩论的需要。血液上涌时，你会颤抖，会站起来，再次对自己说，再也没有理由退缩了：这次可以完成。从外面几乎看不出什么，你保持着不可察觉的平静。你做着必胜的手势，带着妄图完成的任务，踏上了征途。当你告诉自己，你终于达到了目标，未来在几分钟后——最多一个小时后——就会到来，自己有权结束当下的一切时，喝彩的迹象会替代之前的疯狂。——随后到来的是让人平静下来的印象，由下一个目标的出现召唤而来。所有人都睡了。既然可以在这世界上平静独处，你怎么能离开？这本该成为最后一夜的夜晚，你无法让自己与它分离了，你无法理解它会消失，不想在即将埋葬和埋没它的白天面前为它辩护。"

继续生活在明显的无意义中而产生的意义是一个零碎的、无限的主观真理，从一个生命的瞬间就可以证明自己的正当性。您可以品尝一下这一刻，您可以记住它，但是它不能为其他目的而弯曲，并且在纯粹的存在下仍然毫无根据。怀疑终其一生地存在着，不分昼夜，丝毫没有受到影响；它按照自己的轨道前进，在自我驱动下一再趋向新产生的毁灭倾向。毫无疑问，任何状态都无法实现。它是脆弱的，同时又加重了惩罚，之所以可以赎回自己，是因为它屈服于自己的确定性，并融合成无边无际的宇宙。在怀疑的经验中，看起来珍贵的也许只是那些抓拍到的瞬间，这些重要的画面定格了它们过去的高光时刻："要确定一切都缺乏基础，不要下定论，这种矛盾不值一提：极端情况下，对空虚的感知和对整体的感知、对整体的接受别无二致。您终于开始看到，您不再漫无目的地，冷静下来，变得坚定。如果在信仰之外有得救的机会，人们应该寻找使自己与虚幻的接触丰富起来的能力。如果空虚的经历只是一种欺骗，那还是值得的。这次经历的目的是将生与死减少为零，其唯一目的是使生命难以忍受。它有时会成功吗？我们还能要求什么？没有它，就不会有疾病的补救，即使是短暂的希望，也无法希望拥有胎儿的甜蜜，找不到以前的光明。"

随着年龄渐长，齐奥朗离他绝望的日常事务越来越远。人们对当今世界的了解比以往任何时候都更加令人担忧，这一事实并没有给他特别的印象：人类可能会走上必经之路，他们也许会获得更多知识，但这种愚蠢的固执也适合于夜间反复发生的噩梦。尽管"世界末日"景观已经成为主流，但人们并不想放弃希望的良好古老原则，然而希望的确越来越少。齐奥朗没有采取任何行动使乐观情绪恢复原状。他必须提供的未来远景令人瞠目结舌：人们自杀，不是因为他们了解得太少，而是因为他们知道得太多："关于人类将如何终结的问题一再出现。有两种可能性：战争或内耗。人生来就是一个冒险家，而冒险家是不会有善终的。我有一个古怪的念头，我相信当人类发现最后一种疗法时，人类就会灭亡。可以想象，科学终有一天能够战胜所有疾病，但人类正会因此而崩溃。人们必须接受人类必将消失的观点。人类从一开始就因痴迷于知识而被其支配，所以人类想要自己的不幸。人类的命运在《创世纪》中已有明确的预言。人类是自己求知欲的受害者，这在今天显而易见；而对于《圣经》第一卷的作者来说，这一点也同样明显，因此这些原初的真理就是真正的真理。"

几个世纪以来，人们怀着绝望为衰落做着准备。这种衰落似乎是不可避免的。唯一的问题是，哪一代人会最终拥有亲历这种必然命运的"降临"。这样的确定性让人沮丧，但同时也会带来一种踏实的平静；这种平静超越了日常的苦难，只关心个人内心的崩溃以及如何排遣这一类重大问题。最后，甚至死亡也失去了通常的恐怖，无论如何都可以辩驳。齐奥朗早已是一位多少称得上智慧的老绅士，所以他对生活期待的那种敏感的忧郁以开朗结束，这种开朗表现出治疗效果，并且可以被认为是绝望通过其他方式的延续："在我的青年时代，我不断地想到死亡。奇怪的是，随着年龄的增长，我对它的思考减少了。我最近收到了一个比我大的青年时期的朋友的来信。他在信中说，他对生活不再感兴趣。我知道我的回答对他非常重要，于是回信给他：如果你问我的建议，请接受——如果你不再笑，你可以自杀。但是，只要你仍然可以笑，就等着，因为笑是对生死的胜利，这表明你是一切的主人。——我父亲是牧师。有一次，在葬礼之后，他告诉我们，一个小女孩的棺材被放下坟墓后，她的母亲突然大笑起来。那太疯狂了，但是并不能绝对确定那是疯狂的。即使当时我不清楚，我仍然认为死亡，尤其是葬礼，是令人无法忍受的挑衅性悲喜剧。那位母亲不能忍受如此残忍和不可思议的事情。生与死是没有事实根据的戏剧，荒诞得让人发笑。创造只是绝对的借口。吠檀多是印度教最深刻的形而上学系统，正确地宣称上帝创世'仅是无用之举'。"

　　因此，生命是一种通常以死亡告终的游戏。若能从容地渡过难关而又不遭受命运的重大打击，那么你可能会很幸运。取得成功绝不是成功的原因，尤其是因为，就像其他所有事物一样，人们总是会对它本身产生怀疑。齐奥朗将怀疑提升为形而上的艺术形式，从一开始直到1995年年底，一直保持着最初的真实状态。他将不眠之夜的记忆当作光荣的纪念品保存着，它们陪伴着他，成为自己的象征。在这段时间里，记忆缩小了，生命的漫长时期降到了远离人们的救赎阶段："这是同样的生活感受，同样的存在感受……是麻风病人那种不再属于普通人一员的反应，一种完全的孤独感。我对生活的看法保持不变。我无法改变看待生活的方式，只是表达形式是不同的……衰老的耻辱在于，您会体验到，自己的想法会变得越来越不强烈，您几乎变成了自己的讽刺漫画。至少我的第一本书是一本绝望的书，而这并非偶然。——我自己什么都没有，我不必去发现它。我小时候就对此有所预感——因为无聊，这是发现深刻的关键。我可以确切地说出我意识到自我的时间点——当我还是个孩子的时候，突然确定的。在那个时刻，自我突然变得很陌生……突然之间，我产生了这种空虚的感觉，就在我五岁的那个下午，我感到自己处在时间之外。从那以后，我一次又一次地感到，它几乎已经成为自己每天的经历。"

唱反调的人

斯洛特戴克：思想的最高收获

　　学院哲学总是受到从来不被它信任的成功学的排挤，成为一种边缘化的存在。与之相配的哲学辩论就更少了。但无论出于何种原因，一旦这种辩论被点燃，人们就可以确定，一定有一位哲学家的参与：彼得·斯洛特戴克。此人是现象级的代表，他的不少同事总是对他投去深深怀疑的目光：他会对各种话题发表意见，因此给人以博学的印象，让普通的思想家要么因妒忌而脸色发白，要么陷入永远无害的冥想。斯洛特戴克的论辩更注重着眼未来，而不是缅怀过去；他将自己当作一名创新和融合方面的艺术家，与哲学史流传下来的经典相比，他更相信自己独创的法则。他喜欢读那些与哲学史主线相悖的东西，以这种方式温故知新，从中发掘出更多的理论财富——这一点也加剧了他同事们的不安情绪。

　　这种研究方式受到了哲学领域的自理者和门外汉的热烈欢迎，但遭到了行会的反对。比如图宾根的哲学教授、德国唯心主义哲学的公认专家曼弗雷德·弗兰克，曾态度强硬地指出，斯洛特戴克除了抱怨自己局外人的地位外，什么都不会，因为他对哲学这门"手艺不屑一顾，也确实什么也没学到"，所以不得不"将他的学艺不精"隐藏"在虚情假意、俏皮新奇的滔滔雄辩之后，张口闭口满是精致讲究的外来词"。对于这种评价，我们可以找到一些例证，比如斯洛特戴克对"智人"的定义。他将智人称作"一种基本骄纵的、多形态过分发育的、有多重提高潜质的过渡物种""基因和象征技术的形成力共同作用于其形成"。

实际上，斯洛特戴克也让他的读者们并不轻松。他的演讲言辞尖锐而散漫，喜欢循环论证，让听众感到震惊，而这令作者很开心。通俗易懂不是他的首要目标，但它满足了自己一贯不切实际的，甚至可以被巧妙推翻的标准："我一直以来的理想是像阿尔伯特·加缪做到的那样，能够写出极其简单却无限深刻的句子。这些句子从语法上来说，每个人都能写得出来，但它们的内涵在整整一代人中，只有一个人能写得出。"这话听起来既谦虚又傲慢，却无懈可击，而且斯洛特戴克本人也致力于维护和保存哲学传统："我将思想界的巨人置于新的容器中，重读并转注了形而上学研究者的文章，用新的眼光读了海德格尔，风干了他的乖戾——这些都是倾析的步骤。理论学家的一天还能干些什么呢？人就是思想流的掌酒司、管窖人，一位唱反调的人。"思想的酒窖里被灌注了新的内容，又被重新贴了标签，那么它一定是高端产品："我还从没对问题做出过让步。人在这样做的时候，不得不在问题早已存在其中的语言中谈论它。我总是会重新思考这个问题。由此，自由的语言流和狂想诗般的交流方式始终是可能的。"

后来，时间为他打上了明朗的心情和由个人知识培养出的平静心态的烙印。在此期间沉迷于自嘲的斯洛特戴克，为他的认识进程确立了最终的未来发展方向："最后……我决定，在生活与哲学之间的鸿沟上架起一座桥梁。我推测，也许这里只需要一个让笛卡儿也竖起耳朵的句子：他人思我，故我在。幸运的话，它该这么说：他人思我，我才在。剽窃者既不知道也说不出这个句子的出处，而未来，他们的数量越多越好。"

当唱反调者彼得·斯洛特戴克登上哲学舞台时，他自觉这样做了，一开始却没有引起什么反响。1983年，他在苏尔坎普出版社发表了处女作《犬儒理性批判》。回想起来，这是一段奇特的经历：出版商齐格弗里德·温赛尔德坐在他的新作家身边，表情阴郁地盯着他，也许是因为那些体系庞大、观点尖锐的理论一直令他怀疑，他也从未对这些感兴趣过。斯洛特戴克似乎注意到，自己在这位富于传奇色彩的图书之王身边，显得有些胆怯。温赛尔德一生都是传奇人物，如果能从聚集在他出版社下的诗人和思想家的名声中得到些好处，斯洛特戴克并不会不开心。报刊上的评论文章并不如学院的杂志社所希望的那么多，对这本书的介绍也不详细，这可能是由于出版时间是当年的淡季，但也与这本书本身有关。这本书是典型的斯洛特戴克风格：清醒的见解、轻浮的俏皮话与泛泛的辩论段落交替出现，但是始终保持着一种欢快的叛逆和讽刺的口吻，使人感到愉悦。《犬儒理性批判》也取得了令人惊讶的成功，特别是由于非哲学家们享受了这样一个事实，即长期存在的哲学从一开始就将垂死挣扎兴高采烈地延续了下来："哲学苟延残喘了一个世纪，它之所以没有死透，是因为它的任务尚未完成。"但是它的任务是什么？当然不会像以前那样继续。旧的哲学尝试了很多，却收效甚微，也缺少愿意尝试新事物的人。肯定有一两位思想家要坚持，作者斯洛特戴克主要着眼于哲学家斯洛特戴克，从中可以看出，古老的主题曾有过自己的发展，"是逃避和半个事实。幻想的徒劳而美丽的飞升——上帝，宇宙，理论，实践，主体，客体，肉体，灵魂，意义，虚无——这还不是全部。这些是年轻人、局外人、牧师、社会学家的名词"。斯洛特戴克特别讨厌法兰克福大学粗暴的教育理念，该理念已经超越了自我，但又不愿对此有所了解："因为一切都变得有问题，所以任何地方都不重要。"

1947年出生于卡尔斯鲁厄的斯洛特戴克也不喜欢"68一代"的抗议运动，虽然他实际上可能离这场运动最近。他认为这是"痛苦、停滞和自负的历史"。这个哲学家在他的处女作中所依赖的叛逆是不同的，它依赖于复活的性感，身体应该充当"世界的感官"。当先前的启蒙运动继续进行时，必须坚持"自然的全部""充实的生活"并具有"在抵抗、欢笑、拒绝中存在"的使命。其当代哲学中，只有"奖励坏习惯和宣扬犯错误"，不再敢去做梦。斯洛特戴克在早年就已经着迷于发现的精神，在这种精神中，人们通常更活泼而不是更劳累，开始认识并尝试自己的自我发现，这一过程可以理解为重生。斯洛特戴克一直恪守这一理念，他将在以后的作品中以最多样化的变化追求这一理念。哲学家弗里德里希·尼采几乎也是他最喜欢的证人之一，他描述了自己的苦难历史，并宣称这是幸福与力量的世界历史。我们仍然可以从他那里了解到，到现在为止，"尼采的改革之梦"是"引发针对元物理学的健康反革命，从苏格拉底和保罗时代起，它就以其抑制作用在西方世界大放异彩。如果您想重铸硬币，必须重写文章，说明柏拉图与新约没有不同"。迄今为止，斯洛特戴克已重写了他所遇到的几乎所有文本，而这的确有不少。这次阅读之旅开始于《犬儒理性批判》，随后他对讽刺理性的评价如下："我的书就像是外科手术，在其中刺穿恶性囊肿以攻击这种有毒文化并将其排空。《犬儒理性批判》对社会变革具有一定的预判能力。"

斯洛特戴克在图书市场的出色亮相——这引起了一些嫉妒——并没有证实他的一些批评家预测的内容：这位"年轻的明星""绅士的混血儿"和"毫不掩饰的造假者"，很快就会从哲学舞台销声匿迹，就像他横空出世一样；所以在可预见的将来，人们不能不满意地写下《彼得·S.兴衰史》。与此相反，斯洛特戴克似乎比以往任何时候都更活跃。仔细观察一下，我们会发现，不管这位哲学家在各种主题上夸夸其谈的声誉如何，他至今使用的世界观模型依然是一致的。他为哲学带来了令人耳目一新的进攻氛围，用足球术语来讲，积极地进行调整，使之摆脱所有战术限制。哲学不应该再去反思自己的弱点，而应该去反思自己的优点："无论我们在哪里，只要没有残疾，我们创造性的生活就会蓬勃发展。"

斯洛特戴克就像在他之前的恩斯特·布洛赫一样，具有超前的思维，因为他是"一种多世界动物"："开始存在于世界中的人总是在走向世界的增长……来到世界，就开始了它哥伦布般的旅程。"哲学家放弃了不必要的护送，不应该让思维活动的冒险家和关注的人们撕碎思考的冒险，他们与著名的古代哲学家不同，得到了不间断的鼓励："祭司、商人和治疗师遍布世界，对可疑的服务收取高价。只要声称自己在转卖救命的替代药物，就算没有完全丧失希望，也会有人买账——我们所有人不都是不知所措、正在接受戒除治疗的住院病人，轻易就会逃跑吗？"

斯洛特戴克的著作一直在为误解提供令人喜闻乐见的理由。他在1999年出版的《埃尔默宣言》中讨论了饱受摧残的人本主义概念，这一概念被作者视为"极权主义法西斯同情"的证据。与一再重复的自言自语相反，他不得不再次充当"失望的68一代"。斯洛特戴克的批评家们辛苦地安静了多年，被迫把这位作者摆在书架一角。此刻，战斗恢复了。斯洛特戴克不是一个悲伤的孩子，但对遭受打击的恶意却感到惊讶。他回忆说，自己基本上只是提出了一些过时的问题。"当以人文主义驯服人类的学校失败时，又有什么东西可以驯服人呢？或者已经不可能提出这样一个问题了——在单纯的驯服和教育理论的框架内如何塑造和教育人类？"当时的辩论尘埃落定后，根据媒体的看法，"育种思想家斯洛特戴克"已经死了。在处理"批判理论的圣战者"时，只有失败者在屈辱中整理了论文。遭受了哈贝马斯学校持续剥夺爱的痛苦的斯洛特戴克比他想承认的要痛苦得多，他以事实的努力结束了这场争论："我不喜欢的是，哈贝马斯最后在对话后重新提出了独白性质的概念。对话应促成共识，最终，

310

历史的绝对性必须占上风。这并不是说，我在哈贝马斯的文章中找不到有益的观点。我只能说：因为他没能在自己承诺的高度上坚持观点，整个辩论的主线都让人失望。"

从1998年到2004年，斯洛特戴克实际上的代表作《球体学》出版了，它由三册组成（《球体 I：气泡，微观球体学》《球体 II：球形，宏观球体学》《球体 III：泡沫体，复数球体学》），指出了哲学上史无前例的路径。自我与世界、存在与不在之间的传统界限被消除了，取而代之的是潜入、破坏和飞跃的观点。里尔克所指的世界内部正在被重新测量，它变化无常，无视所有开发和继承。斯洛特戴克略微嘲讽地说他在那儿实行"民主神秘主义"，但这无非是要对抗"知识社会难以忍受的分裂"。球体学也可以理解为是一部以空间、气泡、球体和泡沫形式在世界中移动的大规模史诗，其起源可以追溯到每个人在一个仁慈的黑暗中开始的起点。"我们正在研究母系海洋中的呼吸大陆，我们曾在主观的史前时期在该大陆居住过，并留下了显而易见的自己的故事的开端。在这个与众不同的世界中，规避变量在常规逻辑的边缘闪烁。随着我们有了唯一确定的同伴——有了对不可避免的、概念上的无助的洞察力，我们穿越了客观存在和先前关系的景象。如果入侵是正确的词，那么可以说我们正在入侵隐秘的荒唐。"

2009年，斯洛特戴克出版了另一本畅销书，这本书畅销并不是因为内容，而是因为它一个醒目的标题——《改变你的生活》，这一标题至少会以每周一次的频率划过几乎每个人的脑海，而且几乎都没有下文。如果有一天，斯洛特戴克有了足够的哲学思想，他可能会如他本人所讽刺的那样思考，也许会"创作21世纪的伟大小说"，这同时也是他正在尝试的。斯洛特戴克始终拥有成为有才华的文学人物所需的东西，他只需放慢工作速度，而且不要放任所有找上门的譬喻进入他的脑海。这样，在最好的情况下，读者可能还会得到某种依赖光明时刻的体验，这一点已经在《犬儒理性批判》中有所描述："在我们最好的时刻，如果最富有活力的率性而为在纯粹的成功中冉冉升起，自发地承担起我们生活的节奏，这种勇气会突然涌现出来，就像欣喜若狂的清醒或令人放松的严肃一般。它唤醒了我们的当下存在，机敏突然上升到存在的高度……糟糕的经历在崭新的机会面前消退了。没有历史会让你变得苍老……鉴于这种精神的现时性，重复的咒语被打破了。每个有意识的一秒都会抹去无望的东西，成为另一段历史的第一秒。"

参考书目

生命的基石　柏拉图：火花

Platon: *Sämtliche Werke.* Herausgegeben von W. F. Otto et al. 6 Bde. Reinbek
1957 ff.

Hans-Georg Gadamer: *Plato im Dialog.* Tübingen 1991

Gernot Böhme: *Platons theoretische Philosophie.* Stuttgart 2000

Uwe Neumann: *Platon.* Reinbek 2001

Wilhelm Windelband: *Platon.* Stuttgart 1921

拿起，读吧！　奥古斯丁：宿命的瞬间

Augustinus: *Bekenntnisse.* Eingeleitet und übertragen von Wilhelm Thimme.
München 1982

Augustinus: *Werke in deutscher Sprache.* Hg. v. Carl Johann Perl. Paderborn
1940 ff.

Karl Adam: *Die geistige Entwicklung des heiligen Augustinus.* Darmstadt 1957

Uwe Neumann: *Augustinus.* Reinbek 1998

心灵的密室　但丁：通往光的道路

Dante: *Vita Nuova. Das Neue Leben.* Aus dem Italienischen von Karl Federn.

　　Hg. v. Ulrich Leo. Frankfurt a. M. 1964

Dante: *Die Göttliche Komödie.* Übertragen von August Vezin. Dülmen i.W. 1926

　　Kurt Leonhard: *Dante.* Reinbek 1970

Olof Lagercrantz: *Dante und die Göttliche Komödie.* Frankfurt a. M. 1997

未知的哲学　伏尔泰：有限制的自由生活

Voltaire–*Friedrich der Große: Briefwechsel.* Ausgewählt, vorgestellt und

　　übersetzt von Hans Pleschinski. München 1994

Voltaire: *Aus dem Philosophischen Wörterbuch.* Frankfurt a. M. 1967

Voltaire: *Über den König von Preußen. Memoiren.* Herausgegeben und übersetzt

　　von Anneliese Botond. Frankfurt a. M. 1967

Georg Holmsten: *Voltaire.* Reinbek 1971

Jean Orieux: *Das Leben des Voltaire.* 2 Bde. Frankfurt a. M. 1968

你的科学是人性的　休谟：混乱的生活方式

David Hume: *Eine Untersuchung über den menschlichen Verstand.* Hamburg 1993

David Hume: *Traktat über die menschliche Natur.* Hamburg 1973

David Hume: *Brief eines Edelmanns.* Hamburg 1980

Gerhard Streminger: *Hume.* Reinbek 1992

魔鬼抓住了他　狄德罗：知识的吸引力

Denis Diderot: *Ästhetische Schriften.* 2 Bde. Berlin 1984

Denis Diderot: *Philosophische Schriften*. 2 Bde. Berlin 1984

Denis Diderot: *Briefe 1742–1781*. Frankfurt a. M. 1984

Hans Magnus Enzensberger: *Diderots Schatten*. Frankfurt a. M. 1994

Pierre Lepape: *Diderot*. Frankfurt a. M. 1994

我知道，所有的土地上都有好人　莱辛：对理性的信仰

Gotthold Ephraim Lessing: *Werke*. Hg. v. Herbert G. Göpfert (u. a.). München

　1970 ff.

Wolfgang Drews: *Lessing*. Reinbek 1962

Dieter Hildebrandt: *Lessing. Biographie einer Emanzipation*. München 1979

Hugh Barr Nisbet: *Lessing. Eine Biographie*. München 2008

Wilhelm von Sternburg: *Gotthold Ephraim Lessing*. Reinbek 2010

有目共睹　歌德：伟大的整体

Johann Wolfgang Goethe: *Werke*. Hamburger Ausgabe. Hg. v. Erich Trunz.

　München 1964 ff.

Johann Wolfgang Goethe: *Leben und Welt in Briefen*. Zusammengestellt v.

　Friedhelm Kemp. München 1996

Karlheinz Schulz: *Goethe. Eine Biographie in sechzehn Kapiteln*. Stuttgart 1999

Nicholas Boyle: *Goethe. Der Dichter in seiner Zeit*. München 1999 ff.

Richard Friedenthal: *Goethe. Sein Leben und seine Zeit*. München 1963

Ernst Beutler: *Essays um Goethe*. Frankfurt a. M. 1995

Otto A. Böhmer: *Goethe*. Zürich 2005

Rüdiger Safranski: *Goethe. Kunstwerk des Lebens*. München 2013

初恋般的感觉　席勒：思想的自由

Friedrich Schiller: *Werke in drei Bänden*. Hg. v. Herbert G. Göpfert unter

Mitwirkung von Gerhard Fricke. München 1966

Friedrich Burschell: *Schiller*. Reinbek 1958

Peter André Alt: *Schiller. Eine Biographie*. München 2004

Rüdiger Safranski: *Friedrich Schiller oder die Erfindung des deutschen
Idealismus*. München 2004

Otto A. Böhmer: *Schiller*. Zürich 2005

在冬日的暖炉边　费希特：现实的根源

Johann Gottlieb Fichte: *Werke*. Hg. v. I. H. Fichte. Berlin/Bonn 1834 ff.

　(Nachdruck Berlin 1971)

Johann Gottlieb Fichte: *Briefwechsel*. Hg. v. Walter Schulz. Frankfurt a. M. 1968

Immanuel Hermann Fichte: J*ohann Gottlieb Fichtes Leben und literarischer
Briefwechsel*. 2 Bde. Leipzig 1862

E. Fuchs (Hg.): *Johann Gottlieb Fichte im Gespräch. Berichte der Zeitgenossen*.
Stuttgart/ Bad Cannstatt 1978 ff.

Wilhelm G. Jacobs: *Fichte*. Reinbek 1984

Otto A. Böhmer: *Faktizität und Erkenntnisbegründung. Eine Untersuchung zur
Bedeutung des Faktischen in der frühen Philosophie J.G. Fichtes*. Frankfurt a.

M. 1979

阿尔卑斯山的精神 黑格尔：攀登哲学之路

Georg Wilhelm Friedrich Hegel: *Werke in 20 Bänden*. Redaktion: Eva
 Moldenhauer und Karl Markus Michel. Frankfurt a. M. 1970 ff.

Johannes Hoffmeister: *Briefe von und an Hegel*. 4 Bde. Hamburg 1969 ff.

Karl Rosenkranz: *Georg Wilhelm Friedrich Hegels Leben*. Berlin 1844
 (Nachdruck Darmstadt 1977)

Franz Wiedmann: *Hegel*. Reinbek 1965

Otto A. Böhmer: *Hegel & Hegel oder Der Geist des Weines*. Tübingen 2011

像是一种机器 达尔文：多样性

Charles Darwin: *Über die Entstehung der Arten*. Stuttgart 1867

Charles Darwin: *Ein Leben. Autobiographie, Briefe, Dokumente*. Hg. v. Siegfried
 Schmitz. München 1982

Johannes Hemleben: *Darwin*. Reinbek 1990

Franz Wuketis: *Charles Darwin. Der stille Revolutionär*. München/Zürich 1987

Christopher Ralling (Hg.): *Die Reise von Charles Darwin*. Wiesbaden 1979

在遥远与隐秘中 克尔凯郭尔：寂静的崇高

Søren Kierkegaard: *Philosophisch-theologische Schriften*. Hg. v. Hermann Diem
 und Walter Rest. Köln 1951 ff.

Søren Kierkegaard: *Existenz im Glauben. Aus Dokumenten, Briefen und
 Tagebüchern*. Hg. v. Liselotte Richter. Berlin 1956

Søren Kierkegaard: *Briefe*. Hg. v. Walter Boehlich. Köln und Olten 1955

Søren Kierkegaard: *Die Tagebücher*. Ausgewählt und übertragen von Theodor Haecker. München 1949 ff.

Harald von Mendelssohn: *Kierkegaard. Ein Genie in einer Kleinstadt*. Stuttgart 1995 Joakim Garff: *Kierkegaard*. München 2000

Otto A. Böhmer: *Reif für die Ewigkeit. Kierkegaard und die Kunst der Selbstfindung*. München 2013

一位原始人　梭罗：按照自然去生活

Henry David Thoreau: *Walden oder Leben in den Wäldern*. Übers. v. Emma Emmerich und Tatjana Fischer. Zürich 1971

Henry David Thoreau: *Über die Pflicht zum Ungehorsam gegen den Staat und andere Essays*. Übers. v. Walter E. Richartz. Zürich 1973

Denken mit Henry David Thoreau. Ausgewählt, aus dem Amerikanischen übersetzt und mit einem Nachwort von Philipp Wolff-Windegg. Zürich 2008

Susan Cheever: *American Bloomsbury*. Aus dem Englischen von Ebba D. Drolshagen. Frankfurt a. M. 2017

Frank Schäfer: *Henry David Thoreau. Waldgänger und Rebell*. Frankfurt a. M. 2017

幸运的一瞥　尼采：欣赏自己

Friedrich Nietzsche: *Kritische Studienausgabe in 15 Bänden*. Hg. v. Giorgio Colli und Mazzino Montinari. München/Berlin/New York 1980

Friedrich Nietzsche: *Sämtliche Briefe. Kritische Studienausgabe*. Hg. v. Giorgio Colli und Mazzino Montinari. München/Berlin/New York 1986

Werner Ross: *Der ängstliche Adler. Friedrich Nietzsches Leben*. Stuttgart 1980

Peter Sloterdijk: *Der Denker auf der Bühne.* Frankfurt a. M. 1980

Rüdiger Safranski: *Nietzsche. Biographie seines Denkens.* München 2002

Otto A. Böhmer: *Der Hammer des Herrn.* Frankfurt a. M. 1994

Otto A. Böhmer: *Nietzsche.* Zürich 2007

在水晶球纯净的内心　康拉德：未来的使者

Joseph Conrad: *Werke.* Zürich 1977 ff.

Joseph Conrad: *Bericht über mich selbst.* Aus dem Englischen übertragen von
　Renate Berger. Leipzig 1979

Peter Joseph Nicolaisen: *Joseph Conrad.* Reinbek 1988

Olof Lagercrantz: *Reise ins Herz der Finsternis. Eine Reise mit Joseph Conrad.*
　Frankfurt a. M. 1988

Renate Wiggershaus: *Joseph Conrad.* München 2000

一切都与它原本的样子不同了　河夫：与人类的相似点

Anton Tschechow: *Das erzählerische Werk.* Hg. v. Peter Urban. Zürich 1976

Anton Tschechow: *Das dramatische Werk.* Hg. v. Peter Urban. Zürich 1973 ff.

Anton Tschechow: *Briefe.* Hg. v. Peter Urban. Zürich 1979

Henri Troyat: *Tschechow. Leben und Werk.* Stuttgart 1987

Maxim Gorki: *Erinnerungen an Zeitgenossen.* Frankfurt a. M. 1962

Elsbeth Wolffheim: *Anton Tschechow.* Reinbek 1982

精神世界观　施泰纳：内心世界

Rudolf Steiner: *Mein Lebensgang.* Dornach 1923 ff.

Rudolf Steiner: *Die Rätsel der Philosophie.* Dornach 1914 ff.

Rudolf Steiner: *Philosophie und Anthroposophie.* Dornach 1904 ff.

Rudolf Steiner: *Ein Weg zur Selbsterkenntnis des Menschen.* Dornach 1912

Erika Beltle und Kurt Vierl (Hg.): *Erinnerungen an Rudolf Steiner.* Stuttgart 1979

Christoph Lindenberg: *Rudolf Steiner.* Reinbek 1992

纯粹时间的一小份　普鲁斯特：幸福的信号

Marcel Proust: *Auf der Suche nach der verlorenen Zeit.* Übers. v. Eva Rechel-
Mertens. Frankfurt a. M. 1953 ff.

Marcel Proust: *Jean Santeuil.* Übers. v. Eva Rechel-Mertens. Frankfurt a. M. 1964

Marcel Proust: *Briefe zum Werk.* Hg. v. Walter Boehlich. Frankfurt a. M. 1977

Marcel Proust: *Briefe zum Leben.* Hg. v. Uwe Daube. Frankfurt a. M. 1978

Claude Mauriac: *Proust.* Reinbek 1958

André Maurois: *Von Proust bis Camus.* München 1964

Ulrike Sprenger: *Proust-ABC.* Leipzig 1997

应该到来的声音　里尔克：一个夏天的幸运

Rainer Maria Rilke: *Sämtliche Werke.* Hg. v. Ernst Zinn. Frankfurt a. M. 1955 ff.

Rainer Maria Rilke: *Briefe.* Hg. v. Rilke-Archiv in Weimar in Verbindung mit
Ruth Sieber-Rilke besorgt durch Karl Altheim. Frankfurt a. M. 1987

Wolfgang Leppmann: *Rilke.* Bern 1981

Donald A. Prater: *Ein klingendes Glas. Das Leben Rainer Maria Rilkes.* München 1986

Lou Andreas-Salomé: *Rainer Maria Rilke.* Leipzig 1928

Egon Schwarz: *Das verschluckte Schluchzen. Poesie und Politik bei Rainer Maria*

Rilke. Frankfurt a. M. 1972

Hans Egon Holthusen: *Rilke.* Reinbek 1958

游戏也有尊严　托马斯·曼：世界的时间深度

Thomas Mann: *Gesammelte Werke in Einzelbänden.* Hg. v. Peter de
Mendelssohn. Frankfurt a. M. 1980

Thomas Mann: *Über mich selbst.* Frankfurt a. M. 1994

Thomas Mann: *Altes und Neues. Kleine Prosa aus fünf Jahrzehnten.* Frankfurt a.
M. 1953

Katia Mann: *Meine ungeschriebenen Memoiren.* Frankfurt a. M. 1976

Golo Mann: *Erinnerungen und Gedanken. Eine Jugend in Deutschland.*
Frankfurt a. M. 1986

Klaus Schröter: *Thomas Mann.* Reinbek 1964

Hermann Kurzke: *Thomas Mann. Das Leben als Kunstwerk.* München 1999

Heinrich Breloer: *Die Manns.* Frankfurt a. M. 2001

更多的欲望就是满足　黑塞：生命的阶段

Hermann Hesse: *Sämtliche Werke in 20 Bänden.* Hg. v. Volker Michels.
Frankfurt a. M. 2001

Bernhard Zeller: *Hermann Hesse.* Reinbek 1993

Helga Esselborn-Krumbiegel: *Hermann Hesse.* Stuttgart 1996

Siegfried Unseld: *Hermann Hesse– eine Werkgeschichte.* Frankfurt a. M. 1985

Volker Michels (Hg.): *Über Hermann Hesse.* 2 Bde. Frankfurt a. M. 1976 f.

Ralph Freedman: *Hermann Hesse. Autor der Krisis.* Frankfurt a. M. 1982

漂浮 卡夫卡：未活过的生活

Franz Kafka: *Gesammelte Werke in acht Bänden.* Hg. v. Max Brod. Frankfurt a.
M. 1969

Anthony Northey: *Kafkas Mischpoche.* Berlin 1988

Elias Canetti: *Der andere Prozeß. Kafkas Briefe an Felice.* München 1977

Hans-Gerd Koch (Hg.): *Als Kafka mir entgegenkam. Erinnerungen an Franz
Kafka.* Berlin 1995

Margarete Buber-Neumann: *Kafkas Freundin Milena.* München 1963

Hartmut Binder: Kafka. *Der Schaffensprozeß.* Frankfurt a. M. 1983

Heinz Politzer: *Franz Kafka. Der Künstler.* Frankfurt a. M. 1978

Klaus Wagenbach: *Kafka.* Reinbek 1964

Hanns Zischler: *Kafka geht ins Kino.* Reinbek 1996

困难、黑暗、破碎的冰 布洛赫：尚未知晓

Ernst Bloch: *Werkausgabe in sechzehn Bänden.* Frankfurt a. M. 1985

Ernst Bloch: »Über Eigenes selber«, in: *Morgenblatt für Freunde der Literatur,*
Nr. 14, Sondernummer Ernst Bloch. Frankfurt a. M. 1959

Heinz Brandt: *Ein Traum, der nicht entführbar ist.* München 1967

Silvia Markun: *Ernst Bloch.* Reinbek 1977

Arno Münster (Hg.): *Tagträume vom aufrechten Gang.* Frankfurt a. M. 1977

Rainer Traub/Harald Wieser (Hg.): *Gespräche mit Ernst Bloch.* Frankfurt a. M. 1975

Peter Zudeick: *Der Hintern des Teufels. Ernst Bloch – Leben und Werk.* Baden-
Baden 1987

解释总有尽头　维特根斯坦：语言的边界

Ludwig Wittgenstein: *Werkausgabe in acht Bänden.* Frankfurt a. M. 1989

Ludwig Wittgenstein: *Vorlesungen und Gespräche über Ästhetik, Psychologie und Religion.* Hg. v. C. Barrett. Göttingen und Zürich 1968

Brian McGuiness: *Wittgensteins frühe Jahre.* Frankfurt a. M. 1988

Paul Engelmann (Hg.): *Ludwig Wittgenstein. Porträts und Gespräche.* München 1970

Wilhelm Baum: *Ludwig Wittgenstein.* Berlin 1985

Adolf Hübner/Kurt Wuchterl: *Wittgenstein.* Reinbek 1986

梦想家希望如此　本雅明：乌托邦的日常

Walter Benjamin: *Gesammelte Schriften.* Hg. v. Rolf Tiedemann und Hermann Schweppenhäuser. Frankfurt a. M. 1972 ff.

Walter Benjamin: *Briefe.* Herausgegeben und eingeleitet von Theodor W. Adorno und Gershom Scholem. Frankfurt a. M. 1966

Momme Brodersen: *Spinne im eigenen Netz. Walter Benjamin – Leben und Werk.* Baden-Baden 1990

Werner Fuld: *Walter Benjamin.* München 1979

Eckhard Nordhofen: *Der Engel der Bestreitung.* Würzburg 1993

Bernd Witte: *Walter Benjamin.* Reinbek 1985

Charlotte Wolff: *Innenwelt und Außenwelt.* München 1971

有限的可能性　布莱希特：文学的使用价值

Bertolt Brecht: *Gesammelte Werke. Werkausgabe in 20 Bänden.* Frankfurt a. M. 1990

Marianne Kesting: *Brecht*. Reinbek 1959 ff.

Hans Mayer: *Erinnerung an Brecht*. Frankfurt a. M. 1996

Werner Mittenzwei: *Das Leben Bertolt Brechts oder Der Umgang mit den Welträtseln*. Berlin 1986

Franz-Josef Payrhuber: *Bertolt Brecht*. Stuttgart 1995

Reinhold Jaretzky: *Brecht*. Reinbek 2006

他身边的墓穴　弗洛姆：人类的市场导向

Erich Fromm: *Gesamtausgabe in zehn Bänden*. Hg. v. Rainer Funk. Stuttgart 1980 f.

Erich Fromm: *Über die Liebe zum Leben*. München 1986

Rainer Funk: *Erich Fromm*. Reinbek 1982

Rainer Funk: *Mut zum Menschen. Erich Fromms Denken und Werk*. Stuttgart 1978

M.Kessler/R. Funk (Hg.): *Erich Fromm und die Frankfurter Schule*. Tübingen 1991

Helmut Wehr: *Erich Fromm*. Hamburg 1990

夜晚的精神　齐奥朗：腐朽的真理

E. M. Cioran: *Vom Nachteil geboren zu sein*. Frankfurt a. M. 1979

E. M. Cioran: *Die verfehlte Schöpfung*. Frankfurt a. M. 1979

E. M. Cioran: *Der Absturz in die Zeit*. Stuttgart 1980

E. M. Cioran: *Syllogismen der Bitterkeit*. Frankfurt a. M. 1980

E. M. Cioran: *Gevierteilt*. Frankfurt a. M. 1982

E. M. Cioran: *Dasein als Versuchung*. Stuttgart 1983

E. M. Cioran: *Auf den Gipfeln der Verzweiflung*. Frankfurt a. M. 1989

E. M. Cioran: *Das Buch der Täuschungen*. Frankfurt a. M. 1990

Gerd Bergfleth: *Ein Gespräch mit E. M. Cioran.* Tübingen 1984

Richard Reschika: E. M. *Cioran.* Hamburg 1995

唱反调的人　斯洛特戴克：思想的最高收获

Peter Sloterdijk: *Kritik der zynischen Vernunft.* 2 Bde. Frankfurt a. M. 1983

Peter Sloterdijk: *Im selben Boot. Versuch über die Hyperpolitik.* Frankfurt a. M. 1993

Peter Sloterdijk: *Sphären I - III.* Frankfurt a. M. 1998 ff.

Peter Sloterdijk: *Nicht gerettet. Versuche nach Heidegger.* Frankfurt a. M. 2001

Peter Sloterdijk: *Du mußt dein Leben ändern. Über Anthropotechnik.* Frankfurt

a. M. 2009

»Man denkt an mich, also bin ich. Peter Sloterdijk im Gespräch mit Sven

Michaelsen«, in: *Süddeutsche Zeitung Magazin,* November 2017

Hans-Jürgen Heinrichs: *Peter Sloterdijk. Die Kunst des Philosophierens.*

München 2011